É preciso *algo mais*

Elisa Masselli

É preciso
algo
mais

É preciso algo mais
Elisa Masselli

Copyright © 2016 by
Lúmen Editorial Ltda.

1ª edição – março de 2016

Direção editorial: *Celso Maiellari*
Direção comercial: *Ricardo Carrijo*
Coordenação editorial: *Casa de Ideias*
Projeto gráfico e arte da capa: *Casa de Ideias*
Imagens de capa: *violetkaipa e
Vladimir Arndt/Shutterstock*
Impressão e acabamento: *Gráfica Paym*

Dados Internacionais de Catalogação na Publicação (CIP)
(Câmara Brasileira do Livro, SP, Brasil)

Masselli, Elisa
    É preciso algo mais / Elisa Masselli. – São Paulo : Lúmen Editorial, 2016.

    ISBN: 978-85-7813-169-2

    1. Espiritismo 2. Romance espírita I. Título.

16-00309   CDD-133.93

Índices para catálogo sistemático:
1. Romances espíritas : Espiritismo 133.93

Rua Javari, 668
São Paulo – SP
CEP 03112-100
Tel./Fax (0xx11) 3207-1353

visite nosso site: www.lumeneditorial.com.br
fale com a Lúmen: atendimento@lumeneditorial.com.br
departamento de vendas: comercial@lumeneditorial.com.br
contato editorial: editorial@lumeneditorial.com.br
siga-nos nas redes sociais:
twitter: @lumeneditorial
facebook.com/lumeneditorial

2016

Proibida a reprodução total ou parcial desta obra
sem prévia autorização da editora
Impresso no Brasil – *Printed in Brazil*

Ofereço este livro para

Olívia, minha mãe, que foi o meu início.
Olívia, minha neta, que é a minha continuação.

Sumário

Prefácio 9
Um rapaz normal 11
Momento de decisão 23
Primeiros sintomas 31
Mudança de humor 43
Humilhações e mentiras 63
Pedindo ajuda 82
Traindo uma amizade 94
No mundo do crime 122
Primeira ajuda do céu 134
Servindo de instrumento 142
Sentimento de culpa 154
Momento de escolha 162
Desespero e procura 172
Reparando uma injustiça 188

Momento de despertar 198
O céu continua ajudando 207
Caindo sempre mais 213
Impotência diante da realidade 233
Procurando Rodrigo 239
Na espiritualidade 253
Durante o sono 269
O passado 277
Insegurança 298
A descoberta 307
Marilu planeja 319
Na sala de André 331
A força da droga 340
Acerto de contas 357
Plano de vida 367
Epílogo 375

Prefácio

A violência está espalhada por todo o mundo. Na maioria das vezes, liga-se à droga, seja ela qual for. Todos conhecem os motivos sociais que levam muitas pessoas para o caminho das drogas. Entretanto, eu não estava satisfeita.

Aprendi com a espiritualidade que tudo está sempre certo e que a Lei é justa. Talvez, por isso, muitas vezes tenho me perguntado o porquê de as drogas existirem. Por que Deus permite isso?

Em uma manhã, ao acordar, estava novamente com o início de um novo livro. Como das outras vezes, eu não sabia nada sobre a história, apenas, que era sobre um rapaz envolvido com drogas.

Fiquei entusiasmada, pois, finalmente, teria do Mundo Espiritual a resposta a que eu tanto ansiava.

Comecei a escrever. Como os outros livros, este também teve suas paradas, às vezes, de dias. Fui conhecendo a história de Arthur, apaixonando-me por ela, mas esperava o momento em que minhas dúvidas seriam respondidas. Até que, um dia, finalmente, tal momento chegou.

A resposta foi dita de modo simples, como só o é no Plano Espiritual. Quando terminei de ler, estava encantada e pensei:

Até pode ser verdade. Recebi a resposta de que realmente tudo está certo e que a Lei é realmente justa.

Desejo que a história de Arthur sirva como consolo para todos aqueles que direta ou indiretamente estejam envolvidos com drogas. Que todos pensem que, em algum lugar, alguém pode estar dizendo:

— *Estou esperando por você.*

Um rapaz normal

Como em todas as manhãs, Arthur acordou com sua mãe colocando a mão sobre seu ombro e dizendo baixinho:

— Arthur, acorde. Já está na hora! Seu pai está terminando de tomar banho e logo estará tomando café. Hoje você não vai sair novamente sem se alimentar.

Ele abriu os olhos, queria se virar na cama e continuar dormindo, mas ela voltou a dizer:

— Não adianta se virar, sabe que está na hora!

— Já vou, mamãe! Já vou!

— Está bem, vou descer. Não se esqueça de que precisa se levantar!

— Pode ir tranquila, já estou levantando.

Ele disse isso, mas voltou a se virar. Ela colocou novamente a mão em seu ombro:

— Vamos, Arthur, não volte a dormir!

Ele abriu os olhos e, sentando na cama, disse:

— Pronto, já acordei.

Ela sorriu:

— Olhe lá, estou descendo.

Ela saiu do quarto. Arthur olhou à sua volta. Seu quarto era grande e arejado. Dormia em uma cama confortável, tinha seu próprio armário, onde guardava suas roupas. Havia, também, uma estante para guardar livros. Ao lado de sua cama, seu irmão, Leandro, dormia tranquilamente. Em um dos cantos, havia uma escrivaninha e, sobre ela, um computador. Arthur olhou para ele pensando:

Você é minha maior alegria. Fiquei ontem até muito tarde tentando executar aquele programa! Vou aprender tudo sobre você e programas. Em pouco tempo, dominarei todos os seus segredos. Minha avó teve uma ótima ideia, quando, no meu aniversário, me deu você de presente. De todos os presentes que ganhei até hoje, e foram muitos, você foi o de que mais gostei. Faltam só dois anos para eu terminar o segundo grau. Mesmo contrariando a vontade do meu pai, não vou fazer Direito, vou ser cientista da computação. Quero aprender tudo a seu respeito...

Levantou-se e foi para o banheiro tomar banho. Enquanto se banhava, ia pensando:

O dia do meu aniversário está chegando. Vou fazer dezesseis anos. Papai quer me dar uma festa em família, mas eu não quero, hoje não se usa mais isso. Os jovens comemoram o aniversário em barzinhos e danceterias. Vou ter que convencê-lo. Não será fácil, mas tenho que tentar.

Olhou para um relógio que havia no banheiro. Sua mãe o colocou ali exatamente para que ele não perdesse a hora:

— Estou atrasado! Preciso me vestir depressa!

Foi para o quarto, antes olhou no espelho:

— Essas espinhas! Meu rosto está todo tomado por elas! Como a Mariana vai me notar?

Vestiu a roupa e, rapidamente, dirigiu-se à sala de refeições. Seu pai estava terminando de tomar o café. Disse:

— Atrasado como sempre! Novamente não vai tomar café! Não posso esperar por você. Vou lhe dar dinheiro. Com ele, poderá tomar um lanche na cantina. Vamos embora?

— Vamos sim! Tchau, mamãe!

— Tchau, meu filho, vão com Deus...

Já lá fora, entrou no carro, seu pai saiu dirigindo. Arthur estava acostumado, pois todas as manhãs era a mesma coisa. Assim que o carro saiu, ele olhou para o rádio no mesmo instante em que seu pai o ligou e colocou em uma estação que transmitia notícias.

O pai continuava dirigindo, comentando as notícias que ia ouvindo. Arthur sempre respondia, mas naquele dia, em especial, estava com seus pensamentos voltados para Mariana:

Só a conheci há alguns meses. Ela veio transferida de outra escola. Não existe menina mais bonita. Até agora, nunca havia me interessado por menina alguma, pois só me preocupava com meus estudos...

O pai interrompeu seus pensamentos, dizendo:

— Em que está pensando, Arthur?

— Estou pensando no meu aniversário.

— É, está chegando. Continua ainda com aquela ideia de não o comemorar em família?

— Estava pensando justamente nisso, papai.

— Não acho uma boa ideia. Você é ainda muito criança.

— Ora, papai! Não sou mais criança! Vou fazer dezesseis anos, já estou quase terminando o primeiro ano do segundo grau. Logo farei cursinho para entrar na faculdade!

— Tem razão, não é mais uma criança. Vou pensar sobre o assunto.

Parou de falar, pois uma notícia no rádio chamou a sua atenção. Arthur voltou seu pensamento para Mariana:

É, nunca me preocupei com garotas, mas desde que a vi, senti algo diferente. Ela é mesmo muito bonita, mas nunca irá me notar. Não enquanto eu tiver essas espinhas. Sei que embora não seja feio, também não sou bonito.

Em seu rosto, um sorriso formou-se:

Está resolvido! Vou convidá-la para a minha festa, quem sabe conseguirei falar com ela...

Chegaram em frente à escola. Ele deu um beijo no pai, desceu de um lado da rua, teria que atravessá-la. Seu pai sorriu, dizendo:

— Não esqueça, estarei aqui ao meio-dia em ponto.

— Não esquecerei! Fique tranquilo.

O pai foi embora. Ele ficou olhando o trânsito, precisava esperar para poder atravessar. Estava ali, olhando de um lado para outro, quando viu do outro lado da rua uma aglomeração. Atravessou correndo e foi para lá. Como os outros, queria saber o que estava acontecendo. Assim que chegou perto, perguntou a um amigo:

— O que está acontecendo?

— Esse rapaz foi pego roubando aquele carro!

Ele olhou para onde o amigo apontava, viu um rapaz que devia ter a mesma idade que a sua. O rapaz estava de cabeça baixa, muito sujo e algemado. Ao seu lado, havia um policial e um homem que, muito nervoso, gesticulava e dizia:

— Esse marginal estava roubando o rádio do meu carro!

O policial tentava acalmá-lo:

— Fique calmo, senhor. Ele agora está preso e será encaminhado.

— Espero que seja mesmo e que fique preso por muito tempo!

Arthur não entendia o porquê, mas sentia muita pena dele. O rapaz estava assustado e, com os olhos muito vermelhos, chorava. Arthur olhava para ele sem parar. O rapaz, parecendo perceber a sua insistência, por um segundo levantou a cabeça e, então, seus olhos cruzaram-se. Arthur sentiu uma emoção estranha. Em seguida, o rapaz voltou a baixar a cabeça. Arthur continuou ali, olhando para ele, quando ouviu uma voz atrás, dizendo:

— Que país é este, que não cuida de seus jovens?

Arthur voltou-se e viu que era o professor de Ciências quem estava falando.

— Por que o senhor está dizendo isso?

— Porque o que está vendo aqui é fruto de uma sociedade injusta! De um mau governo!

Antes que Arthur dissesse qualquer coisa, o policial colocou o rapaz dentro da viatura e afastou-se, junto com o proprietário do carro. A aglomeração foi se desfazendo. Arthur dirigiu-se para a escola.

Todos iam comentando sobre o acontecido. Arthur ouvia as pessoas conversando, mas não conseguia esquecer o rosto do rapaz, nem aquele olhar.

A primeira aula foi de Português. A segunda seria de Ciências. O professor entrou. Estava com um semblante muito sério. Sentou em sua cadeira, olhou para a classe, perguntando:

— Quem viu o que aconteceu agora pouco lá fora?

Quase todos levantaram a mão. Ele continuou:

— Alguém pode me dizer o que significou aquilo?

Alguns responderam, mas Arthur ficou calado, só via na sua frente o rosto assustado do rapaz. Ele não entendia. Perguntava-se:

Como uma pessoa pode chegar a uma situação igual àquela? O que será que lhe aconteceu?

O professor continuava falando:

— O que viram lá fora é o produto da miséria existente neste país! É o fruto do mau governo que aqui existe! Governo que não se preocupa com o bem-estar do povo! A miséria está tomando conta de tudo e de quase todos, não há qualquer pessoa para mudar esse estado de coisas.

Todos olhavam para o professor, sem entender muito bem o que dizia. Ele continuou:

— Vocês todos aqui não imaginam o que seja a pobreza! Todos são bem nascidos, podem frequentar uma escola cara como esta, mas a maioria do povo brasileiro não tem o que comer e muito menos escola!

Os alunos começaram a discutir sobre o assunto. Arthur ouvia um e outro, mas não se esquecia do rosto do rapaz. O professor continuou falando:

— Os nossos governantes não se preocupam com o bem-estar do povo. Só estão preocupados com seus próprios interesses ou com um modo de conseguir ganhar mais dinheiro!

O professor ficou falando por muito tempo. Naquele dia, praticamente não deu aula. Só falou sobre esse assunto. A aula terminou. Outros professores vieram, mas nenhum deles tocou no assunto. Arthur prestou atenção às aulas. Tinha isso por norma, pois achava que, se prestasse atenção enquanto o professor ensinava, teria mais facilidade para aprender. Quando as aulas terminaram, foi para o lugar do encontro com o pai, que chegou em seguida. Sorrindo, abriu a porta. Arthur entrou. O pai, embora estivesse dirigindo, notou que ele estava muito calado:

— O que aconteceu, Arthur? Parece que você tem alguma preocupação.

— Aconteceu algo pela manhã que me impressionou muito. O professor de Ciências comentou na aula.

— Que foi que aconteceu?

Arthur contou todo o acontecido. O pai ouvia em silêncio. Quando Arthur terminou de falar, ele estava furioso:

— Este professor é um idiota! Vou falar com a diretoria da escola! Que fruto de pobreza nada! São pessoas que nascem marginais! Nada, além disso! Você não tem que ficar preocupado dessa maneira! É um menino estudioso, que sempre se esforçou para aprender! Eu fui um menino pobre e nem por isso me tornei um bandido! Estudei e hoje sou um advogado bem sucedido. Se você tem tudo, se pode estudar em uma escola como a sua, é porque também estudei muito e posso dar a você e a seu irmão o melhor!

Chegaram em casa. Entraram. Arthur continuava calado. Ele foi para o seu quarto, olhou à sua volta, ouvia a voz do professor, dizendo:

— *Enquanto vocês têm tudo, outros, e são muitos, não têm nem o que comer!*

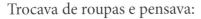

Trocava de roupas e pensava:

O professor tem razão. Realmente, tenho tudo. Aquele rapaz deve ser muito pobre, por isso estava roubando, devia estar com fome.

Após terminar de se vestir, foi para a sala almoçar. Seu irmão, Leandro, quatro anos mais novo do que ele, estava sentado diante de um prato com batatas fritas. Odete, a mãe, fazia isso para evitar que eles roubassem batatas um do outro, mas não adiantava. Eles continuavam. A uma pequena distração, lá se iam as batatas. Arthur sentou, mas para surpresa do irmão, não tentou roubar suas batatas. Permaneceu calado. Sua mãe estranhou:

— Arthur, o que você tem?

— Não tenho nada, só estou pensando em algumas coisas.

Nesse exato momento, Álvaro, o pai, entrava na sala:

— Está preocupado porque presenciou uma cena que o impressionou.

— O que foi?

Arthur contou. Quando terminou, ela perguntou:

— No que está pensando?

— No rosto daquele rapaz, que parecia tão assustado, e em tudo aquilo que o professor disse. Será que existe mesmo toda aquela pobreza? Será que as pessoas roubam por não terem o que comer?

Álvaro, interrompendo a conversa, respondeu:

— Já lhe disse várias vezes que a pobreza não tem nada a ver com a marginalidade! Não tem que ter sentimento de culpa por ter comida e boa escola. Trabalho muito para isso. O que tem a fazer é estudar o máximo que puder para que, amanhã, seus filhos possam ter uma vida igual ou melhor do que a sua!

— Espere, Álvaro! Sabe que dou aula na periferia e vejo muitas crianças com fome e, às vezes, sem um agasalho. A pobreza existe sim!

— Não estou negando isso, só estou dizendo que ela não é a culpada pela marginalidade. Quer ver uma coisa? Iracema, você mora na favela, não é?

Iracema era a empregada da casa, já estava com eles há muito tempo, desde que Arthur tinha seis anos e Leandro, dois. Ela ficava ali durante a semana. Só ia para sua casa na sexta-feira à tarde, e voltava no domingo à tarde, pois morava longe e precisava tomar duas conduções. Assustada com a pergunta de Álvaro, respondeu:

— *Moro lá, sim sinhô.*

— Todos lá são bandidos?

— *Não, dotô! Tem muita família boa que mora lá. Eu mesma vim do interior com meu marido, porque lá não tinha trabaio. Assim que nóis chegou, ele morreu, e fiquei com cinco filhos. Nenhum deles, graças a Deus, é bandido, não!*

— Estão vendo? Imaginem se todos os pobres fossem bandidos! O que seria do mundo? Existem pessoas que já nascem com o instinto da maldade.

— Mas você não pode negar que se todos tivessem as mesmas oportunidades, poderia ser diferente...

— Oportunidades existem aos montes, temos que procurá-las. Quando jovem, com quatorze anos, por necessidade de ajudar minha mãe, que era viúva, comecei a trabalhar como faxineiro em um escritório de advocacia e, hoje, além de ser um bom advogado, tenho o meu próprio escritório!

— Você teve sorte, pois seu patrão se interessou por sua educação. Ele gostou de você e o encaminhou!

— Sorte? Não foi sorte! Desde o primeiro dia em que cheguei ao escritório, sempre me interessei em aprender tudo. Ficava vendo os advogados discutindo algum caso. Prestava atenção e ia encontrando as soluções. Lia muito os Códigos. Sempre fui e sou, até hoje, muito interessado.

— *Dotô! O sinhô me dá licença? Já que o dotô tá dizendo isso, quero aproveitá esse momento pra pedir uma coisa. Posso?*

— Claro que pode, o que é?

— *O dotô já me ouviu falar sobre o meu filho Jarbas, não já?*

— Sim, parece que ia prestar o vestibular para Direito, não é isso?

— *Isso mesmo, ele passou no vestibulá, só que agora não tem dinheiro pra pagá a faculdade. Quiria vê se o dotô não arranjava um emprego pra ele lá no seu escritório. Pra ele podê continuá estudando!*

— Quantos anos ele tem?

— *Vai fazê vinte e quatro anos em dezembro.*

— Só agora prestou o vestibular?

— *Lá onde a gente morava era muito pobre, num tinha escola. Também ele é o maior dos meu filho, precisava ajudá o pai no trabalho. Quando chegamo aqui, ele tinha doze anos. Coloquei ele na escola pra podê aprendê a leitura.*

— Ele não fez nem o primário?

— *Não, foi por isso que meu marido quis vim pra cá, pra que os mininos pudesse estudá. Quando o pai morreu, ele teve que pará de estudá e começô trabaiá pra me ajudá criá os otro. Depois de um tempo, eu e otro filho menor que ele começamo trabaiá também, aí ele foi estudá de noite. Não parô mais. Diz sempre que vai sê adivogado.*

— Parece ser um rapaz com muita boa vontade, mande-o lá para o escritório, conversarei com ele. Está vendo, filho? Esse moço é pobre, mas se for honesto e interessado, terá toda a minha assistência. Não gosto de marginal! Tanto é que, no meu escritório, tramito por todas as varas, menos a criminal, nunca vou defender um bandido!

— *Obrigada, dotô!*

— Que é isso? Você está há tanto tempo conosco que já a considero da família! Farei tudo o que puder para ajudar seu filho.

Iracema foi para a cozinha, sorrindo intimamente. Sabia que seu filho nunca iria decepcioná-la:

— *O meu filho vai sê um dotô! Ele sempre estudô muito!*

Terminaram de almoçar, Odete e Leandro saíram. Ela dava aula, à tarde, em uma escola na periferia e, antes de ir trabalhar, deixava Leandro na dele. Álvaro foi para o escritório. Arthur ficou um pouco na sala, assistindo à televisão, depois foi para o seu quarto. Estava estudando um programa novo de computador. Com esse programa, poderia fazer qualquer tipo de trabalho relativo a números.

Sentou em frente ao computador, começou a estudar. De repente, a imagem de Mariana surgiu na sua frente:

Ela é tão bonita, parece ser muito meiga, mas nunca me notará. Ao menos enquanto eu estiver com todas estas espinhas em meu rosto, com esta voz que não está nem grossa nem fina. Quem sabe na festa eu consigo me aproximar. Será que ela vai comparecer à minha festa? Tomara que sim.

Levantou, olhou pela janela. O dia estava lindo. Voltou a se lembrar do rapaz:

Por que será que chegou àquele ponto? Será que é mesmo muito pobre? Por que será que existem pobres no mundo?

Voltou para o computador, continuou estudando o programa.

No dia seguinte, na hora do almoço, Álvaro, ao chegar em casa, disse:

— Iracema, seu filho esteve hoje no escritório. Conversei muito com ele e gostei. Percebi que ele tem muita vontade de estudar e, pela sua perspicácia, será um bom advogado. Ele vai começar a trabalhar no escritório. A princípio, ajudará na limpeza e irá ao fórum para levar e buscar papéis. Disse a ele que vou testá-lo por um mês. Se ele mostrar interesse pelo trabalho, pagarei a sua faculdade e darei mais algum dinheiro para que se mantenha. Ele será um ótimo advogado! Vou fazer com ele o mesmo que um dia alguém me fez.

— *Obrigada, dotô! Tenho certeza que o dotô não vai se arrependê.*

— Não vou não! Também tenho certeza!

O tempo passou. Faltavam poucos dias para a festa. Arthur estava ansioso para que a hora chegasse. Todavia, seus pais não se conformavam com aquele negócio de festa só para amigos em uma danceteria.

Arthur tentava convencê-los:

— Papai, mamãe, hoje as coisas mudaram, todos os meus amigos estão fazendo assim, não posso ser diferente!

Odete abraçou seu filho:

— Sei que você está certo, mas não pode impedir que estranhemos. Gostaria de uma festa aqui em casa para toda a família, como fazíamos quando você era criança. Nós não poderemos comparecer a essa sua festa. Logo, você tem que concordar com o fato de isso nos deixar descontentes.

Arthur beijou sua mãe, dizendo:

— Dona Odete... dona Odete. Seu filho cresceu, não é mais uma criança, já sou quase um homem completo. Ouça a minha voz!

Ela o beijou novamente:

— Tem razão, meu filho, preciso me acostumar, mas, para os pais, um filho sempre será uma criança. Estou muito orgulhosa do filho que tenho! Precisamos saber o que vai querer como presente!

Arthur ficou pensando por um instante. Depois, disse pausadamente:

— Presente? Presente... eu queria um par de tênis importado.

Álvaro o interrompeu:

— Por que importado? Os nacionais são muito bons! São iguais a qualquer outro!

— Ora, papai! Todos os meus amigos estão usando tênis importados!

— Está bem, quanto custa?

— Mais ou menos oitenta dólares...

— Oitenta dólares?! É muito dinheiro!

— Sei que é, mas tenho tanta vontade de ter um...

— Ora, Álvaro, não é tão caro assim, se vai fazer o nosso filho feliz! Ele merece. É um bom aluno, não nos dá trabalho algum...

— Está bem, vamos comprar à tarde, mas use os tênis só de vez em quando. Eles terão que durar muito!

— Prometo que vão durar muito! Eu adoro os dois!

— Nós também o adoramos, meu filho. Seu pai, embora pareça um durão, na realidade não passa de um meloso e muito orgulhoso do filho!

— Quem disse que sou durão? Estou, sim, muito orgulhoso de você, meu filho. Feliz aniversário!

— Obrigado, papai. Tenho também muito orgulho do senhor! É o melhor pai do mundo!

Álvaro passou a mão nos cabelos de Arthur, num gesto carinhoso. Depois de muito pensar, disse:

— Está bem, meu filho. Já que tudo está mudando, preciso aceitar essas mudanças. Pode fazer a sua festa onde quiser.

Arthur levantou e abraçou o pai:

— Obrigado, papai. Não se preocupe, não vai acontecer nada demais. Só vou reunir meus amigos.

— Está bem, acredito nisso.

Naquela mesma tarde, saíram para comprar os tênis. Arthur escolheu e comprou aqueles de que mais gostou. Depois, foram tomar um lanche.

Daquele dia em diante, Arthur dedicou-se à preparação da sua festa. Fez contato com a danceteria, marcou o dia, enviou convites para seus primos, primas, colegas da escola, da natação e do curso de computação. Estava ansioso, pois teria a oportunidade de ficar ao lado de Mariana – talvez tivesse coragem de se aproximar dela e puxar conversa.

Momento de decisão

Finalmente, o dia da festa chegou. Pela manhã, ao acordar e descer para o café, Arthur teve uma surpresa. Sobre a mesa, havia um bolo com dezesseis velinhas. Sua mãe disse:

— Sei que não quer a nossa presença na sua festa, mas não pode nos impedir de cantar parabéns.

Ele se emocionou. Os pais, Leandro e Iracema o estavam esperando. Cantaram parabéns, comeram o bolo, em seguida, deram os presentes. Iracema costumava ir para sua casa às sextas-feiras, mas, naquele sábado, não foi. Levantou muito cedo, queria cumprimentar Arthur. Estava feliz por ver o seu menino completar dezesseis anos. Aproximou-se:

— *Muita felicidade, Arthur. Sei que vai tê na vida tudo o que deseja, é um bom minino e merece ser feliz.*

— Obrigado, Iracema. Sei que está sendo sincera.

— *Craro que tô! Te conheci quando era ainda um minininho, e hoje já tá um moção que dá gosto!*

Em seguida, ela saiu. Odete quis passear e almoçar fora, queria comemorar o aniversário do filho.

Passearam, almoçaram em um restaurante e voltaram para casa. Arthur foi para o quarto se preparar para a festa. Olhou no armário, lá estavam seus tênis. Pensou:

Esse meu pai vale ouro! Vou guardar estes tênis e só usar em momentos especiais.

Terminou de se vestir e desceu. Então, Odete disse:

— Nossa, meu filho! Como você está bonito! Já está quase um homem mesmo!

— Obrigado, mamãe, mas estou atrasado. Papai, o senhor me leva até lá?

— Claro que sim, vamos indo.

Álvaro, acompanhado por Odete e Leandro, levou Arthur até a entrada da danceteria. Arthur não cabia em si de tanta felicidade. Quando estava saindo do carro, Álvaro perguntou:

— A que horas quer que venha buscá-lo?

— Não precisa, papai, não sei que horas vai terminar. Voltarei para casa com algum amigo. Pode descansar sossegado.

— Acredita mesmo que vou ficar descansado até que volte para casa?

— Claro que sim! Não se preocupe, vou ficar muito bem e aqui tenho muitos amigos.

— Está bem, vou tentar não me preocupar.

Enquanto Arthur entrava, os pais voltavam para casa. Dentro do carro, Leandro, acostumado a dormir cedo, adormeceu. Álvaro e Odete iam conversando:

— Sabe, Odete, nem acredito que os nossos filhos já estejam criados. Arthur está fazendo, hoje, dezesseis anos, e o Leandro já está com doze! Estamos ficando velhos!

— Eles estão crescidos, não criados! São duas pérolas que Deus nos presenteou!

Álvaro sorriu, seguiram para casa.

Enquanto isso, Arthur entrava na danceteria. Ficou encantado com toda aquela iluminação. Não havia ainda chegado ninguém.

Ele, sendo o aniversariante, precisou chegar primeiro para receber os demais. Ficou ali, olhando tudo. Estava emocionado, pois era a primeira vez que seu aniversário seria comemorado longe dos seus familiares, mas precisava que fosse assim, pois aquilo já havia se tornado normal. Já havia participado de muitos outros aniversários de colegas, por isso sabia que eles viriam. Contudo, estava ansioso e, no fundo, sentia medo que não viessem.

Aos poucos foram chegando. Alguns em turmas, outros sozinhos. Logo o ambiente estava todo tomado de muita alegria.

Arthur não cabia em si de felicidade. Os amigos chegavam e o cumprimentavam. Ele olhava a todo instante para a porta de entrada, esperando ver Mariana entrar por ela. De todos ali, quem mais ele queria ver era ela.

Finalmente, ela chegou acompanhada por mais duas garotas. Aproximou-se dele, deu-lhe um beijo no rosto, enquanto dizia:

— Feliz aniversário, Arthur, espero que esteja e seja muito feliz!

— Obrigado por ter vindo!

Ela sorriu. As amigas também o cumprimentaram, afastaram-se, foram encontrar com outras moças. Ele ficou ali, olhando-a se afastar. Estava tremendo, sentia ainda os lábios dela em seu rosto. Estava assim, quando se aproximou um rapaz, dizendo:

— Olá, Arthur, feliz aniversário! Está olhando para a Mariana? Ela é mesmo muito bonita!

Arthur voltou-se. Sorriu, respondendo:

— Olá, Rodrigo! Obrigado por ter vindo, estou olhando mesmo, mas do que adianta? Ela nunca vai me notar, a não ser como um amigo!

— Que é isso, amigo? Você até que é um cara legal e bem apanhado! Só tem que chegar até ela e dizer o que está sentindo!

— Nunca vou ter coragem para isso!

— Se quiser, posso ajudá-lo!

— Como?

— Tenho aqui um cigarro, se você fumar, vai se sentir muito bem.

— Cigarro?

— Não é bem um cigarro, mas sei que vai lhe fazer muito bem, é maconha.

— Maconha? Está louco? Nem pensar! Eu nem sequer fumo cigarro comum!

— Deixe de ser careta! A maconha não é tão ruim assim! Só se vicia quem quer! Mas em horas como esta, em que está se sentindo inseguro, nada como uma "puxada" para ajudar! Experimente! Vai ver como vai se sentir outro!

— Nem pensar! Não quero entrar nessa!

— Você é quem sabe, estarei aqui a noite toda, se quiser, basta pedir. Sei que não vai se arrepender!

Arthur despediu-se e foi conversar com outras pessoas. Rodrigo ficou olhando de longe.

Enquanto todos dançavam, Arthur, que não sabia dançar, ficava andando de um lado para o outro. Mariana parecia feliz, ria muito, conversava com um pequeno grupo. Arthur a observava, enquanto pensava:

Preciso me aproximar dela, mas como fazer isso? Ela é tão linda! Não vai nem querer me olhar!

Queria, mas não conseguia. Sentia-se muito alto e magro. Aquele rosto cheio de espinhas o incomodava. Não tinha coragem de se aproximar.

Continuou assim, andando de um lado para outro, conversando, mas seus olhos não se afastavam dela. Estava no balcão tomando um refrigerante, quando Rodrigo se aproximou:

— Então, Arthur! Conseguiu falar com a Mariana?

— Não! Ainda não, mas até o final da noite, vou conseguir.

— Vai nada! Você não tem coragem! Já lhe disse que uma "puxada" vai ajudá-lo! Verá que, com ela, tudo ficará mais fácil!

— Está maluco? Se eu me viciar?

— Viciar? Que nada! Só se vicia quem quer! Você só vai ter coragem para falar com a Mariana, nada mais que isso! Amanhã, não vai nem se lembrar!

— Tem certeza? Não sei não... acredita mesmo que eu teria coragem para falar com ela?

— Claro que vai ter coragem! Tente! Uma vez só, não vai ter problema algum! O que não pode é ficar fumando sempre, mas uma vez só, não vai lhe acontecer nada!

Arthur afastou-se, foi para a sacada, precisava respirar. Sentia-se agoniado:

Será que vou conseguir falar com ela? Dançar, ser agradável? Fazer com que ela me note?

Voltou para dentro. Mariana permanecia junto a um grupo. Ria e falava muito. Arthur tentou se aproximar, mas não conseguiu. Olhou para o outro lado, Rodrigo estava olhando para ele e sorrindo. Arthur não pensou mais e aproximou-se do amigo:

— Rodrigo, você tem mesmo "aquilo" aí?

— Tenho! Resolveu tentar? Garanto-lhe que não vai se arrepender...

Arthur olhou mais uma vez para Mariana, percebeu que ela até agora não o havia notado. Decidido, disse:

— Está bem, vou tentar! Como vamos fazer?

— Muito bem, verá como vai se sair bem! Vamos lá para fora, daremos uma volta pelo quarteirão. Quando voltar, será outra pessoa.

Saíram. Já na rua, Rodrigo acendeu um cigarro para ele e outro para Arthur. Com muita paciência, ensinou como Arthur deveria fazer para "puxar".

Arthur, a princípio, estava um pouco receoso. Levou um tempo para aprender o modo de fumar. Tossiu um pouco, mas percebeu que estava se sentindo muito bem. Os dois, fumando, deram uma volta no quarteirão. Assim que terminaram os cigarros, voltaram para a danceteria. Arthur sentia-se estranho, parecia que levitava. Lá dentro, viu Mariana que, ao longe, continuava conversando e se divertindo muito. Ele se aproximou:

— Mariana! Já que sou o aniversariante, você me deve uma dança, pode ser?

Ela e os amigos com quem estava conversando estranharam aquela atitude de Arthur, pois todos o conheciam como um grande tímido. Mais por surpresa do que por vontade, ela aceitou. Saíram dançando e, para surpresa dela, percebeu que ele dançava muito bem:

— Pensei que você não soubesse dançar.

Ele, rindo muito, respondeu:

— Também pensava! Acredito que eu só tinha medo!

— Como esse medo terminou?

— Não sei, mas agora me sinto mais seguro.

Dançaram muito. Ele, falante, chamou a atenção dela. Por ter sido sempre um bom estudante, ele tinha muitos assuntos, falava sobre tudo. Ela ficou encantada:

— Sabe, Arthur, nunca pensei que você fosse tão agradável assim. Estou surpresa! Você é muito inteligente!

Conversaram, dançaram e se divertiram o resto da noite. Arthur não cabia em si de tanta felicidade. Em dado momento, enquanto dançavam, seus lábios se encontraram, e um beijo foi dado. Para ele, aquilo foi a suprema felicidade.

Finalmente, ele conseguiu aquilo com que sonhou desde que a viu pela primeira vez. A noite passou, o pai de Mariana veio buscá--la. Despediram-se com mais um beijo. Aos poucos, todos foram embora. Arthur ficou com Rodrigo e mais alguns colegas. Saíram juntos. O mais velho deles possuía carro. Entraram todos. Dentro do carro, mais cigarros foram acesos. Em determinado ponto, o motorista parou o carro, todos desceram. Haviam parado junto a um telefone público e, rindo muito, o destruíram. Arthur, até aí, já havia fumado dois cigarros, mas estava muito bem, nunca se sentira solto daquela maneira. O carro parou em frente à sua casa. Ele desceu e entrou. Os outros continuaram a sua jornada.

Já em casa, encontrou seu pai, que estava na sala assistindo à televisão. Ao vê-lo, ficou um pouco assustado, com medo de que o pai percebesse que estava diferente. Disse:

— Boa noite, papai, ainda não foi dormir?

— Não, estava esperando você chegar. Tentei, mas não consegui dormir. Estava preocupado.

— Não precisava ficar preocupado, estou muito bem, só um pouco cansado. Vamos dormir?

O pai sorriu, beijou sua testa, e os dois subiram. Ao entrar em seu quarto, Arthur sorriu ao ver o irmão dormindo ali. Levantou o cobertor e o cobriu, enquanto pensava:

Não adianta, ele, definitivamente, nunca vai dormir em seu quarto.

Ainda sorrindo, deitou-se, lembrou-se da noite que passara e da felicidade por ter, finalmente, tido coragem de falar com Mariana. Lembrou-se também do beijo.

Quando acordou, já era mais de meio-dia. Abriu os olhos, olhou à sua volta, a cama de Leandro estava vazia:

Que horas serão? Leandro não está mais dormindo. Ah, o Leandro! Não tem jeito, nunca vai dormir sozinho. Mamãe fez para ele um lindo quarto, mas não adianta, ele quer dormir comigo. Eu não ligo, gosto muito dele e não me atrapalha em nada.

Suspirou fundo, enquanto pensava:

Que noite maravilhosa eu passei! Aquele cigarro que o Rodrigo me deu foi a melhor coisa que poderia ter me acontecido. Com ele, consegui me aproximar da Mariana, como ela é linda...

Sentou na cama, mas voltou a deitar:

Estou com dor de cabeça e de estômago. Deve ser fome, vou levantar.

Foi o que fez. Levantou-se, entrou no banheiro, tomou um banho, vestiu-se e desceu. Seu pai estava na sala, sentado em um sofá, lendo jornal, Leandro assistia à televisão, sua mãe devia estar na cozinha, pois, aos domingos, Iracema não vinha trabalhar. Ele entrou na sala, dizendo:

— Bom dia, papai! Dormi muito, não foi?

— Foi sim, mas precisava, parece que teve uma noite muito agitada!

Arthur lembrou-se do telefone quebrado. Um pouco receoso, disse:

— Por que o senhor está dizendo isso?

— Porque, sempre que vai a essas festas, você chega cedo, mas ontem foi diferente. Quando chegou, já estava quase amanhecendo. Parece que a festa foi muito boa. Aconteceu alguma coisa?

— Não! Nada especial. É que a festa estava boa mesmo.

Leandro disse:

— Papai, ele deve ter arrumado uma namorada!

Arthur, ao ouvir aquilo, aliviado e rindo, jogou uma almofada na cabeça do irmão, que ria sem parar:

— Não foi nada disso, mas e se tivesse sido? O que tem a ver com isso?

— Ele não tem nada mesmo, mas eu tenho. Você é ainda muito jovem, por enquanto deve pensar só em seus estudos.

— Sei disso, não precisa se preocupar, vou ser o rei do computador!

— Preferia que fosse o rei dos advogados, mas se é isso que deseja, que seja.

— Parece que os meus três homens estão muito bem hoje!

Era Odete que entrava na sala e sorria. Arthur se levantou e foi até a mãe, abraçou-se a ela, dizendo:

— Estamos, sim, nossa família é uma beleza! Também, com uma mãe tão bonita assim, como não seria?

— Está bem, já o conheço. O almoço está pronto. Com essa conversa, não vai se livrar de arrumar a mesa.

Ela, rindo, saiu da sala. Arthur e Leandro levantaram e foram para a sala de jantar. Arrumaram a mesa com esmero, como a mãe havia ensinado.

Primeiros sintomas

Almoçaram tranquilos, Arthur estava com tanta fome que sua mãe se surpreendeu:

— Nossa, Arthur, parece que faz um ano que não come! Que está acontecendo?

— Não está acontecendo nada! Só estou com fome! Não entendo, a senhora vive brigando porque não como e agora está brigando porque estou comendo!

Os três olharam para ele, intrigados pelo tom de voz que usou:

— Não, meu filho, não estou brigando, estou até feliz! Por que está tão nervoso assim?

— Não estou nervoso, mas não quero comer mais! Vou para o meu quarto!

Levantou-se e ia saindo da mesa, quando Álvaro, com voz firme, disse:

— Mocinho! Pode pedir desculpas à sua mãe e voltar a sentar, ainda não terminamos o almoço!

Só naquele momento Arthur se deu conta que havia sido mal-educado com a mãe:

— Desculpe, mamãe, não sei o que me deu... acredito que foi por eu estar cansado. Não estou acostumado a dormir tão tarde!

— Não se preocupe com isso, volte a sentar e termine o seu almoço.

Ele voltou a sentar. Continuou comendo, mas sentiu uma espécie de enjôo. Não disse nada. Após o almoço, pediu licença e foi para o seu quarto.

Lá chegando, deitou-se na cama e começou a relembrar a noite anterior:

O que será que tem naquele cigarro? Só sei que, por causa dele, consegui me aproximar da Mariana. Parece que ela também gostou da minha companhia. Amanhã, na escola, vou falar com ela novamente. Será que ela vai querer falar comigo?

Levantou-se, olhou-se no espelho. Seu rosto ainda continuava cheio de espinhas. Sentiu uma certa insegurança:

O que ela viu para que eu a agradasse? Será que ela não quis só ser educada? Não sou bonito como o César...

César era um rapaz muito bem apessoado. Atleta, tinha dezoito anos e um corpo perfeito. Todas as meninas da escola dariam tudo para que ele as olhasse. Arthur, embora não fosse feio, só agora estava tomando corpo. Sentia que Mariana preferia que fosse César quem se interessasse por ela.

Ficou no quarto dormindo quase a tarde toda.

— Arthur, acorde! Mamãe mandou chamar você. Está na hora de irmos para o restaurante.

Ele abriu os olhos. Leandro o estava chamando. Com muito custo, conseguiu ficar com os olhos abertos. Lembrou-se de que quase todos os domingos iam jantar fora. Disse:

— Já vou levantar. Logo estarei lá embaixo.

Leandro não disse nada e saiu.

Arthur ficou deitado mais um pouco. Depois, levantou. Sua cabeça doía.

Deve ser porque não estou acostumado a dormir à tarde. Ou por ter passado quase a noite toda acordado.

Relembrou, mais uma vez, tudo o que havia acontecido na noite anterior:

Estava muito legal, mas como pude ter ajudado a quebrar aquele telefone público? Será que foi o efeito do cigarro? Talvez tenha sido, por isso é melhor que eu não volte a fumar.

À noite, saíram, foram jantar. Quando voltaram, ele foi para seu quarto, ligou o computador, ficou estudando a lição que havia aprendido na última aula. Seus planos eram: assim que terminasse o segundo grau, prestaria vestibular para a Faculdade de Ciência da Computação. Queria essa profissão. Sabia que, com ela, teria seu futuro garantido. Já eram quase onze horas quando resolveu dormir.

No dia seguinte, foi a mesma rotina, acordou atrasado, e o pai deu-lhe o dinheiro para o lanche.

Quando chegou à escola, viu Mariana conversando com outras meninas. Estremeceu, não sabia o que fazer ou como encará-la. Viu também Rodrigo que se aproximava:

— Bom dia, Arthur! Tudo bem com você?

— Bom dia, está tudo bem.

— Vi que estava olhando para a Mariana.

— Estava, sim. Ela é mesmo muito bonita.

— Agora já sabe que pode falar com ela e, quem sabe, começar um namoro.

— Namorar! Não, ela é muito bonita! Não vai querer namorar alguém como eu!

— Que bobagem você está dizendo! Pareceu que ela estava muito feliz ao seu lado. Acho que gosta de você…

Arthur olhou novamente para Mariana, que conversava distraída e não viu quando ele chegou. Disse:

— Não sei, não, acho que você está delirando. Ela nunca vai me querer.

Rodrigo não disse nada, apenas sorriu. Todos entraram para a sala de aula. Mariana passou por Arthur e sorriu.

Durante a primeira aula, ele arriscou olhar para ela, mas assim que percebia que ela também o estava olhando, tremia e desviava o olhar.

Na hora do lanche, ela continuou com as amigas. Arthur estava comendo, quando Rodrigo se aproximou:

— Então, Arthur, já resolveu conversar com a Mariana? Percebi que ela está dando uma bola danada para você!

— Você está louco! Ela nem sabe que existo.

— Por que não vai falar com ela?

— Não posso! Nem sei como me aproximar...

— Tenho a solução. É só querer.

— Outro cigarro? Não, não posso!

— Você é quem sabe. Já viu que não lhe fez mal algum.

Arthur falou, nervoso:

— Não, não quero, isso é muito perigoso!

— Perigoso, por quê?

— Posso me viciar e já ouvi muitas histórias...

— Disse bem, muitas histórias, ninguém se vicia. Só continua nas drogas quem quer. Isso de vício é mentira.

— Tem certeza?

— Claro que tenho. Eu mesmo só uso quando quero, quando estou a fim. Se quisesse, hoje mesmo pararia.

— Tem certeza disso?

— Estou lhe dizendo! Já uso há algum tempo, mas só quando quero.

— Não sei, não. Tenho medo.

— Por isso é que não consegue se aproximar dela. Tem medo de tudo!

Arthur olhou novamente para o lado em que Mariana se encontrava. Ela continuava conversando com as colegas, arriscava um olhar para ele, que assim que percebia desviava o seu. Voltaram para a aula. Ele, como sempre, prestou atenção à aula e entendeu o que os professores ensinavam.

É preciso algo mais

Durante alguns dias foi assim. Ele olhava para Mariana, mas não tinha coragem de se aproximar. Rodrigo estava sempre por perto.

Fazia já quinze dias desde aquela noite. Arthur, em casa, planejava como faria para falar com Mariana, mas sempre que ela se aproximava, ele não conseguia falar o que pretendia.

Em uma manhã, na hora em que estava tomando lanche, Mariana aproximou-se:

— Olá, Arthur. Por que você não me procurou mais desde aquela noite?

Ele começou a tremer, não sabia o que dizer. Ela continuou:

— Pensei que tinha gostado da minha companhia!

Ele disse, em voz baixa:

— Claro que gostei, só que estou estudando muito para o vestibular.

Ela apenas sorriu:

— Eu também estou estudando, mas nem por isso preciso me isolar das pessoas.

Ele não sabia o que responder. Queria continuar conversando, mas não tinha assunto. Sorrindo, afastou-se. Agradeceu intimamente, quando ouviu o sinal para que os alunos voltassem para a classe.

Mais três dias se passaram. Em casa, ele imaginava uma conversa com Mariana, e na presença dela, sua voz sumia. Naquela manhã, enquanto ouvia as explicações do professor de Português, arriscava olhar para a garota, mas assim que a percebia olhando, disfarçava.

Em uma dessas vezes, seu olhar cruzou com o de Rodrigo, que prestava atenção nele. Um pouco sem graça, desviou o olhar. Sem perceber, começou a lembrar-se da noite em que a beijou:

Naquela noite, foi tudo tão fácil... eu sabia o que fazer ou falar... por que não consigo hoje? Será que o Rodrigo tem razão? Será que, se eu fumar mais uma vez, conseguirei falar com a Mariana? Não, é perigoso, meus pais sempre me alertaram contra isso.

Mais um dia se passou. À noite, sozinho em seu quarto, voltou a lembrar-se de Mariana e de como ela era bonita. Antes de dormir, resolveu:

Amanhã vou falar com ela de qualquer maneira. Nem que seja preciso fumar novamente aquele cigarro. Vai ser só mais um.

Na manhã seguinte, assim que chegou à escola, olhou para Mariana, tentou se aproximar, mas, mais uma vez, começou a tremer. Desviou o olhar, entrou na sala de aula. Durante o tempo todo, tentou olhar para ela, mas não conseguia.

O sinal tocou, era hora de todos irem para a cantina. Enquanto saíam, Rodrigo se aproximou:

— Então, Arthur, como está?

— Estou bem, mas preciso falar com você.

— Que aconteceu?

— Quero falar com a Mariana, mas não estou conseguindo. Será que você não poderia me arrumar outro cigarro daquele?

Rodrigo começou a rir:

— Quer mesmo? Disse que tinha medo, que não queria…

— Tenho medo, pois sempre fui alertado sobre o perigo disso, mas já faz algum tempo que fumei e não senti falta. Por isso, sei que posso fumar só quando quiser. Vou fumar só mais um, falarei com a Mariana e não vou precisar mais.

— Você é quem sabe. Tenho um aqui, se quiser, é para já…

— Aqui na escola?

— Claro que não. Vamos sair e na rua usaremos. Farei companhia para você.

— Como sair? Não nos deixarão passar pelo portão!

— Não tem ninguém no portão, sempre saio. Vamos?

Ele acompanhou Rodrigo. Estranhou o fato de não haver ninguém na portaria da escola. Logo os dois estavam em uma pracinha que havia ali. Sentaram. Rodrigo tirou do bolso dois cigarros. Acendeu um e deu para Arthur. Este olhou para o cigarro e para Rodrigo. Pensou um pouco, em seguida deu a primeira tragada. Essa foi a mais difícil, as outras foram mais rápidas e fáceis. Assim que terminaram o cigarro, voltaram para a escola. Ele não estava sentindo nada. Já na sala de aula, arriscou, novamente, o olhar para Mariana. Justamente no momento em que ela estava olhando, ele sorriu. Ela, admirada, sorriu também.

Após o término da aula, no corredor, ele se aproximou:

— Mariana, preciso falar com você.

Ela estranhou aquela atitude. Um pouco desajeitada, disse:

— Que bom, pensei que este dia nunca fosse chegar! Você está diferente! Que aconteceu?

Ele, rindo muito, respondeu:

— Diferente como? Só estou feliz por estar conversando com você.

— E só isso mesmo?

— Claro que é! Não quer conversar comigo?

— Que ideia! Estou feliz por isso. Só que não pode ser agora, minha mãe já deve estar lá fora me esperando.

Só aí ele se lembrou do pai. Com um ar de descontentamento, disse:

— Meu pai também deve estar aí fora ou quase chegando. Quando poderemos nos ver com mais calma?

— Hoje à tarde não vai dar, pois vou à aula de balé, mas amanhã, se quiser, pode ir tomar um lanche lá em casa. Você quer?

— Claro que sim! Amanhã, lá pelas quatro, vou até sua casa.

Chegaram ao portão. Mariana viu a mãe que a estava esperando, abanou a mão para Arthur e se dirigiu a ela.

Arthur ficou olhando a garota se afastar, percebeu que o pai ainda não o estava esperando. Foi para o ponto de encontro. Não conseguia ficar parado, andava de um lado para outro. Seu pai nunca havia demorado tanto para chegar.

Finalmente, o pai chegou. Entrou no carro e foram para casa. Durante o caminho, seguia calado. Embora sentado, não conseguia ficar parado. Movia-se muito. Álvaro estranhou:

— Arthur! O que você tem? Não pode ficar parado?

Ele demorou um pouco para responder:

— Não tenho nada. Só estou com fome.

— Tenha um pouco de paciência. Estamos chegando. Sabe que o almoço está pronto.

Arthur não respondeu. Voltou seu rosto para a janela e ficou olhando o caminho. Não sabia o que dizer. Não havia notado que estava se mexendo tanto. Tentou se controlar.

Finalmente, chegaram. Ele desceu quase correndo. Entrou em casa. Subiu as escadas e foi para seu quarto.

Iracema estava preparando a mesa para o almoço. Viu Arthur entrando calado e correndo. Admirou-se, pois sempre que ele chegava da escola, brincava com ela ou dizia algo, mas naquele dia não fez nada.

Em seu quarto, Arthur se jogou sobre a cama. Preocupado, pensava:

Não estou entendendo o que está acontecendo. Por que este mal--estar? Por que esta vontade de chorar? Este vazio?

Precisava descer para o almoço, mas não sentia fome alguma. Após alguns minutos, trocou de roupa e desceu.

Almoçou em silêncio. Leandro tentou falar com ele, mas não obteve resposta. Todos estranharam. Odete disse:

— Arthur! O que você tem?

Ele também não estava entendendo aquilo que sentia. Percebeu que aquele era o momento de contar o que estava passando. Sabia que algo não estava bem, mas… respondeu:

— Não tenho nada! Só estou um pouco nervoso!

— Nervoso, por quê?

Ele não sabia o que responder, também não sabia o motivo. Alguns minutos após, disse:

— Estou com problemas.

— Que problemas?

Ia contar o que estava acontecendo, mas lembrou-se de Rodrigo, dizendo-lhe:

Se seus pais souberem, internarão você em uma clínica…

Ficou com medo. Respondeu:

— Com a aula de Português, não estou conseguindo entender.

— Ora, meu filho, não precisa ficar nervoso. Basta me dizer, qual é a sua dúvida? Posso ajudá-lo.

— Não precisa, mamãe, vou estudar mais um pouco, fazer alguns exercícios, sei que vou entender.

— Está bem, mas, se precisar, basta me dizer. Agora, almoce. Sua comida vai esfriar.

Ele começou a comer, mas, na realidade, não sentia vontade.

Após o almoço, como diariamente, todos saíram. Ele subiu para seu quarto. Deitou na cama, tentou dormir, mas não conseguiu. Mariana surgiu em seu pensamento:

Hoje consegui falar com ela. Não foi tão difícil como eu imaginava. Parece que ela também está interessada em mim. Será que está mesmo ou só sendo educada? Amanhã, irei até a sua casa. Teremos mais tempo para conversar. Vou dizer que quero namorá-la. Será que vai me aceitar?

Assim pensando, adormeceu.

Acordou algumas horas após. Estava muito suado, sentia calor. Levantou-se, foi ao banheiro, ligou o chuveiro. Tomou um banho frio. Sentia que seu corpo estremecia. Não entendia o que estava acontecendo.

Devo estar com um início de resfriado. Vou pedir algum remédio para a Iracema.

Vestiu a roupa, desceu. Iracema estava na cozinha, ele se aproximou:

— Iracema, você tem algum comprimido para gripe?

— *Pur quê? Tá sentindo arguma coisa?*

— Acho que estou com febre, estou muito quente.

Ela, com olhar preocupado, se aproximou, colocou a mão em sua testa. Sorriu, enquanto dizia:

— *Num tá cum febre. Tá normar.*

Irritado, ele disse:

— Como pode saber? Você não colocou o termômetro!

Ela estranhou o seu tom de voz:

— Num preciso disso aí. O calor da febre é diferente. Tenho filhos, conheço a diferença. Num tá cum febre.

— Mesmo assim, quero um remédio.

— Num podi tomá remédio sem precisá.

Muito nervoso, ele saiu da cozinha, dizendo, em voz baixa:

— Estou com febre! Sei o que estou sentindo. Ela não sabe nada.

Saiu de casa, começou a andar sem destino. Sentia necessidade de andar, não podia ficar parado. Andou a tarde toda. Eram quase seis horas quando retornou. Entrou em casa. Ele sabia que não estava bem. Seus pais e Leandro ainda não haviam retornado. Ouviu um barulho que vinha da cozinha. Era Iracema, que preparava o jantar. Foi para o seu quarto. Já lá dentro, olhou para o computador, precisava estudar. Sentou, ligou o computador. Ficou alguns minutos estudando.

Levantou-se, não conseguia se concentrar. Desceu, foi para a sala. Ligou o televisor, mas também não conseguia se concentrar na programação. Voltou para o quarto, ficou lá por alguns minutos, retornou para a sala. Fez isso várias vezes até que sua mãe chegou, acompanhada por Leandro:

— Olá, Arthur, tudo bem?

Ele, com a voz muito baixa, respondeu:

— Tudo bem, a senhora demorou muito...

Odete aproximou-se, deu-lhe um beijo enquanto dizia:

— Não demorei! Chego todos os dias a esta hora! Não está bem? Está doente?

— Não tenho nada, só senti a sua falta...

Ela percebeu que Arthur não estava bem, olhou em seus olhos, perguntando:

— O que está acontecendo? Está triste?

Ele sentiu que aquele era o momento. Estava mal, deprimido, o pior era não saber o motivo. Ia contar quando a porta se abriu. Por ela entrou, sorrindo, Álvaro:

— Boa noite, família!

Os três olharam para ele, que se aproximou e beijou a todos.

Após beijar o pai, Arthur se afastou, foi para seu quarto. Odete o acompanhou com os olhos, enquanto ele subia vagarosamente a escada.

Meu estômago está doendo. Por que será? Será por causa daquele cigarro que fumei? O Rodrigo garantiu que não ia me acontecer nada!

Ficou em seu quarto, não sentia vontade de conversar. A dor e a ansiedade foram aumentando. Ele estava muito triste e sentia vontade de chorar.

Por que estou me sentindo assim? Por que esta vontade de chorar? Por que esta tristeza? Isso não é normal!

Enquanto isso, na sala, Odete e Álvaro conversavam:

— Álvaro, não sei o que está acontecendo com o Arthur. Ele parece muito nervoso.

— Isso não é nada, como ele mesmo disse, está com problema em português.

— Tomara que seja só isso mesmo. Estou preocupada, e se ele estiver doente?

— Só está cansado, mas se estiver doente, basta levá-lo ao médico.

Arthur continuava sentindo-se mal. Aquele vazio e ansiedade. Tentou mexer no computador, mas não conseguiu:

Não estou conseguindo fazer nada. Que será que está acontecendo? Vou ligar para o Rodrigo, talvez ele tenha uma explicação.

Foi exatamente o que fez. Pegou o telefone, ligou:

— Oi, Rodrigo, sou eu, o Arthur!

— Oi, Arthur, estou estranhando você me ligar. Aconteceu alguma coisa?

— Acredito que você pode me responder. O que está acontecendo? Estou com uma sensação estranha! Estou sentindo um enorme vazio, mas não sei o porquê. E também estou muito ansioso, não consigo ficar parado!

— Isso não é nada! Às vezes, a erva provoca essa reação, mas vai passar. Se quiser, venha até aqui que vou lhe dar um remédio.

— Não posso sair agora! É a hora do jantar! Meus pais não me deixarão sair!

— Então, não posso fazer nada.

— Isso vai passar?

— Como posso saber? Você deve ter comido alguma coisa que lhe fez mal...

— Não comi nada.

— Quando quiser, venha, estarei aqui.

— Está bem. Irei assim que for possível, não saia de casa.

— Não sairei, estarei esperando você.

Arthur desligou o telefone, sentou em frente ao computador.

Mudança de humor

Estava ali tentando entender um programa, mas percebeu que já não tinha a mesma facilidade que antes. Agora, só pensava em uma maneira de sair de casa e ir encontrar Rodrigo. Leandro entrou:

— Arthur, que está acontecendo?

Ele, nervoso, respondeu:

— Não está acontecendo nada! Por que todos estão me perguntando isso?

— Porque você está diferente.

— Não estou diferente! Sou o mesmo!

— Não é não! Está sempre calado, não brinca como antes! Não está nem roubando as minhas batatas!

Arthur sorriu:

— Talvez você tenha razão, estou um pouco preocupado, só isso.

— Preocupado com o quê?

— Com um problema na escola, em Português, mas vai passar.

— Sei que você me acha uma criança, mas gosto muito de você, é meu irmão. Se achar que posso ajudá-lo, basta pedir, farei tudo por você.

Arthur pensou:

Talvez eu devesse contar a ele, mas ele falaria com meus pais. Eu não tenho coragem.

Voltou o olhar para o irmão, ia falar quando Leandro disse:

— Sabe que você é meu herói! Quando crescer, vou ser igual a você!

Irritado, Arthur gritou:

— Não diga isso! Você não vai ser igual a mim! Vai ser diferente!

Leandro assustou-se com aquela reação:

— Por que está dizendo isso? Por que está tão nervoso?

— Não estou nervoso!

— Está sim! Está gritando!

Arthur voltou a si. Notou que, sem perceber, estava mesmo gritando. Deitou na cama, dizendo:

— Desculpe, estou mesmo muito nervoso. Agora, por favor, saia. Preciso estudar um pouco.

Preocupado, Leandro saiu do quarto. Não estava reconhecendo o irmão. Na sala, sentou em frente ao televisor. Seu pai estava no banho, sua mãe, na cozinha, conversava com Iracema.

Arthur continuou no quarto até a hora do jantar. Desceu e, calado, jantou. Respondeu algumas perguntas de seus pais. Após terminar o jantar, deu boa-noite e voltou para o quarto. Estava triste, só tinha vontade de chorar. Estava deprimido.

Naquela noite, dormiu muito bem. Acordou, lembrou que era o dia de ir à casa de Mariana. Não sentia nada, todo aquele mal-estar terminara. Olhando no espelho, sorriu, enquanto pensava:

Hoje estou bem, assustei-me à toa. Devo mesmo ter comido algo que me fez mal. Fiquei preocupado sem razão. Imaginei muitas coisas. Fiquei com medo de estar viciado, mas como o Rodrigo disse, só vou me viciar se quiser. Nunca mais vou fumar. Tudo passou.

Tomou banho, desceu. Sua mãe havia ido ao supermercado. Seu pai e Leandro sorriram ao vê-lo entrar na sala. Leandro disse:

— Estamos esperando você para irmos ao clube.

— Não posso ir.
— Por quê?
— Vou até a casa de uma amiga da escola.
Leandro, com olhar maroto, disse:
— Papai, não disse que ele tinha arrumado uma namorada?
Álvaro olhou para Arthur, que respondeu, irritado:
— Não é nada disso! É só uma amiga! Nós vamos estudar!
Álvaro disse:
— É só isso mesmo que deve fazer. Sabe que não quero que namore, ainda é muito cedo. Tem que estudar.
— Sei disso, não se preocupe, não estou namorando. É só uma amiga.
— Está bem. Não quer mesmo ir ao clube?
— Não.
— Então, até logo. Vamos, Leandro. Vamos aproveitar o sol.
Quando estavam saindo, Arthur disse:
— Esperem um pouco, só irei à casa da Mariana à tarde. Tenho tempo para ir com vocês até o clube.
Álvaro sorriu:
— Está bem, mas se apresse.
Arthur subiu correndo para o quarto, pegou sua roupa de banho, desceu.

Os três saíram alegres em direção ao clube. Lá, enquanto Álvaro jogava tênis, Arthur e Leandro, alegres, nadavam na piscina.

Arthur estava feliz, sentia que tudo estava bem, voltara a ser como antes. Leandro também estava feliz. Disse:

— Arthur, hoje você está bem, voltou a ser o meu irmão de antes.
Arthur sorriu:
— Nunca deixei de ser teu irmão. Também, não sei por que está dizendo isso.

Era quase meio-dia quando Odete chegou. Foi em direção à piscina. Viu seus filhos nadando e brincando. Sabia que Álvaro estava na quadra de tênis. Ficou olhando um pouco, depois chamou os dois:

— Arthur! Leandro!

Eles olharam para ela e, juntos, saíram da piscina. Assim que chegaram perto, ela disse:

— Está na hora do almoço. Vamos até a quadra esperar o pai de vocês terminar de jogar.

Sob protestos, os dois a acompanharam. Álvaro terminou de jogar. Despediu-se dos amigos, foi para junto da família:

— Perdi a partida, mas não faz mal, ao menos fiz exercício físico.

Todos riram, pois sabiam que ele ficava muito bravo quando perdia no tênis.

Almoçaram. Arthur comeu muito bem. Após o almoço, voltaram para casa. Arthur estava ansioso, a hora de ir para casa de Mariana estava chegando. Vestiu-se, colocou seus tênis. Olhou-se no espelho. Queria mostrar boa aparência. Havia pensado muitas vezes no que diria a ela.

Vou pedi-la em namoro. Ela vai aceitar, só tenho que deixar bem claro que preciso estudar. Mas poderemos nos ver na escola ou na sua casa. Depois vou convidá-la para que venha até aqui.

Após julgar que estava pronto, deu uma última olhada no espelho, desceu.

Na sala de televisão, seus pais conversavam. Olhou para eles, dizendo:

— Papai, mamãe, estou saindo. Voltarei antes do jantar.

Odete se aproximou, beijou o rosto do filho.

— Está bem, divirta-se.

Arthur saiu. Mariana morava a quatro quadras da sua casa. Decidido, caminhou. Parou em frente ao portão da casa dela. Passou a mão pelo cabelo, respirou fundo. Ia apertar o botão da campainha, mas estremeceu.

Não posso fazer isso. Não sei o que dizer. Não vou ter assunto. Vou parecer um bobo. Não, não posso entrar.

Afastou-se dali, quase correndo. Chegou à praça que existia lá perto. Sentou em um banco. Tremia muito, estava nervoso.

Por que essa insegurança voltou? Sei que ela gosta da minha companhia. Não, ela gosta daquele Arthur alegre e falante, que conversa sobre todos os assuntos. Não deste que está aqui. Não saberei falar com ela... a não ser que fume um daqueles cigarros... isso mesmo. Preciso de um cigarro... vou à casa do Rodrigo, ele deve ter um.

Saiu correndo. Assim que chegou, tocou repetidas vezes a campainha, mas ninguém atendeu. Estava nervoso, trêmulo. Tocou, tocou, mas nada. Teve que aceitar, Rodrigo não estava em casa. Saiu dali.

Não posso voltar para casa. Todos irão querer saber por que voltei cedo. Vou tentar novamente. Vou à casa da Mariana.

Fez isso, mas, como da primeira vez, não conseguiu apertar a campainha.

Não posso... não posso.

Ficou andando o resto da tarde. Estava novamente triste e com aquele ardor no estômago.

Às seis horas da tarde, voltou para casa. Ali tudo continuava como sempre. Entrou, cumprimentou a todos, foi para seu quarto. Quando estava subindo a escada, ouviu a voz de Leandro:

— Então, Arthur, namorou muito?

Nervoso, ele respondeu:

— Já lhe disse que não estou namorando! Pare de falar assim!

Álvaro disse:

— Espere aí, mocinho, seu irmão está apenas brincando, não precisa ser malcriado.

— Desculpe, papai. Desculpe, Leandro. Só não quero que digam que estou fazendo algo que na realidade não estou.

Terminou de subir a escada, entrou no quarto. Lá era o único lugar onde se sentia bem.

Mais tarde desceu para o jantar. Continuava nervoso e tremendo. Conversou um pouco, voltou para o quarto.

Estava novamente com aquela tristeza, que não sabia qual era o motivo. Não conseguia ficar parado, andava de um lado para o outro.

Deitava, levantava, ia ao banheiro. Isso durou a noite toda. Dormia, acordava, levantava e deitava novamente.

Já eram onze horas da manhã. Arthur dormia profundamente quando Leandro entrou. Aproximou-se da cama e suavemente chamou:

— Arthur, acorde...

Ele abriu os olhos. Ao ver Leandro, ficou furioso. Sentou-se na cama e disse, gritando:

— Que você quer? Será que não posso dormir?

Assustado, Leandro respondeu:

— Mamãe pediu que eu viesse chamá-lo. Já é tarde...

Arthur olhou para o relógio. Ao ver a hora, percebeu que realmente era tarde. Olhou para Leandro, notou que ele estava assustado:

— Desculpe, está bem. Pode descer, já vou levantar.

Leandro saiu do quarto quase correndo.

Arthur permaneceu sentado na cama, sentiu que o tremor e a ansiedade continuavam. Percebeu que precisava de um remédio, sabia que só o Rodrigo poderia ajudá-lo ou, pelo menos, dizer por que estava sentido aquilo. Pegou o telefone, discou. O telefone chamou várias vezes, até que alguém atendeu:

— Alô, quem é?

— Oi, Rodrigo, sou eu, o Arthur. Preciso da sua ajuda! Não estou bem...

— O que está sentindo?

— Estou nervoso, com aquela sensação estranha...

— Venha até aqui, vou lhe dar o remédio.

— Irei, mas, por favor, não saia de casa...

— Não vou sair, hoje é domingo, minha mãe está em casa.

— Está bem, logo mais estarei aí.

Desligou o telefone, foi até o banheiro, olhou-se no espelho. Estava com olheiras profundas:

Vou sim! Não estou aguentando mais!

Aliviado, pois sabia que logo ficaria bem, ensaiou um sorriso, desceu. Após o almoço, disse:

— Papai, mamãe, vou até a casa do Rodrigo, vamos ter uma prova. Ele está com um pouco de dificuldade, me ligou pedindo para que eu vá até a sua casa.

Dona Odete admirou-se:

— Mas, meu filho! Hoje é domingo!

— Sei, mamãe, mas a nossa prova é amanhã!

— Ora, Odete, deixe o menino ir! Isto é um sinal de que ele não está doente!

— Está bem, meu filho, mas não volte muito tarde.

Arthur, aliviado, beijou o pai e a mãe, saiu. A ansiedade era intensa, seu corpo continuava tremendo. Chegou ao portão da casa de Rodrigo, que ficava duas ruas atrás da sua.

Rodrigo morava em um sobrado junto com a mãe. O nível de vida dele era bem diferente do de Arthur. Sua mãe havia se separado de seu pai já há algum tempo. Ela trabalhava muito para poder manter a casa e o filho em uma boa escola. Por trabalhar muito, quase nunca estava em casa. Rodrigo vivia praticamente sozinho.

Arthur tocou a campainha. A mãe de Rodrigo abriu:

— Olá, Arthur, como vai?

— Olá, dona Glória, estou muito bem. Vim aqui falar com o Rodrigo.

— Que bom, pode entrar. Ele está em seu quarto, vou chamá-lo.

Arthur entrou, sentou em um sofá, enquanto dona Glória subiu uma escada que levava ao andar superior.

Ele ficou olhando tudo à sua volta. Aquela sala, bem diferente da sua, embora estivesse bem mobiliada, era pequena e apertada. Os móveis também não eram da mesma qualidade dos seus.

Enquanto Arthur observava, Rodrigo chegou acompanhado pela mãe:

— Olá, Arthur, pensei que fosse demorar!

— Preciso tirar algumas dúvidas de Português.

Dona Glória admirou-se:

— Você acha que o Rodrigo vai lhe tirar essas dúvidas? Ele está indo tão mal na escola!

— Estou indo mal, mas em Português sou bom, não é, Arthur?

Arthur não estava acostumado a mentir, aliás, nunca mentia, por isso não estava muito à vontade quando respondeu:

— É isso mesmo! Em Português, ele é muito bom...

Rodrigo sorriu, maroto:

— Venha, Arthur, vamos para o meu quarto.

Arthur, um pouco sem graça, seguiu Rodrigo. Já no quarto, falou, nervoso:

— Rodrigo, não estou me sentindo bem! Estou com uma sensação estranha! Estou ansioso e também tremendo muito... Sabe me dizer o que é?

— Isso não é nada! Vou lhe dar aquele remédio, vai ver como ficará bom...

— Não há outra maneira? Estou ficando com medo! Não estou mais aguentando, precisei mentir para os meus pais, não gosto disso!

— Não se preocupe, vai ficar bem. Também, uma mentirinha não faz mal algum!

— Onde está o remédio?

— Não podemos usar aqui, minha mãe está em casa. Precisamos sair. Vamos?

— Claro que vamos, preciso me livrar deste mal-estar!

Desceram, a mãe de Rodrigo estava na sala, assistindo à televisão. Ele se aproximou, dizendo:

— Mãe, eu e o Arthur vamos dar umas voltas por aí!

Sem tirar os olhos do televisor, disse:

— Não vão estudar?

— Primeiro, vamos à casa de um amigo pegar um livro.

— Está bem, meu filho, mas não demore, não esqueça que estou aqui sozinha...

— Não esquecerei, sabe que adoro ficar na sua companhia.

Saíram para a rua. Arthur estava sentindo-se cada vez pior:

— Rodrigo, me dê remédio, não estou me sentindo muito bem...

Ele não respondeu, apenas sorriu. Chegaram a uma praça. Rodrigo disse:

— Vamos nos sentar aqui.

— Sentar? Não quero sentar! Preciso do remédio!

Rodrigo falou devagar:

— Fique tranquilo, aqui está o seu remédio. Vai ver como ficará bem...

Arthur pegou em suas mãos o cigarro que Rodrigo lhe oferecia. Pensou um pouco. Devolveu o cigarro e disse:

— Não! Não quero! Tem que ter outro remédio! Estou achando que esse mal-estar que estou sentindo é por causa dos cigarros que fumei! Não quero!

— Você é quem sabe... o único remédio que conheço é este...

— Você me garantiu que eu não iria me viciar!

— Não está viciado. Isso acontece com todos quando fumam pelas primeiras vezes, mas logo vai passar e não sentirá mais isso...

— Tem certeza do que está me dizendo?

— Claro que tenho... fume este que estou lhe dando e verá como vai ficar bem...

Arthur ainda pensou em não aceitar, mas estava mesmo sentindo-se muito mal. Pegou o cigarro que Rodrigo lhe oferecia:

— Vou tentar, preciso fazer qualquer coisa para ficar bem. Tenho que estudar, vamos realmente ter provas nesta semana!

Rodrigo acendeu o cigarro, deu uma tragada e entregou para Arthur, que também fumou do modo como ele havia lhe ensinado. Após ter dado três tragadas, percebeu que aquele mal-estar estava passando.

— Rodrigo! A ansiedade e o mal-estar estão passando!

— Não lhe disse que ia ficar bem? É assim mesmo...

Continuou fumando. A cada tragada, sua cabeça flutuava e ele sentia ser outra pessoa, diferente daquela que havia chegado à casa de Rodrigo. Não estava mais nervoso. Rapidamente, começou a rir e a querer sair correndo.

Rodrigo ficou olhando para ele sem dizer nada, apenas observava.

Logo, Arthur estava muito bem. Ficou mais um tempo por ali, olhando as árvores e vendo os pássaros, que, para ele, tinham cores deslumbrantes.

Começou a escurecer. Lembrou-se de que precisava voltar para casa. Rindo muito, falou:

— Preciso voltar para casa, meus pais não gostam que eu fique na rua durante a noite.

— Vamos voltar, agora você está bem. Não diga nunca que não o ajudei. Foi até a casa da Mariana?

— Fui, mas não consegui tocar a campainha

— Agora, acredita que conseguiria?

Rindo muito, respondeu:

— Acredito que sim! Estou muito bem.

— Por que não vai ate lá?

— Agora não posso, preciso voltar para casa.

— Amanhã vai conseguir.

— Acho que sim. Você é mesmo um amigão!

— Pode ter certeza que sou...

Despediram-se, Arthur voltou para casa. Sentia que agora estava tudo bem, o mal-estar havia passado e ele estava até muito feliz.

Entrou em casa. Seu pai lia um jornal, sua mãe preparava o jantar e Leandro jogava videogame. Foi até a cozinha:

— Mamãe, estou com muita fome, o que temos para comer?

— Sabe que não gosto de anunciar a comida antes da hora, mas vai gostar muito do que estou preparando. Volte para a sala, logo mais estará pronto!

Ele beijou a mãe e foi para a sala. Seu pai continuava lendo o jornal. Leandro jogava. Olhou um pouco, depois resolveu ir para o seu quarto mexer no computador. Estava aprendendo a fazer planilhas de custos. O computador o encantava. Aprendia tudo rapidamente. Mexia aqui e ali e dominava muito bem todos os programas. Era o que mais gostava de fazer:

Sei que vou trabalhar toda a minha vida com computadores. Vou aprender cada vez mais. Quero dominar tudo muito bem. O que mais desejo é aprender a fazer programas.

Em seu quarto, ligou o computador e começou a mexer. Precisava fazer um trabalho que seu professor de computação havia pedido. Ficou ali por um bom tempo, até que Leandro entrou, sem bater, no quarto.

— Arthur, a mamãe está chamando você. O jantar está pronto!

Ele olhou para o irmão, levantou e mexeu nos cabelos dele da maneira que sabia que o deixava irritado. Leandro pegou uma almofada que estava em cima de um sofá, atirou nele e, rindo, saiu correndo. Arthur, rindo, também correu atrás dele. Chegaram correndo à sala. Dona Odete também sorriu ao ver os dois brincando, mas, fingindo estar brava, disse:

— Vocês dois querem parar com essa briga! Vamos jantar!

— Não estamos brigando, só que o Arthur mexeu nos meus cabelos!

— Ele me jogou uma almofada!

— Está bem, mas agora chega!

Todos sentaram. Arthur sentia muita fome. Ele mesmo estranhou, pois não era de comer muito. Sua mãe também percebeu que estava comendo mais do que o normal, mas lembrando do que havia acontecido no outro dia, não disse nada.

Assim que terminaram de jantar, ele voltou para o seu quarto. Estava na metade do trabalho, precisava terminar. Voltou a mexer no computador, mas logo começou a sentir muito sono. Estranhou, porque não era de dormir cedo. Tentou continuar estudando, mas não conseguiu. O sono foi mais forte. Desligou o computador e deitou, dormindo imediatamente.

Antes de deitar, Odete passou pelo quarto dele. Vinha acompanhada por Leandro. Os dois admiraram-se por ele já estar dormindo. Leandro deitou, ela os cobriu e saiu.

No meio da noite, Arthur acordou:

Não, meu Deus! Não pode ser! Aquela sensação está voltando!

Levantou, com a mão sobre o estômago, foi até o banheiro. Olhou no espelho, percebeu que ainda estava com grandes olheiras. Sua boca estava seca e o tremor voltava com mais intensidade:

E agora, o que vou fazer?

Resolveu tomar um banho para ver se melhorava. Ligou o chuveiro, entrou e ficou ali parado, apenas sentindo a água cair sobre seu corpo. Ficou ali por quase meia hora. Saiu do chuveiro, estava um pouco aliviado, mas percebeu que o tremor agora estava intenso. Foi para a cama, deitou e ficou o resto da noite virando de um lado para outro.

Odete, como fazia todos os dias pela manhã, abriu a porta. Estranhou ao ver Arthur acordado com os olhos para o teto.

— Que aconteceu? Já está acordado? Está sentindo alguma coisa? Está com alguma dor?

Ele sentiu vontade de contar o que estava acontecendo, mas não teve coragem. Sua mãe não iria entender e falaria para o seu pai, isso ele não queria:

— Não estou sentindo nada, acordei porque ontem dormi cedo.

— Ainda bem, levante-se, seu pai já está no banho. Já que acordou cedo, poderá tomar café com ele.

— Vou fazer isso! Só assim ele não vai brigar comigo, por eu sair sem me alimentar.

Ela saiu do quarto. Arthur sentia aquela sensação ruim. Novamente foi para o chuveiro. Tomou um banho rápido. Antes de sair, olhou para o espelho. Seu rosto continuava com muitas espinhas, mas agora aquilo não o preocupava mais. Havia conversado com Mariana e percebeu que ela não se preocupava com elas. Sabia que as espinhas logo mais dariam lugar a uma bela barba. Apesar do mal-estar, sorriu e foi se vestir.

Quando chegou à sala de jantar, seu pai já ali se encontrava junto com sua mãe, ambos tomavam café. Iracema os servia. Ele sentou. Iracema, sorrindo, falou:

— *Inda bem que o minino hoje vai tomá café!*

— Vou sim, mas não estou com muita vontade!

Álvaro também estava feliz por ver o filho ali. Ficava sempre muito preocupado, pois ele quase todos os dias saía sem se alimentar.

— Ainda bem que hoje vai alimentado para a escola. Coma uma fruta. Está em uma idade em que precisa de boa alimentação. Fica só comendo aquelas bobagens da cantina.

Arthur não respondeu, apenas comeu. O que queria era mesmo ir logo para a escola, precisava falar urgente com o Rodrigo. Enquanto comia, ia pensando:

Já sei que este mal-estar e o tremor só passarão com outro cigarro, mas o Rodrigo garantiu que vai passar. Espero que sim, não quero me viciar...

Terminaram de tomar o café. Deram um beijo em Odete e os dois saíram. No carro, Arthur não prestava muita atenção nas notícias que o rádio ia dando. Só queria chegar logo à escola. Álvaro comentava alguma notícia, ele respondia com monossílabos. Parecia que a escola estava muito distante, que o trânsito estava parado:

Não estou aguentando tanta ansiedade. Tomara que o Rodrigo já esteja lá e que tenha um cigarro daqueles. Sinto que, sem ele, não conseguirei assistir às aulas...

Álvaro percebeu que ele estava muito calado:

— Que está acontecendo com você?

Arthur assustou-se com aquela pergunta:

— Por que está fazendo essa pergunta?

— Estou percebendo que você está um pouco distante, nem parece o mesmo de todos os dias, sempre me atrapalha com perguntas quando estou ouvindo uma notícia! Está doente?

— Não, não estou doente, só não dormi muito bem esta noite e estou agora com sono!

— Não dormiu, por quê?

— Não sei, estava sentindo muito calor e acordei muitas vezes...

— Eu não senti calor, ao contrário, senti até um pouco de frio.

— Não sei o que me aconteceu.

Finalmente, chegaram em frente à escola. Arthur desceu apressado, esqueceu-se de dar o beijo que todos os dia dava no pai. Atravessou a rua correndo. Álvaro, intrigado, olhou o filho se afastando:

Esse menino não está bem, ele está muito estranho, será que está apaixonado?

Sorriu, acelerou o carro e saiu, pensando:

Embora não queira admitir, meu filho já está um homem. Não posso me admirar de ele estar apaixonado, na idade dele eu já namorava.

Arthur entrou quase correndo na escola. Olhou para o lado em que Rodrigo sempre ficava conversando com os mesmos amigos e o avistou. Arthur se aproximou:

— Rodrigo, preciso falar com você.

Rodrigo sorriu, afastou-se dos outros, levando Arthur com ele:

— O que está acontecendo? Parece que está muito nervoso.

— Aquele mal-estar voltou e está intenso, você precisa me ajudar! Do contrário, não vou conseguir assistir às aulas.

— Está bem, não precisa ficar nervoso! Ainda é cedo, teremos tempo. Vamos sair da escola e, enquanto andamos pelo quarteirão, você dá uma puxada no bagulho e vai ver como ficará bem.

Saíram da escola. Mais uma vez, ninguém percebeu. Assim que chegaram à rua, Rodrigo deu a ele um cigarro. Arthur pegou aquele cigarro e, nervoso, acendeu-o. Deu uma tragada após a outra, quase sem intervalo. Aos poucos, foi sentindo-se melhor. Logo estava muito bem. Sentia que poderia assistir às aulas sem problema algum. Enquanto Arthur fumava, Rodrigo, em silêncio, ficou observando. Voltaram para a escola.

Arthur notou que estava com muita energia, mas que suas mãos estavam tremendo.

Durante as aulas, percebeu que não conseguia, como antes, acompanhar as explicações dos professores. Sentia uma certa dificuldade de assimilação. Queria sair dali, olhava a todo instante para o relógio. Durante um dos intervalos, não se deu conta de que Mariana se aproximou.

— Arthur, por que não foi até a minha casa? Fiquei esperando você.

Ele se voltou ao ouvir a voz dela, mas, agora, sua presença o incomodava. Queria mesmo era sair dali. Respondeu, seco:

— Não pude ir, tive que sair com os meus pais.

Ela, nervosa, afastou-se.

Finalmente, a campainha tocou, dando por encerradas as aulas. Arthur saiu correndo, não estava suportando ficar ali sentado. Queria correr, sentir o ar fresco.

Já na rua respirou fundo. Olhou para o caminho por onde seu pai costumava chegar. Não conseguia ficar com o corpo parado. Ficou andando de um lado para outro, até que, finalmente, seu pai chegou. Entrou rapidamente no carro. Novamente, esqueceu-se de beijar o pai. Este notou, mas não disse nada. Acreditava que o filho estivesse apaixonado. Apenas sorriu, acelerou o carro, e foram embora.

Durante o caminho, tentou conversar com Arthur, mas este estava distante. Como todos os dias, ligou o rádio e ficou ouvindo as notícias. Arthur permanecia calado, parecia muito distante dali.

Realmente, ele estava, não só distante, como também muito preocupado:

O que será que está acontecendo comigo? Por que estou sentindo o meu corpo tão estranho? Será que me viciei? Não pode ser! Fumei só alguns cigarros! Não daria para me viciar. Hoje à tarde tenho aula de natação, vou nadar muito para tirar de mim toda essa droga.

Chegaram a casa. Iracema já estava com a comida pronta para ser servida. Arthur foi para o seu quarto, trocou de roupa, lavou as mãos e voltou para a sala de refeições. Sentou. Em silêncio, começou a comer. Iracema estava em pé ao lado da mesa, terminando de servir. Álvaro olhou para ela, dizendo:

— Iracema, estou muito contente com o trabalho do seu filho. Ele é mesmo muito inteligente, aprende tudo rápido. Aquele menino vai longe. Disse a ele que, se continuar assim, pagarei a sua faculdade com mais prazer.

— *Muito brigada, dotô. Ele é mesmo um bom minino! É muito bom filho e irmão tumém. O dotô não vai se repender de ajudá ele. O dotô vai vê!*

— Tenho certeza disso. Ele é muito esforçado mesmo.

Arthur ouvia o que diziam, mas não conseguia acompanhar a conversa. Estava muito preocupado consigo mesmo:

Se eu estiver mesmo viciado? Como vai ser? Meu pai espera muito de mim, nunca poderei chegar para ele e contar o que está acontecendo, o que vou fazer?

— Arthur, por que está tão calado?

Ele ouviu o seu nome, mas não entendeu o restante da pergunta feita pela mãe:

— Não entendi, mamãe! O que perguntou?

— O que está acontecendo com você? Parece que está muito distraído. Está acontecendo alguma coisa na escola?

Ele olhou para a mãe e para o pai, sentiu vontade de contar. Estava apenas começando. Eles poderiam ajudá-lo. Pensou um pouco e, nervoso, respondeu:

— Não estou sentindo nada! Estou bem! Por que a senhora e o papai ficam fazendo essas perguntas?

A mãe estranhou a sua reação:

— Estamos preocupados. Você está diferente! Deve estar acontecendo alguma coisa. Precisamos saber o que é para poder ajudá-lo.

— Não está acontecendo nada! Já disse que só estou com alguns problemas em Português. Nada além disso.

— Sabe que sou professora e seu pai, advogado. Não acredita que possamos ajudá-lo?

— Claro que podem, mas não acho justo, já gastam tanto com a minha educação. O mínimo que posso fazer é aprender.

— Não tem que ser assim. Gastamos, sim, com a sua educação, mas nunca nos arrependeremos disso. Você, além de ser um bom filho, é também um bom aluno. Só precisa nos dizer qual é a sua dúvida.

— Desculpe, mamãe, é que estou muito nervoso. Não estou acostumado a não entender as aulas. Vou agora para o meu quarto e tentar entender, se não conseguir, vou pedir a sua ajuda.

— Faça isso, mas, se não conseguir, estamos aqui, eu e seu pai. Nós o amamos muito.

Arthur terminou de almoçar, foi para o seu quarto. Assim que se viu sozinho, se entregou ao desespero:

Que está acontecendo comigo? Por que toda essa irritação sem motivo? Ainda bem que não estou sentindo aquele mal-estar. Parece que passou mesmo! Tomara.

Sentiu muita vontade de dormir, mas não podia, precisava ir à aula de natação. Deitou só para descansar, mas, sem perceber, adormeceu.

Odete, antes de sair para a escola, foi até o quarto de Arthur para ver como ele estava. Estranhou ao ver que ele estava dormindo. Sorriu, fechou a porta, saiu. Foi falar com Iracema:

— O Arthur está dormindo, não esqueça de acordá-lo para que possa ir para a aula de natação.

— *Pódi ficá sussegada. Eu acordo ele, sim.*

Odete foi embora. Iracema voltou para seus afazeres. Arthur, que já dormia por mais de uma hora, acordou, sentindo aquele vazio, aquele mal-estar, sintomas que já conhecia. Sabia que em breve ficariam pior. Levantou-se e, apavorado, foi para o banheiro, olhou no espelho. Percebeu que seus olhos estavam vermelhos. Voltou para o quarto, olhou o relógio

Está na hora de ir para a aula de natação, mas como poderei nadar com este mal-estar? Vou me apressar e, antes de ir para a aula, vou procurar o Rodrigo. Ele vai me dar outro cigarro e tudo ficará bem.

Fez exatamente isso. Trocou-se, colocou os tênis, pegou a mochila e saiu rapidamente. Quando passava pela sala, Iracema disse:

— *Por que tá cum tanta pressa? Não vai tomá um lanche antes de saí?*

— Não, estou atrasado. Hoje preciso chegar mais cedo para a aula!

— *Tá bem, mas isso não tá certo não.*

Ele não a ouviu, foi correndo em direção à casa de Rodrigo. Enquanto corria, ia pensando:

Preciso me apressar, se não vou perder a aula, mas se for até lá sem fumar, não conseguirei nadar.

Chegou, finalmente, em frente à casa de Rodrigo. Encostou no portão e tocou a campainha. Rodrigo surgiu na janela:

— Olá, Arthur! Quer falar comigo?

— Não estou bem, preciso de sua ajuda!

— Pode entrar, não se preocupe, minha mãe está trabalhando.

Arthur entrou, apressado:

— Você precisa me arrumar outro cigarro daqueles, preciso ir à aula de natação, mas não conseguirei nadar com isto que estou sentindo!

— Está bem, mas só tem um problema, eu não tenho mais bagulho. Dei vários para você, mas agora terminaram todos os que eu tinha. Precisamos buscar mais.

— Então, vamos rápido, não posso perder a aula!

— Você tem dinheiro aí?

— Dinheiro? Não! Não tenho. Por quê?

— Porque o bagulho custa dinheiro. Dei os meus para você, mas agora vai ter que comprar para nós dois.

— Dinheiro? Não tenho! Como vamos fazer?

— Não sei, também estou precisando, também estou sentindo o mesmo que você!

— Você me garantiu que eu não iria me viciar! Mas acredito que já estou viciado. Não quero isso!

— É fácil. Basta voltar para a sua casa e esquecer do bagulho.

— Não posso voltar para casa! Preciso ir para a aula!

— Então, meu amigo, não tem jeito, precisamos ir pegar mais bagulho.

— Como? Não temos dinheiro!

— Eu não tenho mesmo, mas você tem.

— Eu? Não tenho dinheiro.

— Dinheiro não, mas tem um belo par de tênis nos pés. Ele vale muito, dá para comprar uma boa quantidade de bagulho.

— Que está dizendo? Meus tênis?! Não posso! Que vou dizer para o meu pai?

— Seus tênis, sim! Valem muito dinheiro! São importados.

— Sei que valem muito dinheiro, mas o que vou dizer para o meu pai?

— Diga que foi assaltado e que levaram seus tênis. Ele vai ficar contente por você estar vivo, não vai ligar para os tênis e até comprará outros. Hoje em dia é normal roubarem tênis importados. Ele não vai desconfiar de nada.

Arthur estava tremendo, não sabia se era por aquela situação ou se pelo mal-estar que estava sentindo:

— Não posso fazer isso. Não saberei mentir. Nunca menti!

— Você é quem sabe. Não tenho dinheiro nem bagulho. Volte para a sua casa ou vá para a aula. Sem dinheiro, não posso fazer nada...

Arthur começou a chorar. Sabia que estava perdido, pois a cada segundo sentia que precisava muito da droga. Pensou por algum tempo. Após isso, disse:

— Está bem, como vamos fazer?

— Iremos até um lugar que conheço. Lá, diremos que não temos dinheiro, mas que você tem um par de tênis. Conseguiremos uma boa quantidade que vai dar para nós dois consumirmos por um bom tempo.

Arthur, nervoso, concordou. Saíram.

Humilhações e mentiras

Arthur seguia Rodrigo como um robô. Entraram em uma favela. Enquanto caminhavam pelas vielas, Rodrigo andava e cumprimentava várias pessoas. Pararam em frente a um barraco. Lá dentro, um rapaz de mais ou menos dezenove anos, ao ver Rodrigo, disse:

— Rodrigo! Você por aqui novamente? Veio buscar mais erva? Quem é este?

Rodrigo, piscando um olho, sem que Arthur visse, respondeu:

— Vim buscar mais erva, sim. Este aqui é o Arthur, ele também quer um pouco.

— Você tem dinheiro?

— Não, mas o Arthur tem esses tênis importados que valem muito.

O rapaz olhou primeiro para Arthur, depois para os tênis que estavam em seus pés:

— Bonitos mesmo! Valem uma boa quantidade de erva. Você vai querer mesmo trocar?

Arthur também olhou para seus tênis. Todavia, o vazio que sentia e a vontade cada vez mais forte da droga levaram-no a dizer:

— Quero e preciso fazer a troca, mas como vou andar sem tênis?

Rodrigo respondeu:

— O Jiló lhe empresta um par dos dele. Quando chegar perto de sua casa, você joga fora e entra descalço, assim poderá contar uma boa história para os seus pais. Eles acreditarão, não se preocupe. Já vimos muitas vezes isso acontecer. Não é, Jiló?

Arthur se abaixou, tirou os tênis, entregou-os para Jiló que, em troca, lhe deu outros velhos e sujos. Ele calçou, sentindo um mal-estar profundo, mas sabia que aquela era a única solução. Em seguida, Jiló deu aos dois uma boa quantidade de um tipo de erva seca, que Arthur até agora não havia visto, pois Rodrigo sempre lhe dera os cigarros já prontos.

Ali mesmo, Rodrigo preparou, acendeu um cigarro e deu outro para Arthur que, tremendo muito, fumou. Aos poucos, ele foi se sentindo melhor. Seu coração batia forte, mas ele sabia que daquele dia em diante estaria nas mãos dos dois. Sentiu um frio passar por sua espinha, quis sair dali rapidamente. Saiu correndo.

Rodrigo o seguia de longe. Já fora da favela, Arthur chorava muito, enquanto pensava:

O que vou fazer da minha vida? Como vou mentir para os meus pais?

Rodrigo aproximou-se:

— Não fique assim, tudo vai dar certo.

— Nunca menti para os meus pais! Não sei se vou conseguir!

— Vai, sim. Tem sempre uma primeira vez, esta vai ser a mais difícil, mas as outras serão fáceis.

— Nunca mais vou mentir! Será só esta vez. Nunca mais! Vou me livrar de tudo isso. Vou pedir ajuda para os meus pais. Eles me ajudarão!

— Está bem. Eles irão ajudá-lo. Provavelmente, internarão você em uma clínica, mas enquanto isso não acontece, vamos dividir o bagulho. Metade para mim e a outra metade para você. Vou preparar, mas é bom aprender como se faz.

Arthur ficou olhando Rodrigo preparar os cigarros. Ele tirou do bolso alguns pedaços de papel de seda. Disse que eram tirados dos maços de cigarro jogados fora depois de usados. Preparou todos que correspondiam à parte de Arthur. Em seguida, entregou a ele.

— Não posso levar isso para casa. Não tenho onde guardar.

— Se eu fosse você, arrumaria um lugar, porque talvez sinta necessidade durante a noite.

— Não vou sentir. Vou me livrar dessa loucura. Não posso levar para casa. Não quero ser internado em clínica alguma!

— Você é quem sabe, mas, mesmo assim, vou guardar na sua mochila.

Rodrigo abriu a mochila de Arthur, colocou os cigarros e o acompanhou até a saída da favela. Arthur estava muito nervoso, queria sair dali o mais rápido possível. Já na rua, sem se despedir, saiu correndo. Assim que desapareceu, Rodrigo voltou novamente para o barraco de Jiló, que o estava esperando, e disse-lhe:

— Jiló, como você viu, esse agora já é nosso freguês. Cumpri a minha parte, trouxe mais um. Espero que não me deixe mais sem o bagulho.

Jiló, sorrindo, respondeu:

— Trabalhou direitinho, por um bom tempo vai ter todo o bagulho que precisar. Mas é bom ir procurando outro freguês.

Arthur chegou apressado ao clube. Então, lembrou que estava com um par de tênis muito sujo e rasgado. Pensou:

Não posso entrar assim. O que direi ao professor e aos meus colegas? Preciso ir para casa, mas como chegar lá sem meus tênis?

Sabia que não havia outra maneira, precisava ir para casa. Dirigiu-se para lá. Quando faltava uma quadra para chegar, tirou os tênis velhos dos pés e começou a correr. Entrou em casa esbaforido e cansado. Iracema assustou-se por vê-lo entrar daquela maneira e àquela hora, pois deveria estar na aula de natação:

— *Qui te cunteceu, minino?*

— Fui assaltado por três rapazes. Eles levaram meus tênis!

— *Deus do céu! Fizeram mais arguma mardade com ocê?*

— Não! Só levaram os tênis!

— *Inda bem! Vai tomá um banho e fica carmo, vou telefoná pro seu pai!*

— Não faça isso! Já estou bem. Só vai deixar com que fique assustado. À noite, falarei com ele. Vou para o meu quarto...

— *Tem razão, o meió é que agora ocê etá bem. Vai discansá...*

Arthur foi rapidamente para o seu quarto. Precisava ficar sozinho para pensar no que iria fazer dali para a frente. Sabia que estava se viciando, mas não encontrava um caminho para se afastar.

Já no quarto, tirou a mochila das costas. Então, lembrou-se de que Rodrigo havia colocado nela os cigarros restantes. Abriu, tirou e segurou nas mãos aquilo que, para ele, era o início de uma longa caminhada.

Meus pais falaram tanto a respeito de drogas! Como fui me deixar envolver? Preciso encontrar um lugar para esconder! Mas onde?

Olhou para o alto de seu armário, lembrou-se de que ali estava guardado, há muito tempo, o casaco que seu pai lhe comprara quando foram para os Estados Unidos. Subiu em uma cadeira, abriu o armário, pegou o casaco. Ele estava dobrado do lado do avesso, pois, desde que voltaram da viagem, nunca mais foi usado:

Nunca consegui usá-lo aqui. O nosso frio não permite. Vou esconder dentro do bolso. Ninguém mexe nele mesmo...

Guardou todos os cigarros ali. Deitou na cama e ficou lembrando da viagem que fizeram.

Meu pai quis nos fazer uma surpresa e nos levou até a Disneylândia. Foi uma viagem maravilhosa. Ficamos ali por quinze dias, depois fomos para Nova York. Ao chegarmos, sentimos muito frio. Não conhecíamos a neve, sempre ouvimos falar que era muito fria, mas nunca poderíamos imaginar quanto. Foi aí que meus pais resolveram comprar casacos para todos.

Sem perceber, adormeceu. Acordou com sua mãe dizendo:

— Arthur, acorde! Cheguei agora do trabalho e a Iracema me contou o que lhe aconteceu! Como foi? Você está bem? Não o machucaram?

Ele, com muito custo, abriu os olhos. Ao ver a mãe, começou a chorar. Queria contar tudo o que havia acontecido e pedir ajuda, mas não conseguia. Sentia vergonha da sua atual situação. Eles esperavam tanto dele, como poderia dizer agora que era um viciado?

— Estou bem, mamãe, não me machucaram, só levaram meus tênis...

— Não chore, meu filho. Não se preocupe com os tênis. Compraremos outro par! O importante é que esteja bem...

— Estou bem, só um pouco assustado...

— Entendo, seu pai já deve estar chegando, não falaremos nada antes do jantar. Após o jantar, contaremos, juntos. Ele vai ficar muito nervoso, mas comprará outro par para você.

— Está bem, mas não quero outro tênis, vou agora terminar o meu trabalho de História que preciso entregar amanhã.

— Tudo bem, vou para o meu quarto. Se precisar de alguma coisa, basta me chamar.

Odete saiu do quarto. Arthur começou a chorar de forma violenta.

Como consegui mentir tão friamente? Não posso continuar assim. Quando meu pai chegar, vou criar coragem e contar tudo o que está acontecendo. Sei que ele vai me entender e ajudar. Vou dizer que menti a respeito dos tênis.

Ficou ali deitado, tinha realmente que terminar o trabalho de História para levar no dia seguinte, mas não sentia vontade de levantar da cama. Adormeceu novamente.

Leandro entrou no quarto, Arthur dormia:

— Arthur, acorde! O papai já chegou, o jantar está pronto!

Arthur abriu os olhos, olhou para o irmão. Não sabia se era dia ou noite. Sua cabeça e seus olhos pesavam muito. Sentou na cama ainda um pouco sonolento. Sentiu novamente aquele vazio, que, agora já sabia, logo mais se transformaria em ansiedade e vontade imensa da droga. Seu irmão olhava para ele, admirado:

— Você está doente? A mamãe me contou sobre o assalto! Machucaram você?

— Não estou doente, não! Não! Eles não me machucaram. Pode descer que irei em seguida.

Leandro, mais tranquilo por ver o irmão bem, saiu do quarto. Arthur levantou, foi para o banheiro. Olhou no espelho, percebeu que estava com os olhos vermelhos e com olheiras profundas. Ficou apavorado, com medo de que seus pais notassem a diferença. Nem por um instante se lembrou das espinhas que tanto o incomodavam. O vazio aumentava. Olhou para suas mãos, elas tremiam. Tomou um banho, tentou se acalmar, sabia que a conversa com o pai seria difícil.

Ele não vai acreditar em assalto... seria melhor se eu contasse a verdade... ele ficará bravo, mas me ajudará.

Saiu do banheiro. Voltou para o quarto, penteou os cabelos, foi ao encontro de seu pai.

Álvaro e Odete estavam sentados em um sofá e conversavam. Arthur aproximou-se, beijou o pai como fazia todos os dias. Olhou para sua mãe, não disse nada, apenas sentou e ficou assistindo à televisão. Iracema entrou na sala avisando que o jantar estava servido. Dirigiram-se para a sala de jantar. Começaram a comer. Arthur permanecia calado, comendo com a cabeça baixa. Não tinha coragem de olhar nos olhos dos pais. Enquanto comia, pensava:

Vou contar tudo, não posso continuar assim, sinto que estou precisando cada vez mais da droga.

Odete conversava com o marido, mas prestava atenção em Arthur: *Ele está triste e assustado, preciso fazer algo para tirá-lo desse estado.*

Arthur tentava comer, mas não conseguia. Agora já sentia que a vontade da droga estava voltando mais forte. Queria sair dali e voltar para o seu quarto. Só ali se sentia bem. Finalmente, todos terminaram de comer. Como em todas as noites, foram para a sala de televisão. Arthur os acompanhou. Sabia que a hora de encarar os pais estava chegando.

Assim que todos sentaram, Odete disse:

— Álvaro, aconteceu algo muito desagradável com o Arthur…

Contou a ele o que havia sucedido. Álvaro, à medida que ouvia, ficava vermelho de ódio. Arthur permanecia de cabeça baixa. Não tinha coragem de olhar para ele. Odete contou tudo, inclusive sobre o par de tênis. Quando terminou de falar, Álvaro, muito vermelho e tremendo, olhou para Arthur:

— Meu filho, você está bem?

Arthur olhou para o pai, sabia que aquele era o momento de contar toda a verdade, mas não teve coragem, não podia causar a ele toda aquela tristeza. Respondeu:

— Estou bem, só um pouco assustado…

— Pois eu não estou assustado! Estou com muita raiva! Que cidade é esta, onde não podemos mais andar com tranquilidade? Até quando vamos ficar à mercê desses marginais? Você, ainda outro dia, ficou com pena daquele que foi preso perto da sua escola! O que acha que estes que o roubaram e assustaram merecem? A prisão, sim! Merecem ficar atrás das grades por muito tempo! Se não for assim, logo mais não poderemos ir nem até a um parque em uma tarde de domingo! Não sei o que vai ser das pessoas honestas nas mãos desses bandidos! Não se preocupe, vou comprar-lhe outro par de tênis.

Arthur ouvia o pai. Sabia que deveria contar tudo naquele momento, mas percebeu que o pai estava muito nervoso. Tentou:

— Papai… eu… eu…

— O quê? Quer me dizer alguma coisa?

— Eu? Não quero outro par de tênis. Será melhor eu andar com um nacional mesmo, assim não terei mais perigo de ser assaltado…

— Olhe, Odete! A que ponto chegamos? Nosso filho está abrindo mão do que gosta por causa desses marginais!

— Você tem razão, mas também acredito ser melhor que ele ande com tênis comuns. Desta vez não aconteceu algo mais grave, mas nada pode nos garantir que de uma próxima vez não aconteça...

Arthur ouvia os pais conversando. Sentia vontade de contar a verdade, mas não teve coragem. Pediu licença, saiu da sala e foi para o seu quarto. Deitou na cama e novamente começou a chorar. A vontade da droga era intensa. Sabia que, para que ela passasse, teria que fumar outro daqueles cigarros:

Mas como vou fazer? Não me deixarão sair à noite? Sinto que não vou conseguir dormir e esperar até amanhã.

Olhou para o alto do armário, sabia que ali estava o seu alívio, mas como fazer? Levantou, foi até o armário, pegou o casaco onde havia escondido a maconha. Tirou um dos cigarros que Rodrigo havia preparado. Guardou embaixo do travesseiro. Tentou dormir, não conseguiu. Virou-se e revirou-se na cama. Percebeu quando seus pais foram para o quarto. Leandro entrou devagar, Arthur fingiu estar dormindo. Não queria conversar. Pensava em um modo de fumar o cigarro. Leandro se deitou.

Logo mais, Arthur percebeu que ele estava dormindo. Levantou e, em silêncio, saiu do quarto, levando em sua mão o cigarro. Desceu a escada e viu-se na grande sala. Devagar, abriu a porta que dava para o quintal. Passou pelo quarto de Iracema, estava com a porta fechada e a luz apagada. Sem fazer qualquer ruído, saiu. Foi para bem longe da casa. Acendeu o cigarro e começou a fumar. Naquele momento, sentiu-se muito bem. Não lhe importava a mentira que havia dito ou o que o pai dissera. Só lhe interessava o bem-estar que sentia. Após terminar o cigarro, ficou ali fora por mais um tempo. Via luzes coloridas que o encantavam. Voltou para casa e, em silêncio, entrou no quarto, deitou na cama, mas não conseguiu dormir. Estava muito agitado e com vontade de sair correndo. Sentia que as paredes do quarto se apertavam. Ele se encolhia na cama, sentindo, agora, muito medo. Após muito tempo, sem perceber, adormeceu.

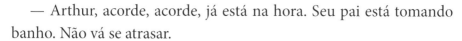

— Arthur, acorde, acorde, já está na hora. Seu pai está tomando banho. Não vá se atrasar.

Diferente dos outros dias, ele teve muito mais dificuldades para abrir os olhos. Com muito custo, respondeu:

— Já vou levantar, não vou me atrasar...

Odete saiu do quarto. Ele se virou na cama e voltou a dormir. Vendo que ele não descia, ela voltou para o quarto:

— Arthur, você voltou a dormir? Acorde, meu filho! Vai perder a hora!

Novamente, ele ouvia aquela voz vindo de muito longe. Aos poucos, foi percebendo que era a mãe que o estava acordando. Abriu os olhos, sentou na cama:

— Já vou, mamãe, vou mesmo!

Levantou e, correndo, se dirigiu ao banheiro. Abriu o chuveiro e entrou de uma vez. A água quente ia caindo, ele ia despertando:

Meu Deus, o que está acontecendo comigo? Não consegui acordar, não preparei o trabalho de História que teria que levar hoje.

Tomou banho, vestiu-se e, rapidamente, desceu. Seu pai já havia terminando de tomar café e estava levantando para ir embora. Disse:

— Mais uma vez, vai ter que sair sem tomar café. Isso não é bom.

Arthur não respondeu, deu um beijo em sua mãe e saiu correndo atrás do pai que se dirigia para o carro. Entrou no carro e, em silêncio, seguiram. Seu pai ligou o rádio, as notícias começaram. Após algum tempo, Álvaro disse:

— Está vendo? Só notícias ruins, será que não acontece mais nada de bom neste país?

Arthur não respondeu, estava novamente sentindo o vazio. Pensava:

Até quando isso vai durar? Está ficando pior! O espaço de tempo está cada vez menor!

Álvaro percebeu que seu filho não o havia escutado. Continuou:

— Arthur, estou preocupado com você! Que está acontecendo? Que está preocupando você?

Arthur sentiu que aquele seria o momento de contar tudo e pedir ajuda. Ia falar, quando seu pai deu uma freada brusca. Nervoso, disse:

— Olha que motorista irresponsável! Você viu como ele me cortou?

Arthur apenas balançou a cabeça. Seu pai estava nervoso, não achou que aquela seria uma boa hora para falar com ele. No trânsito, a sua atenção não poderia ser desviada. Calou-se, pensando:

Não vai adiantar falar com ele. Não agora, mas também o que poderia fazer? Talvez me internar! Não! Eu não quero isso! Vou ter que encontrar uma maneira de me livrar. Tem que haver uma maneira.

Chegaram, finalmente, à escola.

Arthur desceu, desta vez se lembrou de dar o beijo costumeiro. Adorava os pais e o irmão. Nunca daria a eles um motivo para sofrer. Estava saindo do carro, quando seu pai lhe disse:

— Como quase todos os dias, não teve tempo para tomar café. Pegue este dinheiro, compre um lanche na cantina.

Arthur pegou o dinheiro. Percebeu que estava com fome.

Entrou na sala de aula. Viu Mariana, mas não teve vontade de falar com ela. No íntimo a culpava por estar agora naquela situação. Ela se aproximou:

— Arthur! Como vai? Por que não me procurou mais?

Ele apenas sorriu:

— Estou tendo alguns problemas, mas logo estarei bem e voltarei a ser como antes.

— Posso ajudá-lo de alguma maneira?

— Não! Não pode! Ninguém pode!

— Você está me assustando! Por que está tão nervoso? Que está acontecendo? Sabe que gosto muito de você! Sou sua amiga! Nunca mais vou conseguir esquecer aquela noite, aquele beijo. Confie em mim.

— Também nunca mais vou me esquecer daquela noite, mas, infelizmente, por outros motivos.

— Não estou entendendo! Que outros motivos?

— Não é nada, não! São coisas minhas, mas está na hora de entrarmos na sala de aula. Vamos?

Entraram na sala de aula. Ele estava preocupado, o professor de História iria perguntar pelo trabalho que ele não havia feito. Teria que inventar uma desculpa.

O professor entrou. Arthur não se sentia bem. Não estava ainda necessitando da maconha, mas conhecia seu corpo, sabia que não era o mesmo. Teve dificuldade para se concentrar. Quase no final da aula, o professor pediu o trabalho de História. Iria levar para casa a fim de corrigir. Arthur percebeu que seus colegas se levantavam e entregavam o trabalho. Ele permaneceu sentado. Após receber todos os trabalhos, o professor olhou para ele:

— Arthur, você não entregou o trabalho?

Aquele era o momento temido. Arthur precisava arrumar uma desculpa. Mas qual? Pensou rápido:

— Desculpe, professor. Acordei atrasado, esqueci-me de pegá-lo, mas na próxima aula eu trago.

— Está bem. Sei que você o fez, sempre foi um ótimo aluno. Não se esqueça de trazer.

— Trarei sim, está pronto.

O professor sorriu, Arthur respirou aliviado. Daquela havia escapado. Por dentro, sorria. Estava orgulhoso da mentira que inventara. Feliz, descobriu que mentir não era tão difícil como pensava. Terminou a aula de História. Ele não conseguiu se concentrar. O vazio do estômago estava voltando.

Talvez seja fome, vou até a cantina tomar um lanche.

Saiu da sala de aula acompanhando os colegas. Percebeu que eles saíam, conversando entre si, mas ele não estava com vontade de conversar. Queria chegar logo à cantina e comer alguma coisa. O vazio e o tremor estavam aumentando. Não queria aceitar que estava novamente precisando da droga. Ele havia deixado todos os cigarros escondidos em casa. Na cantina, entrou na fila para pedir o seu lanche. A vontade agora já era imensa. Estava preocupado, sem saber o que fazer:

— Bom dia, Arthur. Está tudo bem?

Olhou para trás, era Rodrigo. Sentiu uma mescla de ódio e necessidade:

— Não está nada bem!

Saiu da fila, pegou no braço de Rodrigo e levou-o para um canto:

— Você tem algum cigarro aí?

— Tenho sim, por quê?

— Estou precisando agora, neste momento! Se não fumar, não vou conseguir assistir à próxima aula!

— Podemos fazer um acordo…

— Que acordo?

— Que estava fazendo na fila da cantina?

— Vou comprar um lanche!

— Estou com fome e não tenho dinheiro. Você paga o meu lanche e eu lhe dou o que está precisando…

— Pagar seu lanche? Não tenho dinheiro para pagar os dois!

— Eu não posso lhe dar o bagulho. Tenho outros que me pagarão.

— Você não pode fazer isso comigo! Só tenho esse dinheiro! Me dê agora e amanhã trago um dos meus e lhe dou!

— Amanhã será outro dia… estou com fome agora… resolve depressa, vamos ter que voltar para a sala de aula.

Arthur percebeu que não havia como evitar. Sentiu que não conseguiria assistir às outras aulas se não usasse o maldito bagulho:

— Está bem, dou-lhe o dinheiro, mas como vamos fazer? Dentro da escola não vai poder ser, preciso agora!

— Vamos até aquela pracinha lá na frente da escola. Já sabe que lá não vai haver problema algum.

Arthur sabia que não havia problema, pois ninguém prestava atenção. Disse:

— Está bem, vamos?

— Antes me dê o dinheiro. Enquanto eu compro o meu lanche, vá lá para fora e me espere na pracinha. Não podemos sair juntos.

Arthur percebeu que não havia outra forma. Deu o dinheiro e se dirigiu ao portão da escola. Na realidade, não sabia se o portão ficava aberto todos os dias. Passou pela sala da diretoria e pela dos professores. As pessoas estavam lá dentro conversando e não perceberam que ele estava saindo. O mesmo aconteceu na recepção. Logo se viu diante do portão. Não tinha qualquer pessoa ali. Abriu e saiu.

Foi em direção à praça. Sentou em um banco, ficou ansioso, olhando para o portão. Sorriu, aliviado, quando viu Rodrigo saindo por ele. Rodrigo chegou, sentou ao seu lado. Tirou do bolso um cigarro e entregou para Arthur que o pegou com sofreguidão. Tremia muito, enquanto o acendia. Rodrigo, ao seu lado, comia tranquilamente o lanche que havia comprado com o dinheiro de Arthur.

À medida que tragava o bagulho, Arthur percebeu que um bem--estar tremendo tomava conta de seu corpo. Começou a sentir-se bem novamente. Sentia que era o dono do mundo e que poderia fazer o que quisesse. Sentiu que poderia voltar para a sala e assistir à aula com tranquilidade. Poderia até falar com a Mariana. Estava bem demais para se preocupar com a sua situação. Naquele momento, nada mais o incomodava.

Terminou de fumar o bagulho. Estava bem, olhou para Rodrigo:

— Agora podemos voltar para a sala de aula. Estou muito bem.

— Vamos, então. O meu lanche também estava muito bom.

Voltaram para a classe. Arthur conseguiu assistir à aula, mas não via a hora que terminasse. Estava sentindo-se preso. Queria sair, correr e, quem sabe, até voar.

Assim que as aulas terminaram, ele saiu e, como de costume, ficou esperando o pai chegar. Estava muito agitado. Não conseguia ficar parado, esperando. Começou a andar de um lado para outro. Ficou irritado porque o pai estava demorando. Na realidade, não sabia ao certo se o pai estava demorando ou não. Havia perdido o sentido de tempo e horário.

Álvaro parou o carro:

— Entre, Arthur.

Ele entrou. Em silêncio, sentou-se ao lado do pai. Este acelerou o carro e saiu. Arthur ficou calado. Não tinha vontade de falar nem de ficar dentro do carro. Na realidade, o que queria mesmo era sair correndo.

Entrou em casa correndo. Sua mãe estava junto com Iracema, terminando de colocar a mesa para o almoço. Ele passou por elas sem dizer nada e, em disparada, subiu a escada, indo para o banheiro.

Odete estranhou a atitude do filho. Álvaro entrou em seguida. Ela, preocupada, perguntou:

— Aconteceu alguma coisa com o Arthur?

— Que eu saiba não, por quê?

— Ele entrou calado, subiu correndo!

— Deve ter ido ao banheiro. Não sei não, mas estou achando ele um pouco diferente. Veio o caminho todo da escola até aqui sem dizer uma palavra sequer.

— Será que está doente?

— Pergunte a ele.

— Farei isso, mas agora vamos almoçar.

Sentaram-se para iniciar o almoço.

Arthur, no banheiro, abriu a torneira, molhou o rosto com água fria. Sabia que precisava almoçar com os outros, mas estava muito agitado, queria sair para a rua, correr, fazer qualquer coisa, só não podia ficar preso dentro de casa. Suava frio. Estava novamente sentindo aquela sensação. Sabia que em breve não estaria mais suportando. Por alguns segundos, ficou olhando para seu rosto refletido no espelho. Pensou:

O que fiz com a minha vida? Quando vou ter paz novamente?

Começou a chorar. De seu peito saíam soluços profundos. Mas durou pouco tempo. Logo voltou ao normal. Em um momento de lucidez, pensou:

Estou me desesperando à toa. Não estou viciado! Vou ter força de vontade! Quando a vontade voltar, vou suportar! Não deve demorar muito. Além do mais, não posso negar que estes cigarros me fazem muito bem. Com eles me sinto mais seguro, mais livre. É isso mesmo! Por que estou tão nervoso? Graças ao cigarro consegui falar com a Mariana. Com ele vejo luzes maravilhosas, sinto-me livre! Não vou mais me preocupar. Vou almoçar, não estou com fome, mas vou comer algo para não levantar suspeitas. Meu pai não pode nem sonhar com o que está acontecendo comigo.

Enxugou o rosto. Olhou novamente para o espelho, deu um sorriso e saiu. Quando chegou à sala, seus pais e Leandro já estavam almoçando. Sentou, começou a colocar comida em seu prato. Quando pegou feijão com uma concha, sua mão tremeu, deixou cair o feijão sobre a mesa. Ficou irritado:

— Que porcaria! Olhem só o que fiz!

Bateu a concha com força na mesa e saiu correndo. Os pais ficaram atônitos, olhando Arthur afastar-se. Odete disse:

— Álvaro, esse menino não está bem! Vou lá falar com ele!

— Ele está é muito mal-educado! Você não vai, não! Vamos terminar o nosso almoço. Depois, iremos nós dois juntos.

— Deve ser a idade. Sabe como é, está naquela idade em que não é mais um menino nem é um adulto ainda.

— Pode ser, mas isso não lhe dá o direito de agir dessa maneira. Por enquanto, vamos esquecer esse assunto e continuar o nosso almoço.

Ele disse essas palavras, mas, como a esposa, sabia que não conseguiria mais continuar com o almoço. Os dois fingiam que comiam, mas foi impossível. Leandro, não atingindo a gravidade do momento, continuou comendo normalmente. Iracema, que estava ao lado deles quando tudo aconteceu, saiu da sala em silêncio. Ela gostava muito daquela família. Já estava com eles há muito tempo. Gostava muito mais de Arthur, sempre o achou um menino muito bom, além do mais, sempre a tratou com carinho. Na cozinha, ela juntou as mãos, dizendo em voz baixa:

— *Meu Pai du céu, protege esse minino... ele não tá bem, não... não é o mesmo minino di antes... não dexa que nada de ruim cunteça com ele.*

Álvaro e Odete terminaram de comer. Ela levantou e começou subir a escada que a levaria para o quarto de Arthur. Sentia que precisava descobrir o que estava acontecendo com o filho. Como Iracema, sabia que alguma coisa não estava bem. Só precisava descobrir o que era. Álvaro continuou sentado, acompanhando com os olhos a esposa:

Vou deixá-la falar com ele primeiro. Daqui a pouco, vou subir e saber o que está acontecendo.

Odete entrou devagar no quarto. Arthur estava andando de um lado para outro. Ela percebeu que ele estava agitado. Nunca o tinha visto daquela maneira. Aproximou-se:

— Meu filho, que está acontecendo com você? Por que está tão nervoso?

Ao ver a mãe, ele ficou mais nervoso ainda:

— Como pergunta o que está acontecendo? A senhora não viu o que fiz?

— O que fez que eu não vi?

— Derramei o feijão sobre a mesa!

— Foi só um acidente! Quantas vezes você ou qualquer um de nós já não fez isso? Meu filho, você está tendo algum problema na escola? Está precisando de umas aulas extras?

Ele olhou nos olhos da mãe. Mais uma vez, sentiu que havia chegado o momento de contar tudo pelo que estava passando. Sabia que ela era compreensiva, sempre fora. Ela iria encontrar uma maneira de ajudá-lo. Abraçou-se a ela, ia começar a falar, quando ouviu:

— Menino! Você vai ter que dar uma boa explicação para aquilo que fez. E não é por ter deixado o feijão cair, mas por sua atitude depois. Não sei se tem algum problema, não deve ter, pois faço tudo para que não tenha. Tem uma boa casa, boa cama e todo o alimento que precisa! Tem o nosso carinho. Procuro ser um bom pai, ao menos me esforço para isso. Por esse mesmo motivo, não posso suportar uma malcriação como essa que você fez.

Arthur olhou para o pai. Sentiu que ele estava sendo sincero. Em sua mente e em poucos segundos, relembrou como tinha sido sua vida junto dele. Sabia que o que ele estava dizendo era a verdade. Realmente, ele procurava e até aquele momento conseguira ser um bom pai. Calado, olhando para o pai, pensou:

Ele tem razão, não posso dar a ele nem a minha mãe um desgosto desse. Não posso dizer o que sou, ou em que estou me tornando, um viciado em drogas. Não eu, que sempre fui tão alertado sobre isso.

Começou a chorar novamente. Sua mãe o abraçou:

— Meu filho, conte o que está acontecendo. Nós o amamos, estamos aqui para ajudá-lo. Sei que essa idade em que está não é fácil, mas logo passará. Daqui a pouco você vai ser um adulto completo, terminará a escola e irá para a faculdade. Um dia, encontrará uma moça de quem goste, se casará e será feliz. Confie em nós...

Ele estava ao ponto de contar, mas, ao mesmo tempo, não queria lhes dar um desgosto. Novamente pensou:

Não posso contar, vou sair dessa sozinho, não vou mais fumar! Nunca mais!

— Não está acontecendo nada, mamãe. A senhora mesma disse que deve ser por causa da idade. Desculpe-me por ter derramado o feijão...

Odete abraçou-se a ele com mais força. Sorrindo, disse:

— Ora, meu filho! Foi só um acidente! Poderia ter acontecido com qualquer um de nós. Você precisa agora voltar para a sala e continuar comendo. Pedi para a Iracema não tirar a mesa.

— Não estou com vontade de comer. Pode mandá-la tirar a mesa. Depois vou comer um sanduíche.

— Deve ter comido tarde na cantina, não foi? Já lhe disse mil vezes para não comer na última aula. Tem que comer assim que chegar à escola, antes de as aulas começarem.

— Foi isso mesmo que fiz. Papai, desculpe, não tive a intenção de magoá-lo.

— Ora, meu filho, sua mãe tem razão. Deve ser a idade, mas é por isso mesmo que precisa confiar em nós. Ninguém gosta mais de você do que eu e sua mãe. Vou descer. Preciso olhar alguns papéis antes de ir para o fórum. Hoje tenho audiência.

Os dois saíram do quarto. Arthur foi para o banheiro, olhou-se no espelho. Novamente, começou a chorar, desesperado:

Não posso contar! Preciso sair dessa sozinho! Eles não suportariam saber no que estou me tornando! Eles não merecem isso! Da próxima vez que a vontade voltar, vou resistir! Nunca mais vou fumar maconha! Nunca mais!

Voltou para o quarto, deitou de costas, ficou olhando para o teto, sentia que estava caindo cada vez mais. Precisava fazer alguma coisa para se livrar daquilo, só não sabia como. Com os olhos fixos em um ponto, continuou pensando:

Estou aqui me desesperando à toa. A droga não é tão ruim assim. Sinto que, com ela, me torno outra pessoa. Consigo fazer o que quero, até falar com a Mariana ou outra menina qualquer. Não posso negar, com ela, estou vivendo experiências antes desconhecidas. Contudo, por tudo o que meus pais sempre disseram, sei que é muito perigoso, um caminho sem volta. Ah! Não é bem assim. Quando estou com a droga, sinto-me muito bem, muito mais do quando estou sem ela. Só preciso aprender a me controlar e usar de vez em quando.

Ali deitado, não sabia que caminho seguir. Até aquele momento, vivera corretamente, dentro dos conformes. Agora, seguia por um caminho desconhecido, que, embora lhe causasse medo, também o atraía. Levantou, foi para o banheiro, olhou-se no espelho.

Preciso encontrar um meio de conciliar as duas coisas. Posso controlar meu corpo e só fumar no fim de semana, assim poderei continuar meus estudos sem problema algum. Se conseguir isso, meus pais não desconfiarão. Afinal, não é tão ruim assim. Meus pais nunca usaram drogas, como podem dizer que é ruim? Só preciso aprender a me controlar. Só usar nos fins de semana. Nada além disso.

Voltou para o quarto. Seus olhos se dirigiram para o computador e para sua mochila. Lembrou-se do trabalho de História, que precisava entregar dali a dois dias. Ligou o computador, sentou. Pegou um livro, começou a ler. Para ele, sempre fora fácil aprender qualquer coisa. Após dez minutos, percebeu que não conseguia pensar para fazer o trabalho. Seu pensamento estava distante, não se concentrava na leitura. Desligou o computador. Voltou para a cama. Estava cansado, deitou e adormeceu.

Quando acordou, não soube dizer por quanto tempo esteve dormindo. A casa estava em silêncio. Sua mãe e Leandro deviam ter ido para a escola. Iracema devia estar na lavanderia, ele sabia que todas as tardes ela ia para lá e passava roupa. Levantou, foi para o banheiro. Precisava voltar para o computador. Saiu, olhou para ele, mas não sentia vontade de escrever, queria mesmo era sair. Olhou para o alto do armário, sabia que ali estava aquilo de que precisava. Com a troca dos tênis, conseguiu muito. Sabia também que, por um bom tempo, não precisaria se preocupar. Pensou:

Não entendo por que as pessoas falam tão mal da droga. Ela só me faz bem. Sinto que, com ela, nada é impossível. Meus pais falam muito, mas acho que têm preconceito. O único problema é o dinheiro para consegui-la, por isso, já decidi, vou fumar esses que estão aí e não usarei mais. Só voltarei a fumar depois que me formar e tiver uma profissão, assim terei o meu próprio dinheiro, sem precisar pedir a ninguém. Preciso ficar longe do Rodrigo, ele não é um bom amigo. Ele me enganou, disse que eu não iria me viciar, mas sinto que está acontecendo. Como ele teve coragem de me deixar sem comer? De ficar com o meu lanche? É isso mesmo, vou usar essa maconha que tenho aqui, depois esquecerei e seguirei a minha vida como antes. Não quero mais falar com o Rodrigo.

Levantou-se e desceu.

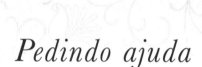

Pedindo ajuda

Como previra, não havia qualquer pessoa em casa. Dirigiu-se para a lavanderia, entrou devagar e chamou:
— Iracema!
Ela se assustou:
— *Qui é isso minino? Me sustou!*
— Desculpe, não foi a minha intenção.
— *Qui tá fazendo aqui? Pensei que tivesse no seu quarto, mexendo naquele computador.*
— Por que diz isso?
— *É o que faiz sempre quando tá em casa.*
— Tem razão, mas hoje preciso sair, foi justamente para lhe dizer isso que vim até aqui. Preciso ir à casa de um amigo, temos que entregar um trabalho.
— *Pur que isso? Sempre é eles qui vêm aqui...*
— Por isso mesmo, a mãe de um deles quer que façamos o trabalho na casa dela.
— *Tô te estranhando, ocê tá diferente. Tá com algum probrema?*
Arthur mudou o tom de voz. Nervoso, respondeu:

— Não tenho problema algum! Por que todos estão fazendo essa mesma pergunta?

— *Não precisa ficá nervoso. Gosto muito de ocê, te criei, desdi qui era piquininhu, por isso te conheço muito bem. Sei que tá acontecendo alguma coisa. Pode confiá, vô fazer tudo pra te judá.*

Arthur, furioso, não respondeu. Saiu batendo a porta, sob os olhos arregalados de Iracema, que não sabia o motivo de tanto nervosismo. Ele tremia muito. Voltou ao quarto, pegou o casaco no armário, tirou um cigarro de maconha, colocou no bolso, saiu.

Na rua, caminhou sem destino. Sabia que não estava bem, mas, mesmo assim, não queria aceitar que já estava viciado.

Por que todos estão me achando diferente? Sou o mesmo de sempre! Será que não posso ter a minha privacidade? Tenho que dar satisfação de tudo que faço?

Foi em direção a uma praça, sentou, acendeu o cigarro e ficou ali fumando. A praça estava vazia àquela hora. Após alguns minutos, percebeu que estava se acalmando. A maconha tinha o poder de acalmá-lo, de deixá-lo muito bem. Levantou do banco em que estava sentado e começou a caminhar, novamente sem rumo.

Depois de algumas horas, voltou para casa. Ao entrar, estranhou que sua mãe já estivesse ali, não percebeu que havia caminhado tanto. Ao vê-lo, ela disse:

— Olá, Arthur. O trabalho com seus amigos ficou pronto?

Ele se assustou:

— Que trabalho?

Sua mãe admirou-se ainda mais:

— A Iracema me disse que você foi à casa de um amigo para fazer um trabalho da escola…

Então, ele voltou à realidade:

— Ah, foi isso mesmo, desculpe, mamãe, é que o trabalho foi tão complicado que estou ainda um pouco tonto. Mas, depois de muito tempo, conseguimos terminar e acho que ficou muito bom.

— Ainda bem, mas está quase na hora do jantar, é melhor você tomar um banho. A sua aparência não está muito boa.

— Está bem, já vou.

Saiu da presença da mãe. Estava distante, queria mesmo era ficar sozinho. Foi para o quarto.

Odete foi até a cozinha falar com Iracema:

— Sabe, Iracema, estou preocupada com o Arthur.

— *Pur que, dona Dete?*

— Ele está diferente, parece distante, não é mais aquele menino de antes. Quase não fala e, às vezes, parece que fica nervoso à toa.

— *Tumém percebi isso, tentei falá com ele hoje di tarde, mais ele ficô nervoso e saiu, sem querê conversá.*

— Será que ele está apaixonado por uma menina que não o quer?

Iracema sorriu:

— *Podi sê, sabe como é na idade dele. Acho que pras meninas é mais fáci. Acho que pode sê isso mesmo. Todo apaixonado fica meio bobo mesmo. Num é?*

Odete saiu da cozinha, rindo. Lembrou-se de como ela mesma era quando tinha a idade dele. Quantas vezes se apaixonou e quantas vezes pensou que o mundo fosse acabar, mas lembrou-se, também, de que aquela idade passava depressa, que logo ele teria outras prioridades. Pensou:

Ele é um bom menino, vai me dar muitas alegrias, essa fase passará.

Enquanto isso, no quarto, Arthur estava deitado. Ainda sob o efeito da maconha, sentia que nada poderia lhe fazer mal. Começou a rir quando percebeu que não era tão difícil mentir. Lembrou-se das várias mentiras que havia dito e que ninguém descobrira. Mas já havia decidido.

Vou fumar só essa maconha que tenho, depois nunca mais até me formar e ter o meu emprego. Não quero mais passar pela situação em que fiquei com o Jiló e o Rodrigo, quando tive que dar o par de tênis e o meu lanche.

Foi para o banheiro, entrou embaixo do chuveiro e lá ficou por muito tempo.

Vestiu uma roupa limpa e foi para a sala de jantar. Comeu em silêncio, os pais notaram que ele ficou calado, mas não disseram nada, apenas observaram. Assim que terminou de comer, Arthur pediu licença e foi para o seu quarto. Odete, preocupada, disse:

— Não sei não, Álvaro, mas alguma coisa está acontecendo com o Arthur, ele está muito diferente.

— Também estou notando, mas deve ser a idade. Logo vai passar.

— Acho que você tem razão, vamos esperar esse tempo passar.

No quarto, Arthur olhou para o computador, que, até aquele momento, havia sido a sua paixão. Pensou em ligá-lo, mas depois de alguns segundos desistiu. Olhou para a cama, deitou-se. Dormiu em seguida.

Naquela noite, ele, mais uma vez, levantou para fumar. Saiu com cuidado do quarto para não acordar Leandro, que dormia tranquilamente. Enquanto saía, pensava.

Preciso dar um jeito para tirá-lo do meu quarto. A presença dele está me incomodando.

No dia seguinte, tudo voltou ao normal. Levantou cedo, saiu junto com o pai, que o levou até a escola. Lá, ele não conseguiu acompanhar as aulas, mas não se importou. Na hora do lanche, foi para a praça e fumou mais um cigarro. Aprendeu e, por isso, todos os dias, levava um cigarro com ele para não ter que pedir a Rodrigo.

Os dias passaram. Numa noite, quando foi pegar um cigarro no casaco, percebeu que havia só mais um. Ficou preocupado, mas ao mesmo tempo sabia que aquele seria o último. Já havia decidido que não fumaria mais. Precisava terminar seus estudos e conseguir um emprego que lhe desse o dinheiro de que precisava para comprar a maconha. Antes disso, não voltaria a fumar.

Não havia ainda conseguido encontrar um meio de tirar Leandro do seu quarto, por isso ainda continuava tendo cuidado para sair durante a noite. Na rua, fumou seu último cigarro. Mais uma vez, viu luzes coloridas e se encantou; mais uma vez, sentiu-se muito bem. Depois de algum tempo, voltou para o quarto e adormeceu.

No dia seguinte, quando sua mãe veio acordá-lo, Arthur não conseguia despertar. Estava cansado. Depois de muita insistência dela, conseguiu, finalmente, levantar. Seus olhos estavam vermelhos e tinha, agora, olheiras profundas, mas nem ele nem seus pais perceberam. Só Iracema que ao vê-lo ficou preocupada e desconfiada. Pensou:

Os óio dele tão muito vermeio e essas onheiras... não sei não, mas já vi isso antes. Lá na favela, muitos óios são assim. Deus do céu! Que tô pensando? Não podi ser. Ele é um minino muito bem criado e educado, sabe tudo sobre a droga, nunca se deixaria envolvê, mas mesmo assim vou tentá falá cum ele.

Embora preocupada, não podia falar com ele naquele momento. Resolveu que esperaria a tarde, quando estivessem os dois sozinhos. Gostava muito dele e sabia ser correspondida. Faria com que ele lhe contasse tudo e, se realmente ele confirmasse suas suspeitas, ela encontraria um modo para ajudá-lo.

Arthur saiu junto com o pai. Estava bem, pois durante a madrugada fumara seu último cigarro de maconha. Tinha também a certeza de que não iria usar mais, só quando tivesse o seu próprio dinheiro.

Ao chegar à escola, viu Rodrigo conversando com algumas pessoas. Sorriu, sabia que ele os estava envolvendo para que usassem maconha ou apenas a repassassem. Pensou:

Preciso ficar longe dele. Com sua fala mansa, ele vai envolvendo. Sabe em que ponto atingir, mas ainda bem que estou livre. Vou continuar a minha vida, estudar e logo mais terei o meu diploma.

Assistiu à primeira aula, conseguiu até acompanhar a explicação, não como antes, mas bem melhor do que nos últimos tempos. Na segunda aula, percebeu que a vontade estava voltando. Apavorou-se:

Não! Não! Preciso resistir, sei que logo passará.

Já não estava tranquilo. Não conseguiu mais acompanhar a aula. Suas mãos começaram a tremer. Sentia-se abafado, preso, queria sair dali, não conseguia respirar.

Quando terminou a segunda aula, era hora do recreio. Ele saiu correndo, foi para o banheiro. Molhou o rosto com água fria, sentia que não suportaria, sabia que precisava da maconha e que sem ela não ficaria bem. Precisava entender a aula, no último mês tivera notas baixas.

Estava ali, quando entrou Rodrigo:

— Que é isso, amigo? Está doente? Precisa de ajuda?

Arthur voltou-se, olhou com ódio para ele, mas sabia que mais uma vez precisava dele. Respondeu:

— Não estou bem e você sabe o porquê. Preciso de um bagulho. Tem que ser agora, caso contrário, não conseguirei acompanhar as aulas.

— Tem dinheiro?

— Só o do lanche...

— Se me der, eu te dou um bagulho agora mesmo...

Arthur não queria, mas sabia que ficaria cada vez pior. Desesperado, disse:

— Preciso comer, saí de casa sem tomar café. Pode me dar, amanhã trarei o dinheiro...

— Nem pensar. Amanhã será outro dia. Se quer agora, tem que pagar. Se não receber o seu dinheiro, também ficarei sem, isso não é justo. Preciso de dinheiro para comprar mais...

Sem alternativa, Arthur concordou. Tirou do bolso o dinheiro que o pai havia lhe dado para o lanche, deu ao Rodrigo que, sorrindo, tirou do bolso um bagulho e deu para ele.

Arthur colocou o cigarro no bolso e saiu em direção da portaria, teria que sair da escola. Sabia que conseguiria, pois não havia vigilância.

Na rua, rapidamente foi até a praça. Lá, outros jovens fingiam que passeavam, mas ele sabia que, assim como ele, estavam fumando maconha ou usando drogas.

Acendeu o cigarro e começou a fumar. Aos poucos, foi sentindo-se melhor. Era incrível o bem-estar que sentia. Começou a andar pela praça. Após alguns minutos, achou que já estava bem para voltar para a escola. Foi o que fez, voltou, entrou na sala de aula, o professor entrou em seguida. Arthur olhava para a classe, parecia que todos estavam envolvidos em nuvens coloridas. O professor falava, mas ele não prestava atenção. Seu pensamento estava longe, queria sair e andar, não conseguia ficar parado.

Finalmente, as aulas terminaram, estava na hora de ir embora. Arthur foi para o lugar de costume para esperar o pai. Não conseguia ficar parado. Irritou-se, pois achou que ele estava demorando. Andava de um lado para o outro. Álvaro chegou, estranhou que Arthur não estivesse no local de sempre. Olhou em volta, viu-o na esquina. Buzinou, Arthur ouviu e veio em sua direção. Entrou no carro. Álvaro perguntou:

— Por que não estava no lugar de sempre?

— O senhor demorou muito, fui até a esquina, já estava voltando.

— Não demorei, cheguei no mesmo horário do habitual. Você não me parece bem, está doente, sentindo alguma dor?

Arthur irritou-se:

— Não estou doente nem sentindo dor!

— Por que esta tão irritado? Aconteceu alguma coisa?

— Não aconteceu nada, estou preocupado porque não entendi um problema de Matemática.

— Estou percebendo que você está com dificuldades. É estranho, pois você nunca teve isso, mas não precisa se desesperar. Eu e sua mãe não temos muito tempo, por isso vou contratar um professor para você. Verá que, com algumas aulas, logo entenderá. Não precisa ficar nervoso. Matemática é assim mesmo. Parece difícil, mas com uma boa explicação se aprende logo.

Arthur sabia que o pai só queria ajudá-lo, sentiu que aquele era o momento. Sabia que não conseguiria se livrar da maconha, não sem ajuda. Olhou para o pai, que estava prestando atenção no trânsito. Arriscou:

— Papai, preciso lhe contar algo.

Sem tirar os olhos do trânsito, o pai disse:

— O que é? Está apaixonado? Sua mãe disse que pode ser isso.

Arthur sorriu:

— Não é nada disso, estou preocupado com um amigo meu. Ele está fumando maconha.

Por alguns segundos, Álvaro desviou os olhos do trânsito. Olhou para Arthur:

— Fumando "maconha"? Quem é?

Arthur percebeu que o pai estava irritado. Respondeu:

— O senhor não conhece.

Voltando os olhos novamente para o trânsito, Álvaro continuou:

— Ele é da escola? Onde consegue a maconha?

— Por que quer saber se ele é da escola?

— Porque se for um aluno, vamos juntos falar com o diretor. Ele precisa saber o que está acontecendo, maconha dentro da escola é um perigo para os outros alunos.

Arthur percebeu que o pai ia querer saber muito. Resolveu contornar:

— Ele não é da escola, também não sei onde consegue a maconha.

— Se não é da escola, quem é?

— O senhor não conhece.

— Não conheço? Mas conheço todos os teus amigos. Onde o conheceu?

Arthur sentiu que não poderia continuar aquela conversa. Seu pai iria descobrir que era dele mesmo que estava falando. Tentou remediar:

— Conheci na natação, mas hoje ele não nada mais.

— Ainda bem, meu filho, você tem que ficar longe dele. Uma pessoa que fuma maconha está a um passo das drogas, só pode trazer confusão. Ele não é uma boa companhia. Não quero que se preocupe com ele, pois quem tem que se preocupar são seus pais. Fique longe dele!

— Está bem, papai, farei isso.

Chegaram em casa. Arthur entrou e foi direto para seu quarto. Todos os dias fazia isso, antes do almoço trocava de roupa. No quarto, olhou para o espelho, em seu rosto havia desespero.

Não posso contar para o meu pai, ele não vai entender. Minha mãe, talvez, mas com certeza ela contará para ele. O que farão?

Lembrou-se de Rodrigo, quando, um dia, lhe disse:

Se seus pais souberem, internarão você em uma clínica...

Sentiu um tremor e, apavorado, disse em voz alta:

— Não! Não quero isso! Não posso ser internado! Preciso me livrar da maconha, mas como?

Ficou lá por algum tempo. Em seguida, desceu. O almoço já estava sendo colocado por Iracema, que olhou para ele:

Esse minino num tá bem. Vô vê se consigo falá cum ele.

Almoçaram, como faziam todos os dias. Odete e Leandro foram para a escola. Álvaro para o escritório, e Arthur, dali a duas horas, deveria ir para a escola de computação. Tudo estava como sempre fora.

Depois do almoço, ele foi para seu quarto. Olhou para o computador, lembrou que não havia feito o trabalho de História nem a lição que o professor de computação havia passado. Ligou o computador. Olhou, mas não sabia o que fazer. Seu raciocínio estava lento. Deitou, adormeceu.

Na cozinha, Iracema estava cuidando dos pratos quando o telefone tocou. Ela estranhou, pois o telefone não costumava tocar à tarde, mas atendeu:

— Alô!

— Alô, preciso falar com o Arthur, ele está?

— *Tá no quartu, mas quem é?*

— Um amigo dele, o Rodrigo.

— *Espera um pouco, vou até lá chamá ele.*

Ela largou o telefone, subiu em direção ao quarto de Arthur, bateu à porta. Como não obteve resposta, abriu devagar e entrou. Admirou-se ao ver que ele estava dormindo. Fechou a porta e voltou para o telefone:

— *Rodrigo, ele tá dormindo.*

— Está bem, ligarei mais tarde. Diga para ele que telefonei e que precisamos terminar o trabalho de História.

— *Tá bom, vou dizê.*

Ela desligou o telefone, olhou para a escada que levava ao quarto de Arthur. Pensou:

Dormindo a esta hora? Tá estranho...

Voltou para o quarto, colocou a mão com suavidade no ombro de Arthur, que dormia profundamente:

— *Arthur, acorde...*

Ele, com dificuldade, abriu os olhos. Olhou para ela e voltou a fechá-los. Ela tornou a chamar. Novamente, ele abriu os olhos e, irritado, disse:

— O que você quer? Não vê que estou dormindo?

— *Tá na hora de ocê i pra aula de computadô.*

Ele abriu os olhos novamente. Sentou na cama:

— É mesmo, preciso ir para a aula. Vou levantar.

— *Tá bom, vou prepará um lanche pra ocê comê antes de saí.*

Ele não respondeu. Ela, preocupada, saiu do quarto. Foi para a cozinha preparar o lanche. Enquanto preparava, pensava:

Esse minino num tá bem, não. Vou tentá falá cum ele.

Após alguns minutos, ele entrou na cozinha:

— Iracema, estou indo.

— *Espera um pouco, comi antes de saí.*

— Não quero, não estou com fome.

— *Precisa comê, ocê não anda comendo bem. Que tá cuntecendo. Teus óios tão vermeio e tá cum muita onheira.*

Ele se irritou:

— Que está querendo dizer?

— *Num tô querendo dizê nada, só acho que tá com probrema e que precisa de ajuda ou apenas contá pra arguém. Que tá cuntecendo?*

Ele ficou em silêncio olhando para ela. Praticamente, ela o havia criado, sabia que podia confiar, talvez ela encontrasse um modo de ajudá-lo. Ficou olhando, calado. Ela insistiu:

— *Sabi, Arthur, sei que num tenho muita instrução, mas já vivi muito e sei que na tua idade se tem muitos probrema. Às veiz, esses probremas são difícis de resolvê e a gente precisa de ajuda. Num qué mi contá o qui tá cuntecendo?*

Ele sabia que aquele era o momento. Percebeu que ela já havia descoberto tudo. Ficou com medo que ela contasse para seus pais:

— Não está acontecendo nada, só estou com dificuldade na escola, mas vou superar. Não precisa se preocupar, estou indo. Tchau.

Estava saindo, quando ela disse:

— *O teu amigo ligô.*

Ele parou:

— Que amigo?

— O Rodrigo.

Ele se assustou:

— Que ele queria?

— *Falô de um trabaio de História. Vai ligá mais tarde.*

— Se ele ligar novamente, diga que fui para a aula.

— *Tá bem, mas não quer mesmo conversá? Mi contá u que tá cuntecendo?*

— Já disse que não está acontecendo nada. Tchau.

Precisava sair dali o mais rápido possível. Saiu correndo. Na rua, parou de correr e seguiu, pensando:

Se ela está desconfiada, meus pais também logo descobrirão. Preciso sair dessa. O que será que o Rodrigo queria? Ele não sabe que a minha maconha terminou. Pensa que hoje esqueci de levar para a escola. Estou sentindo que talvez não consiga resistir ao desejo. Não tenho dinheiro! O que vou fazer?

Chegou à escola de computação, entrou na sala e, em seguida, a aula começou. Estava prestando atenção na explicação do professor, quando sentiu aquela sensação que já era sua conhecida. Apavorou-se. Enquanto levava a mão até a cabeça, pensava:

Está voltando. Preciso me controlar, preciso resistir.

Não conseguiu mais acompanhar a aula. Via o professor mover os lábios, mas já não entendia o que ele dizia. Com dificuldade, conseguiu ficar até o término da aula.

Traindo uma amizade

Saiu da escola rapidamente. A vontade de fumar maconha agora era intensa. Olhou para o relógio. Pensou:

Quatro horas da tarde. Não adianta, sei que a vontade vai ficar pior. Se não fumar aquele cigarro, começarei a tremer, já conheço todas as etapas. Se não fumar, quando forem sete horas, não conseguirei sentar para o jantar. Vou falar com o Rodrigo, ele vai me ajudar, afinal foi ele quem me colocou nessa.

Caminhou em direção à casa de Rodrigo. Chegou ao portão, apertou o botão da campainha. Ele apareceu na janela:

— Olá, Arthur. Sabia que viria, espere, já estou descendo.

Fechou a janela. Arthur permaneceu no portão, esperando.

A porta abriu. Rodrigo, sorrindo, saiu por ela. Ironicamente, perguntou:

— Que você quer aqui? Está precisando de alguma coisa?

Arthur, irritado, respondeu:

— Sabe por que estou aqui, preciso da sua ajuda, meu bagulho terminou, preciso de mais.

— Estou feliz.

— Feliz? Por quê?

— Você já está usando o nome certo.

— O que isso tem a ver?

— É sinal que já está se acostumando e que já não lhe causa mais medo. Veio ao lugar certo, trouxe dinheiro?

— Não tenho dinheiro, e você sabe disso. É também por esse motivo que tenho medo dela, sim!

Rodrigo, com aquela fala mansa, disse:

— É... você tem razão... sem dinheiro, não tem bagulho. Sabe que sem dinheiro o Jiló não vai dar...

— Que vou fazer? Onde vou arranjar dinheiro? Me dê um hoje e amanhã, na escola, lhe dou o dinheiro do meu lanche.

— Sabe que o dinheiro do lanche é pouco. Dei-lhe em troca, porque você estava desesperado, mas estou tendo prejuízo. Não posso continuar, pois quem vai ficar sem serei eu...

Arthur falou quase chorando:

— Você precisa me ajudar...

— Não tem jeito, não. Trate de arranjar dinheiro.

— Não sei onde nem como...

— Na sua casa deve ter alguma coisa que valha dinheiro.

— Não tem nada...

— Claro que tem. Rádio, televisão, qualquer coisa.

— Como vou tirar algo assim da minha casa? Meus pais notarão a falta...

Rodrigo soltou uma gargalhada, dizendo:

— Não sei, tem que se virar, afinal você não é quadrado. Vire-se, meu! Sinto muito, mas não posso ajudá-lo.

Arthur percebeu que não adiantava insistir. Ele não iria ajudá-lo. Com a cabeça baixa, saiu dali e voltou para casa. Já estava muito mal, sabia que não conseguiria se controlar. Entrou e foi direto para o seu quarto. Iracema percebeu quando ele chegou.

No quarto, ele deitou sobre a cama. Ficou olhando para o teto. Precisava encontrar um modo de arranjar o dinheiro:

Não sei como farei. Quem sabe se eu falar com a minha mãe ou com a Iracema. Elas poderiam me ajudar. Ou com o meu pai? Não, com ele não! Eu jamais teria coragem de falar com ele! Sei que ele sempre teve muita expectativa a meu respeito. Sempre esperou que eu fosse um bom profissional. Não posso lhe dar esse desgosto, mas o que vou fazer?

Levantou, foi em direção ao banheiro, estava com as mãos trêmulas e suava. Quando ia entrar no banheiro, olhou para a estante de livros que se encontrava encostada a uma parede do quarto. Ficou olhando para uma fotografia em que estavam ele, seus pais e Leandro. Estavam sorrindo. Lembrou que aquela foto foi tirada no casamento de sua tia, e que seus pais foram os padrinhos. Estavam todos muito bem-vestidos. Olhou para o rosto de sua mãe, ela sorria. Seus olhos pararam em um colar que ela usava. Lembrou-se do dia em que seu pai lhe dera de presente. Enquanto colocava o colar em seu pescoço, disse:

— *Hoje, estamos fazendo dez anos de casados. Estou lhe dando este colar para agradecer por todos estes anos de felicidade e pelos dois filhos maravilhosos que me deu.*

Arthur, enquanto pensava, lembrava-se daquele dia e da felicidade que sua mãe sentiu. Lembrou-se do que seu pai disse:

— *Olha aqui, mulher, este colar é muito caro, mas não paga nem a metade de toda felicidade que me proporcionou, por isso quero que o use sempre.*

Ela o abraçou e, beijando-o, disse:

— *Muito obrigada, ele é lindo mesmo, mas se lhe causei tanta felicidade, só posso dizer que você também só me fez feliz. Você é um ótimo pai e um marido melhor ainda. Amo muito você.*

— *Está bem, então, a partir de agora, vai usá-lo todos os dias.*

Ela começou a rir:

— *Está louco! Este colar é valioso, precisa ser usado com roupa adequada. Vou guardá-lo muito bem e só usá-lo em ocasiões especiais.*

— Não o comprei para que fique guardado. Quero que o use!

— Você não tem mesmo noção do que seja moda. Acredita que eu possa usar uma joia como esta para ir dar aula na periferia?

Ele ficou calado, olhando para ela e para o colar, depois disse:

— Você tem razão, mas adorei esse colar assim que o vi no joalheiro, achei que tinha sua cara. Você não gostou?

— Claro que gostei! Ele é lindo! Só não posso usá-lo todos os dias. Fique tranquilo, vou guardá-lo muito bem e o usarei em todas as oportunidades.

Arthur sorriu ao se lembrar daquele dia e de como seu pai ficou triste. Lembrou que sua mãe guardou o colar em um pequeno porta-joias que ela tinha em uma gaveta. Uma ideia passou por sua cabeça:

O colar deve ainda estar lá. Mamãe só o usou algumas vezes. Posso pegá-lo e levá-lo para o Jiló. Deixarei com ele até conseguir dinheiro para pegá-lo de volta. Mamãe não vai desconfiar. Assim que conseguir dinheiro, posso trazê-lo de volta. Será que vou conseguir dinheiro para recuperá-lo? Claro que vou! Ou melhor, vou largar a maconha. Esta vai ser a última vez.

Foi em direção ao quarto de sua mãe, abriu a gaveta, sorriu ao ver o porta-joias e dentro dele o colar:

Está aqui. Vou levá-lo agora mesmo para o Rodrigo e, juntos, iremos até o Jiló.

Foi o que fez, pegou a caixinha, abriu-a, tirou o colar e o colocou no bolso. Saiu.

Iracema estava na lavanderia, não percebeu quando ele saiu. Pensava que ele estava no quarto.

Arthur chegou novamente em frente à casa de Rodrigo, tocou a campainha. Rodrigo apareceu na janela do andar superior:

— Olá, Arthur. Voltou? Conseguiu o dinheiro?

Arthur, ansioso e nervoso, respondeu:

— Consegui! Venha logo! Precisamos ir depressa, tenho que voltar antes da hora do jantar!

Rodrigo sorriu, fechou a janela. Logo após, estava abrindo a porta e saiu por ela. Os dois dirigiram-se para a favela onde Jiló morava. Durante o caminho, Rodrigo perguntou:

— Onde conseguiu o dinheiro?

— Não tenho dinheiro, mas peguei uma joia da minha mãe que vale muito. Só que não vou vendê-la, vou deixar com o Jiló, e assim que conseguir o dinheiro, vou buscá-la de volta. Preciso devolvê-la ao seu lugar, antes que minha mãe sinta falta dela.

Rodrigo não disse nada, apenas sorriu.

Chegaram à favela e ao barraco onde Jiló morava. Ele estava do lado de fora e, ao vê-los, sorriu:

— De novo vocês dois por aqui? Vieram buscar mais bagulho?

Foi Rodrigo quem respondeu:

— Isso mesmo. O Arthur está precisando e eu também. Ele trouxe uma joia para que você lhe dê um pouco de bagulho.

Arthur, tremendo, tirou o colar do bolso e deu para Jiló, que arregalou os olhos:

— Puxa! Isto aqui é joia mesmo?

— Claro que é! Vale muito! Meu pai o comprou em um joalheiro. Só que não quero que você se desfaça dele por um tempo. Vou conseguir dinheiro e o quero de volta. Preciso colocá-lo novamente no lugar de onde tirei.

— Espera aí! Não faço esse tipo de acordo. Como acha que consigo a maconha? Preciso de dinheiro! Não posso ficar com o colar guardado!

— Esse colar não pode sumir para sempre! Você tem que me dar um prazo para arrumar o dinheiro.

Jiló olhou para ele e para o colar. Disse:

— Está bem, vou guardá-lo por uma semana, se não conseguir o dinheiro, vou passá-lo para frente.

Arthur estava, agora, completamente descontrolado. Sabia que precisava fumar o cigarro naquele momento. Já não raciocinava direito. Disse:

— Está bem, em uma semana vou trazer o dinheiro. Quanto vai me dar por ele?

Jiló pensou por algum tempo. Disse:

— Vai poder levar uns oitenta bagulhos.

— Só isso?

— Estou lhe dando muito! Não gosto de fazer esse tipo de negócio! Prefiro receber em dinheiro! Estou fazendo isso porque você é meu amigo e está precisando.

Arthur não pensou muito:

— Está bem, aceito. Mas, virei pegá-lo antes de uma semana.

Jiló entrou no barraco, saiu trazendo uma porção de cigarros já prontos. Contou alguns e deu para Arthur. Ali mesmo, ele acendeu e fumou.

Quando terminou, olhou para os dois que acompanharam o desespero com que ele fumou. Disse:

— Agora, tenho que ir embora, mas você me prometeu que não vai se desfazer do colar.

— Prometi e vou cumprir. Mas se não trouxer o dinheiro, vou ser obrigado.

— Está bem, eu voltarei.

Estavam saindo, quando Rodrigo disse:

— Espere aí, Arthur, quanto vou levar nessa?

— Como levar?

— Trouxe você até aqui, também estou precisando e não tenho dinheiro.

— Que quer que eu faça? Tem que arrumar o seu próprio dinheiro! Não vou lhe dar, você nunca me deu!

Rodrigo olhou para Jiló, que disse:

— Ei! Espera aí, o Rodrigo é meu funcionário, se você não der dez por cento para ele, não vai ter nunca mais.

Arthur, irritado, disse:

— Seu funcionário? Então é isso, ele encontra freguês para você?

— Isso mesmo. E você pode fazer o mesmo!

— Quer que eu consiga outra pessoa para ficar do modo como estou?

— Qual é o problema? Seria um modo de ter sempre bagulho!

— Nunca! Nunca vou fazer isso! Só eu sei o inferno que estou passando, não vou me tornar um traficante!

— Você é quem sabe. Quando quiser, é só falar comigo.

— Isso nunca vai acontecer! Não quero que outro passe por tudo o que estou passando! Eu também vou conseguir sair desta!

— Vai sair? Hahaha! Não vai sair! Sabe por quê? Porque você gosta! Sabe que estes bagulhos fazem bem a você!

— Isso não é verdade! Estou desesperado! Não sei como sair!

— Está dizendo que não lhe faz bem?

Arthur ficou pensando por alguns segundos. Depois, disse:

— Não posso negar que me sinto muito bem quando estou sob efeito do bagulho. Mas, em seguida, sinto que estou ficando cada vez mais viciado. Isso me dá medo...

— Medo do quê?

— De não ter dinheiro para sustentar meu vício!

Jiló começou a rir com mais força. Disse:

— Dinheiro? Ora, isso você sempre arrumará!

— Não sei não...

— Pode ter certeza que, de uma maneira ou outra, arrumará o dinheiro!

— Não sei... não sei...

— Agora está bem, tem muito bagulho e por um bom tempo estará tranquilo.

— Sei disso, agora vou embora, preciso andar um pouco e pensar em uma maneira de recuperar o colar da minha mãe...

— Faça isso, faça isso.

Rodrigo disse:

— Vou com você. Também estou com vontade de andar. Vamos?

Os dois saíram andando. Caminharam pelos corredores estreitos da favela. Arthur estava feliz, ria muito. Já na rua, os dois começaram a correr. Sentiam vontade de fazer coisas que, sem o cigarro, não teriam coragem. Rodrigo mexia com as pessoas, Arthur, aos poucos, começou imitá-lo.

Ele se esqueceu do colar e da mãe. De repente, parou e começou a chorar.

Rodrigo, que estava correndo mais à frente, parou. Voltou-se, dizendo:

— Que aconteceu? Por que parou de repente?

— Estou pensando no que fiz. Se minha mãe sentir falta do colar, o que vou fazer?

— Você disse que ela quase não usa. Como vai sentir falta?

— Ela só usa em ocasiões especiais. Não sei quando vai ser a próxima. Se for agora?

— Ora, deixe para lá, não vai ser agora, e se acontecer, você dará um jeito de pegá-lo de volta. Por enquanto, vamos viver a vida!

Arthur começou a rir novamente, os dois continuaram andando, correndo e mexendo com as pessoas.

Ficaram assim por muito tempo. Escureceu, não se deram conta. Depois de andarem muito, fazerem coisas nunca antes pensadas, Arthur percebeu que estava escuro:

— Nossa, já está escuro! Que horas serão?

Rodrigo, rindo muito, respondeu:

— Não sei! Não tenho relógio, dei o meu para o Jiló.

— Preciso ir pra casa. Vou agora mesmo, mas onde estamos? Não sei que lugar é este...

— Também não sei, mas vamos encontrar o caminho.

Resolveram seguir por uma rua. Andaram muito até encontrarem uma rua conhecida e que era perto de suas casas. Seguiram por ela. Chegaram, finalmente, à rua em que Arthur morava. Diante do portão, ele disse:

— Vou entrar, só não sei o que vou dizer.

— Diga que ficou estudando em minha casa. Peça para eles telefonarem, eu confirmo.

— Está bem.

Ainda rindo, entrou.

Assim que abriu a porta, sua mãe correu. Abraçou-o, dizendo:

— Arthur! Que bom que chegou! Estava começando a me desesperar. Já são quase dez horas! Que aconteceu? Foi assaltado novamente?

Por trás do ombro da mãe, viu o pai que o olhava. Percebeu que ele não estava bravo, mas preocupado. Soltou-se dos braços da mãe. Disse:

— Não, mamãe, não fui assaltado, só estava na casa do Rodrigo, estudando.

— Até agora?

— Sim.

— Por que não telefonou? Não sabia que ficaríamos preocupados?

— Desculpe, é que estávamos tão entretidos no estudo que nem percebemos o tempo passar.

Álvaro aproximou-se. Tinha, agora, o rosto crispado.

— Como pode fazer isso? Não tem responsabilidade? Não imaginou que ficaríamos preocupados, ainda mais depois do assalto?

Arthur baixou a cabeça:

— Desculpem, realmente não percebi o tempo passar, mas não estava fazendo nada de errado! Só estava estudando!

Começou a chorar. Sua mãe voltou a abraçá-lo, dizendo:

— Está bem, já passou, o importante é que está aqui e bem. Nunca mais faça isso. Da próxima vez, telefone. Venha jantar, deve estar com fome.

Iracema entrou na sala. Ficou olhando, sem saber o que dizer.

Arthur, tremendo muito, disse:

— Não estou com fome, comi um lanche na casa do Rodrigo. Quero ir para o meu quarto, posso?

Os três entreolharam-se. Odete, com a cabeça, disse sim. Arthur correu para a escada que levava ao seu quarto.

Odete, olhando para Álvaro e Iracema, disse:

— Que estará acontecendo com esse menino?

Iracema pensou em contar o que estava suspeitando, mas não teve coragem, percebeu que os patrões estavam muito preocupados. Não disse nada. Assim como ela, os pais calaram-se, cada um preso em seu pensamento.

No quarto, Arthur, sobre a cama, chorava:

Mais uma vez eu menti... até quando isso vai durar?

Seu corpo tremia, estava suando muito, a cabeça doía e ele sentia enjoo. Sua cabeça estava confusa, não conseguia pensar com clareza. Naquela noite, pela primeira vez em sua vida, adormeceu sem tomar banho.

Durante a noite, acordou, pegou outro bagulho e foi para fora fumar. Na manhã seguinte, quando sua mãe veio acordá-lo, já estava desperto. Ela se admirou, mas não disse nada. Ele levantou, tomou banho, foi para a escola. Levou com ele um cigarro, sabia que na hora do intervalo sentiria vontade.

O tempo passou, ele estava bem, pois tinha cigarros. Estava tão bem que se esqueceu do colar.

Após quinze dias, estavam jantando, quando Álvaro disse:

— Odete, fomos convidados para sermos padrinhos do casamento do Odair.

Ela sorriu:

— Verdade? Quando vai ser?

— No mês que vem. Ele e a noiva fazem questão que aceitemos, que acha?

— Vou adorar! Sabe que gosto muito do Odair e da Lídia. Sinto que serão felizes!

— Também sinto isso. Vou confirmar com ele.

— Preciso pensar no vestido que usarei!

— Não se esqueça de usar o colar.

— Claro que não! Acha que vou deixar passar essa oportunidade?

Ao ouvir aquilo, Arthur estremeceu, lembrou-se do colar e do prazo que havia dado para o Jiló, lembrou também que o prazo havia passado. Entrou em pânico. Com muito custo, terminou o jantar. Em seguida, foi para seu quarto. Desta vez, os pais não estranharam, já estavam acostumados com ele sempre em seu quarto. Ele dizia que precisava estudar.

Em seu quarto, Arthur estava desesperado:

Que vou fazer? Minha mãe vai descobrir que o colar não está mais na caixinha! Vai querer saber o que foi feito dele. Que vou dizer? Preciso recuperá-lo, mas como? Será que o Jiló já o passou para frente? Amanhã vou até a favela falar com ele. Vou pedir que me devolva, vou contar o que está acontecendo, ele vai entender...

Não conseguiu dormir direito. Acordava a toda hora. Olhava para a janela, esperando o dia clarear. Já havia planejado:

Quando meu pai me deixar na frente da escola, não vou entrar, vou para a favela falar com o Jiló, pego o colar e volto antes de a aula terminar. Meu pai não vai desconfiar de nada.

Foi exatamente o que fez. Após se despedir do pai, atravessou a rua. Seu pai foi embora. Ele se voltou e foi em direção à favela.

Ali chegando, foi até o barraco de Jiló, este estava dormindo. Acordou com as batidas de Arthur em sua porta.

Limpando os olhos, abriu a porta. Viu Arthur:

— Que está fazendo aqui? A esta hora?

Arthur, muito nervoso, respondeu:

— Preciso pegar de volta o colar da minha mãe, ela vai usar em um casamento.

— Que está dizendo? Precisa pegar o quê?

— O colar da minha mãe!

Jiló pensou um pouco. Depois de algum tempo, disse:

— Ah, sim… o colar… estou me lembrando dele…

— Ainda está com você?

— Está, ou deve estar aí em qualquer lugar…

— Ainda bem, preciso colocá-lo de volta.

— Tudo bem, vou ver se o encontro. Espere aí mesmo onde está.

Entrou em casa. Arthur, nervoso, ficou do lado de fora. Após alguns minutos, Jiló regressou com o colar na mão. Sorrindo, disse:

— Está aqui.

— Ainda bem, pode me entregar?

Com a voz mansa, bem devagar, Jiló disse:

— Sim… desde que me pague…

— Pagar! Como?

— Não sei… a única coisa que sei é que sem dinheiro não vai levar…

— Você não pode fazer isso! Preciso dele!

— Claro que posso, você me deu em troca do bagulho…

— Não tenho dinheiro!

— Então… não tem o colar…

— Por favor! Depois da festa, eu o trago de volta!

Jiló começou a rir:

— Vai trazer de volta? Está dizendo que vai trazer de volta?

— Vou sim, mas, por favor, deixe-me colocá-lo no lugar de onde tirei! Confie em minha palavra!

— Você pensa que estou louco? Acha que vou acreditar na palavra de um maconheiro?

— Não sou um maconheiro! Tenho palavra!

— Para mim, a palavra é dinheiro. Se trouxer o dinheiro, vai levar o colar, do contrário, não. Agora, por favor, vá embora, preciso voltar para cama, estou com sono.

Entrou no barraco, fechou a porta.

Arthur, desesperado, ficou ali parado por um longo tempo. Não sabia o que fazer. Tirou um bagulho do bolso, acendeu, fumou...

Logo a maconha começou a fazer, efeito e ele, a sentir-se bem. Já não estava tão preocupado. Pensou:

Vou embora. Antes que a minha mãe sinta falta do colar, eu encontrarei uma solução.

Voltou para a escola, chegou alguns minutos antes do pai. Quando este parou, Arthur entrou no carro e os dois seguiram para casa.

Durante o caminho, Arthur permaneceu calado. Seu pai percebeu, mas pensou:

Deve mesmo estar apaixonado, isso vai passar.

Arthur, por sua vez, pensava:

A melhor coisa que tenho a fazer é contar tudo para minha mãe. Ela entenderá.

Em casa, almoçou normalmente. Após o almoço, dirigiu-se até a sua mãe:

— Mamãe, preciso conversar com a senhora.

— Está bem, o que é?

— É uma coisa muito complicada.

Ela, pensando que ele ia contar que estava apaixonado, sorriu, enquanto dizia:

— Tenho que ir para a escola, deixemos essa conversa para a noite. Quero que tenha todo tempo que precisar para me contar tudo. Acredito que essa conversa não pode ser rápida.

Ele se assustou:

— A senhora sabe de alguma coisa?

— Não, mas estou desconfiada, porém não acredito que seja tão grave assim. Fique tranquilo. Agora, preciso me vestir e levar o Leandro. À noite, conversaremos e me contará tudo. Está bem?

Assustado e preocupado, disse:

— Está bem, sei que vai me ajudar...

— Pode ter certeza que sim. Não se esqueça de ir para a aula de computação.

— Não esquecerei.

Ambos foram para seus quartos.

Arthur entrou. Olhou mais uma vez para o espelho.

Ela sabe de tudo ou está desconfiada. Talvez seja o melhor. O Jiló disse que sou um viciado, acredito que seja mesmo ou estou ficando.

Deitou na cama, ficou com os olhos presos no teto. Tremia, suava e sentia dor na cabeça, além do mal-estar no estômago.

Escutou um grito, assustou-se, saiu correndo. O grito vinha do quarto de sua mãe. Entrou rápido. Álvaro estava na parte debaixo da casa, assim como Iracema. Os dois, assustados, subiram a escada. Ao entrar no quarto, viram Odete com a caixinha na mão. Álvaro, assustado, perguntou:

— Que aconteceu? Por que gritou?

— Meu colar… meu colar sumiu!

— Como sumiu?

— Não está aqui na caixinha!

— Deve estar em outro lugar. Não precisava ter gritado tanto, assustou a todos nós.

— Desculpe, mas eu também me assustei. Preciso ir para a escola, Iracema, por favor, procure o colar. Devo ter colocado em outro lugar.

— *Num credito, dona Dete, pois ele sempre teve aí, mais mesmo assim vô procura.*

Arthur, assustado, assistiu a tudo, calado. Estava tão apavorado que não conseguia dizer uma palavra.

Pensou em contar tudo, aquele era o momento, mas seus pais estavam muito nervosos. Ele, com medo da reação deles, foi para seu quarto. Aquele era o único lugar em que se sentia protegido. Tremia, suava e parecia que sua cabeça ia explodir. Pensava em uma maneira de contar o que fizera com o colar.

Os pais saíram. Ele saiu do quarto, foi em direção à cozinha. Ia contar para Iracema, ela saberia como falar com seus pais. Ela não estava na cozinha. Ele subiu a escada, foi em direção ao quarto de sua mãe. Iracema estava ali tirando tudo o que havia dentro de uma gaveta e jogando sobre a cama. Ele se aproximou. Ela percebeu a sua presença. Disse:

— *Arthur, tá precisando de arguma coisa?*

Ele ficou olhando, ia contar, mas não teve coragem, só disse:

— Não, não quero nada...

— *Inda bem, pois vou revirá este quartu, preciso encontrá o colar da sua mãe.*

Calado, ele saiu. Foi para rua e ficou andando sem destino. Pensava em uma maneira, mas não encontrava. Chegou à praça, sentou e acendeu mais um cigarro de maconha.

Quando a maconha começou a fazer efeito, começou a rir:

Não sei por que tanto medo. Meus pais entenderão. Eles me ajudarão! Sempre foram bons e compreensivos. Iracema também me ajudará. À noite, vou contar tudo.

Continuou andando, esqueceu-se de ir para a aula de computação. Estava escurecendo, quando resolveu voltar. Estava firme em seu propósito de contar tudo. O carro de seu pai estava na garagem. Ele se admirou:

Meu pai já está em casa? Chegou mais cedo!

Entrou. Na sala estavam os pais e Iracema. Álvaro estava furioso. Arthur ficou calado, com muito medo. Achou que haviam descoberto tudo, mas, mesmo assim, se aproximou. Álvaro, raivoso, dizia:

— Iracema! Você vem me dizer, com essa cara, que não encontrou o colar?

— *É isso memo, dotô, procurei em todos cantos e num encontrei. Todas as outra joia tão aqui, mais o colar num tá, não.*

— Como não encontrou? Onde está?

— *Num sei, dotô...*

— Não sabe? Não sabe? Tem que saber! Você é a única pessoa estranha aqui dentro de casa! Você roubou o colar?

Iracema começou chorar:

— *Não, dotô... num fiz isso...*

— Pare de chorar! Se não foi você, quem foi? Eu, a Odete ou um dos meninos?

— *Num sei, dotô, só sei que num fui eu...*

— Só pode ter sido você.

— *Num fui não... num fiz isso... num fiz...*

— Vou dar parte na delegacia, vai ter que falar com o delegado! Ele vai saber como fazer você contar a verdade!

— *Pô favô, dotô, num faiz isso... nunca entrei numa delegacia... trabaio há tanto tempo aqui, nunca tirei nada, num sô ladrona...*

— Pode parar de chorar! Não acredito no que está dizendo! Vamos para a delegacia!

— *Não, dotô... pô favô...*

Ela estava desesperada, chorava com mais intensidade, olhou para Arthur que, calado, assistia a tudo. Ele quis dizer alguma coisa, mas de sua garganta não saiu uma palavra. Leandro, chorando, disse:

— Papai! Não foi ela! Ela não faria isso! Gosta muito da gente!

— Gosta da gente? Estava aqui só nos roubando! Vai saber quantas outras coisas nos roubou, sem que nos déssemos conta? Do lugar onde mora só podia sair isso! Ali só pode ter pessoas de mau caráter, vamos!

Álvaro, aos trancos e empurrando Iracema, saiu de casa. Arthur também chorava. Lágrimas caíam, mas não teve coragem de contar. Sua mãe também chorava:

— Não posso acreditar que ela tenha feito isso, mas, ao mesmo tempo, quem teria feito? Ela é a única pessoa de fora da família, e sabemos que tem uma vida muito pobre.

Leandro disse:

— Mamãe... não foi ela, não foi...

Arthur não disse nada. Embora estivesse triste, estava também se sentindo bem, pois havia escapado. Foi para seu quarto.

Alguma horas depois, Álvaro voltou sozinho. Ainda muito nervoso, entrou em casa. Tirou a gravata e o paletó. Jogou sobre o sofá. Arthur, de seu quarto, ouviu o barulho do carro, desceu para saber o que havia acontecido. Na sala, Álvaro estava rodeado por Odete e Leandro. Ela perguntou:

— Que aconteceu? Ela confessou?

Quase gritando, ele disse:

— Não! Ficou o tempo todo dizendo que não foi ela.

— O que o delegado disse?

— Que eu não conseguiria provar que havia sido ela, a não ser que encontrasse o colar em seu poder. Eu disse que não podia fazer isso, pois não sabia há quanto tempo ela havia roubado. Ele disse que não podia fazer nada. Fiquei com muita raiva, saí dali.

— E ela?

— Não sei, eu a deixei lá.

— Deu algum dinheiro para a condução?

— Claro que não!

— Ela mora longe! Como vai para casa?

— Não sei e não quero saber! Ela que se arranje! Telefone para alguém! Aliás, amanhã mesmo vou despedir seu filho! Não quero o filho de uma ladra trabalhando em meu escritório, sabe-se lá do que será capaz. Deve ser outro ladrão!

Odete quis dizer alguma coisa em favor do rapaz, mas sabia que o marido tinha razão:

Se a Iracema teve coragem de roubar o meu colar, com certeza seu filho também roubaria.

Arthur permaneceu calado. Após ouvir tudo, voltou para seu quarto, deitou, chorando, na cama.

Durante a noite, levantou, pegou um cigarro, foi para fora, fumou. De seu pensamento não saía a imagem de Iracema chorando. Ele bem que tentou, mas não conseguiu dizer a verdade. Já com o efeito da droga, pensou:

Sinto muito pela Iracema, mas foi a melhor coisa que poderia ter acontecido. Ela vai chorar um pouco, mas logo passará. Irá embora, arrumará outro trabalho e recomeçará sua vida. Eu vou deixar de fumar. Vou também recomeçar minha vida. Esta foi a última vez que passei por um apuro. Sei que não posso continuar assim, preciso mudar. Não fumarei mais. Tem só mais alguns bagulhos, e serão os últimos.

Começou a sentir-se muito bem, a droga lhe dava um bem-estar incalculável. Com ela, sabia que poderia fazer tudo o que quisesse. Aos poucos, esqueceu-se de Iracema e daquilo que havia lhe feito.

A lua estava clara. Andou muito. Estava amanhecendo, quando voltou para casa. Deitou, adormeceu.

Na hora de sempre, sua mãe veio acordá-lo. Chamou-o várias vezes, ele não acordou. Ela não entendia o que estava acontecendo. Sacudiu:

— Arthur, acorde!

Ele, com dificuldade, abriu os olhos. Viu o rosto ansioso de sua mãe, sorriu, virou para o outro lado e voltou a dormir. Ela continuou sacudindo-o, até que, finalmente ele despertou. Sorriu:

— Está bem, mamãe, vou levantar.

— Até que em fim. Que aconteceu? Não dormiu bem?

— Não, esta noite foi muito difícil.

— Sei disso. Também não consegui dormir. Não consigo acreditar que a Iracema fez aquilo. Que acha? Você acredita?

Ele olhou para ela, notou a sua tristeza, sabia que, novamente, aquela era a hora de contar, mas como das outras vezes, respondeu:

— Não sei o que dizer. Também é difícil acreditar, mas parece que foi ela mesmo.

— Não sei... ela esteve ao nosso lado tanto tempo... foi sempre muito dedicada... se fez isso, foi por um motivo maior.

Ele com os olhos perdidos, lembrando-se de Rodrigo, Jiló e do colar, disse:

— Não sei o que dizer... não sei...

— Está bem, agora levante, seu pai está tomando café.

Ela saiu do quarto. Ele se levantou, foi até o banheiro. Olhou no espelho. Viu um rosto que para ele estava se tornando desconhecido. Os olhos vermelhos, e as olheiras, profundas. Desesperado, pensou:

Que estou fazendo? Preciso contar! Tenho que inocentar a Iracema! Ela não merece o que está lhe acontecendo. Já sei, vou descer e agora mesmo contar tudo para meus pais, eles entenderão, vão me ajudar.

Vestiu-se rapidamente, desceu. Seus pais e Leandro estavam sentados, tomando café. Ele olhou para a cozinha, sabia que Iracema não estava lá. Ao vê-lo, seu pai disse:

— Novamente estamos atrasados, vou ter que lhe dar dinheiro para que possa comer na cantina. Vamos?

Ele, em silêncio, acompanhou o pai. Estava deprimido, distante, tendo em sua mente a imagem de Iracema, chorando.

Durante todo caminho, seguiu calado. Álvaro percebeu, mas não estava com vontade de conversar. Apesar de tudo, estava triste. Ele também gostava de Iracema, mas havia resolvido:

Assim que chegar ao escritório, vou despedir seu filho. Não quero o filho de uma ladra trabalhando comigo.

Arthur entrou na escola, Álvaro seguiu para o escritório. Estava decidido, iria despedir o filho de Iracema, mas, ao chegar, notou que ele não estava lá.

O dia foi passando. Eram três horas da tarde quando Jarbas chegou. Bateu à porta de Álvaro. Entrou:

— Boa tarde, doutor.

Ao vê-lo, Álvaro admirou-se. Raivoso, disse:

— Boa tarde? Como tem coragem de vir até aqui?

— Não sei o que se passou na sua casa, mas tenho certeza de que minha mãe não fez nada.

— Não fez nada? Quem você acha que roubou o colar?

— Não sei, mas minha mãe não roubou nada!

— Pois eu tenho certeza de que foi ela. E, a propósito, não o quero mais aqui. Pode pegar suas coisas e ir embora agora mesmo!

Jarbas olhou, desesperado.

— O senhor não pode fazer isso! Minha mãe não roubou nada!

Álvaro gritou:

— Não posso? Claro que posso! Antes que me pergunte, não vou mais pagar a sua faculdade. Terá que arrumar outro para pagar, eu não o farei mais. Pode sair, não temos mais nada para conversar. Já perdi muito tempo.

Jarbas ia dizer mais alguma coisa, mas percebeu que seria inútil. Olhando bem nos olhos de Álvaro, disse:

— O senhor está cometendo uma injustiça muito grande.

— Já disse para ir embora!

— O senhor está cometendo um grande erro, tenho certeza de que vai se arrepender. Teve coragem de deixar minha mãe sozinha, sem se preocupar que era noite. Ela não dormiu a noite toda, está doente de tristeza.

— Não me interessa o que aconteceu ou o que está pensando. Saia, por favor!

Jarbas saiu. Não conseguiu conter o ódio que sentiu naquele momento. Tinha certeza de que jamais lhe perdoaria e que se vingaria na primeira oportunidade.

Álvaro, embora raivoso, voltou ao trabalho.

Arthur, assim que chegou à escola, viu Rodrigo, que, como sempre, conversava com as mesmas pessoas. Agora, ele já sabia que eram fregueses de Rodrigo e, como ele, deveriam estar passando pelos mesmos problemas.

Tentou evitar que ele o visse. Conseguiu, entrou rápido para a classe, mas assim que a aula terminou, Rodrigo aproximou-se:

— Olá, Arthur, como está?

Arthur, irritado, respondeu:

— Não estou nada bem!

— Por quê? O seu bagulho acabou?

— Não, tenho alguns ainda. O motivo é outro.

— Quer me contar? Que aconteceu? Alguém descobriu? Quem foi? Sua mãe? Seu pai?

— Não é nada disso! Ninguém descobriu!

— Ainda bem, fiquei preocupado...

— Não, ninguém descobriu.

— Na hora do lanche, você não quer ir até lá na praça? Pela sua cara, estou percebendo que está precisando.

— Não vou! Nem hoje! Nem nunca mais! Parei por aqui!

Rodrigo, com a ironia de sempre, disse:

— Está bem, se é assim que quer, assim será.

Arthur afastou-se, queria ficar longe dele. Voltou para a sala de aula. No íntimo, estava feliz por ter feito aquilo, sabia que precisava e que havia conseguido ficar longe dele.

No meio da segunda aula, começou a sentir os sintomas conhecidos. Ficou novamente apavorado, sabia que a tendência seria piorar, e que logo mais não conseguiria controlar. Encontrou dificuldade de assimilar o que o professor dizia. Assim que a aula terminou, ele saiu, era a hora do intervalo. A maioria dos alunos estava indo para a cantina. Arthur os acompanhou. Passou por Mariana, mas não olhou para ela. A sua única preocupação era a vontade que estava sentindo. Pensou um pouco, resolveu:

Não tem jeito, nunca conseguirei me livrar, vou lá para fora.

Mudou a direção que estava seguindo, saiu da escola, foi à praça. Ali chegando, acendeu um cigarro. Estava na metade dele quando Rodrigo chegou. Sentou ao seu lado, dizendo:

— Não conseguiu resistir?

— Não, mas estou determinado a parar, vou conseguir! Ainda mais agora depois do que aconteceu.

— Não quer me contar? O que foi de tão grave?

Arthur pensou:

Talvez ele entenda e me ajude.

Contou tudo o que havia se passado. Quando terminou, estava chorando. Rodrigo, que até agora estava sentado ao seu lado, levantou e começou a rir:

— Por que está tão nervoso? Não percebeu como foi bom isso ter acontecido?

Arthur olhou para ele sem conseguir entender o que ele estava dizendo. Ao ver a cara que ele estava fazendo, Rodrigo disse:

— Não percebeu que essa era a melhor coisa que poderia ter acontecido?

— Como assim?

— Com isso que aconteceu, você se livrou de um enorme problema!

— Por que está dizendo isso?

— Com tudo isso, a sua mãe vai se esquecer do colar, e você não terá que arrumar dinheiro para recuperá-lo!

— Mas ela gostava muito dele!

— Seu pai tem dinheiro, comprará outro!

— E a Iracema? Como estará? Ela perdeu o emprego...

— Não se preocupe com isso, ela é do interior e esse povo já está acostumado com a pobreza. Logo encontrará um emprego novo.

— Não foi só o emprego que ela perdeu... saiu como uma ladra! Meu pai a levou à delegacia!

— Esqueça-se disso! Só lembre que está livre!

Já sob o efeito da maconha, Arthur começou a rir muito:

— Você tem razão! Eu estava tão preocupado! Agora, tudo foi resolvido, mas, mesmo assim, vou sair dessa!

Novamente com aquele sorriso irônico, Rodrigo disse:

— Está bem, mas agora está na hora de voltar para a classe, a aula já deve estar começando.

— Sabe de uma coisa? Não tenho vontade alguma de voltar para a classe! Queria mesmo era sair correndo por aí, andar sem rumo!

— Também gostaria de fazer isso, mas é melhor não. Vamos entrar.

Entraram na classe no momento em que o professor chegou. Arthur tentou assimilar a aula, mas não conseguiu. Aquela sensação boa estava com ele. Não conseguia pensar em nada, a não ser nas nuvens coloridas que via.

As aulas terminaram. Os alunos saíram da escola. Arthur fez o mesmo, foi para o lugar de encontro em que esperava o pai.

Naquele dia, Álvaro e Odete não conseguiram se esquecer de Iracema e de tudo o que havia acontecido. Após ter despedido Jarbas, Álvaro tentou trabalhar, mas não conseguiu. Sua cabeça doía. Embora tivesse sido rude com o rapaz, no fundo sentia pena, pois sabia que ele era esforçado. Antes da hora de costume, saiu do escritório e foi para casa.

Odete, com muito sacrifício, deu sua aula, ela também não estava bem. Chegou em casa acompanhada por Leandro, que fez o caminho todo em silêncio. Ela estranhou ao ver o carro de Álvaro, pois ele chegava sempre depois dela. Entrou, ele estava recostado em uma poltrona, com a sala semiescura. Ela se aproximou e, beijando-o, disse:

— Chegou mais cedo hoje? Não está bem? Está doente?

— Não estou doente, só um pouco nervoso. Nervoso, não, poderia dizer que estou triste.

— Sei... também estive e estou o dia todo assim. É difícil acreditar, não?

— Sim, ela sempre pareceu ser tão nossa amiga, cuidava muito bem da casa e era carinhosa com os meninos. Custa-me crer que tenha feito isso, mas quem poderia ter sido?

— Estive pensando nos anos em que esteve ao nosso lado, nunca imaginei que ela pudesse um dia fazer uma coisa como essa. Como você, também estou triste.

— Os meninos, como estão?

— Arthur não diz nada. Sabe, ele está naquela fase complicada por causa da idade. Já o Leandro só sabe dizer que ela não fez aquilo. Ele está muito triste e nos julga uns monstros. Veio da escola até aqui sem dizer uma palavra. Sabe quanto ele é falante. Sinceramente, não sei o que fazer.

— Não havia outra solução, ela não poderia permanecer nesta casa. Despedi o filho dela.

— Fez isso? Mas ele não tem culpa!

— Quem pode nos garantir isso? Não quero ter contato nenhum com aquela família.

— O Arthur? Onde está?

— Quando cheguei, a casa estava silenciosa, subi ao quarto dele, dormia profundamente.

— Ele me disse que não dormiu bem na noite passada.

— Quem dormiu?

— Acredito que nenhum de nós. Bem, tenho que preparar o jantar.

— É mesmo! Ela não está mais aqui. Precisamos arrumar outra pessoa.

Odete arregalou os olhos. Disse, decidida:

— Não! Não quero mais ninguém estranho aqui em casa!

— Como vai ser? Você precisa de alguém!

— Darei um jeito, só não quero ninguém…

— Você é quem sabe. Eu e os meninos poderemos ajudar.

Com ar de deboche, ela disse:

— Isso mesmo. Se não deixarem suas coisas jogadas, já estarão ajudando e muito!

Ela foi para a cozinha. Leandro estava diante do televisor. Ele não queria conversar. Estava triste.

Após um tempo, Odete voltou para sala:

— O jantar está pronto. Leandro, vá chamar o Arthur.

Ele olhou para mãe, não conseguia esconder seu ressentimento. Em silêncio, levantou e foi em direção ao quarto de Arthur. Ao entrar, estranhou, pois Arthur estava deitado, com os olhos parados no teto, como se estivesse vendo alguma coisa. Ele se aproximou dizendo:

— Arthur, o que você tem?

Ele pareceu não ouvir, continuou ali parado, olhando para o teto. Leandro tornou a perguntar, agora mais alto:

— Arthur! O que você tem? Está me assustando!

Arthur olhou para o irmão, respondendo:

— Estou vendo bolas coloridas, você não está?

Leandro olhou para o teto, por um bom tempo, como se estivesse tentando ver algo. Disse:

— Não estou vendo nada! Deve estar louco!

Arthur voltou à realidade, olhou para o irmão e percebeu que ele estava realmente assustado. Precisava fazer algo para remediar aquela situação. Pegou um travesseiro e jogou sobre ele, enquanto, rindo, dizia:

— Você é mesmo um bobo, não estou vendo nada, só estava brincando.

Leandro, desviando-se do travesseiro, disse:

— Ainda bem, pensei que estivesse louco!

— O que quer aqui?

— O jantar está pronto, mamãe pediu que eu viesse acordar você.

— Eu não estava dormindo.

— Papai, quando chegou, veio até aqui e você estava dormindo.

— Ele chegou mais cedo?

— Chegou, sim, parece que não está bem.

— O que ele tem?

— Está muito triste com tudo o que aconteceu, com a Iracema e, principalmente, com o filho dela.

— O que ele fez?

— Despediu Jarbas do escritório.

Arthur sentiu como se houvesse recebido uma flechada em seu coração. Com os olhos arregalados, disse:

— Ele não podia ter feito isso! O rapaz não tem culpa de nada!

— Por isso mesmo é que ele não está bem, mas disse que se a mãe roubou, com certeza o filho fará o mesmo.

Arthur, com as mãos, enxugou uma lágrima. Disse:

— Ele não tem culpa de nada...

— Também acho, aliás, não consigo acreditar que a Iracema tenha roubado algo. Você acredita que ela fez isso?

Arthur demorou um pouco para responder. Ia contar a verdade, quando se lembrou das palavras de Rodrigo:

Se seus pais souberem, irão interná-lo... com tudo o que aconteceu, se livrou de um enorme problema... sua mãe vai se esquecer do colar... seu pai tem dinheiro, comprará outro...

Esses pensamentos passaram rapidamente. Ele parou de chorar e respondeu:

— Não sei... não sei... vamos descer? Estou com fome!

Leandro não ficou satisfeito com aquela resposta, mas sabia que nem todos pensavam como ele:

— Vamos, sim. Também estou com fome.

Desceram. Ao chegar à sala, Arthur viu o pai que ainda continuava recostado na poltrona. Aproximou-se e disse:

— Olá, papai... tudo bem?

Álvaro levantou os olhos. Sentou:

— Tudo bem, e você, como está?

Arthur arregalou os olhos, quando respondeu:

— Por que está perguntando isso?

Álvaro, estranhando aquela atitude, disse:

— É só um modo de falar. Agora com a sua reação estou preocupado. O que você tem? Está nervoso? Por quê?

Arthur percebeu que havia exagerado:

— Não tenho nada, só estou nervoso com tudo o que aconteceu.

— Ah, é isso?

— Bem-vindo ao clube, hoje estamos todos nervosos. É difícil acreditar, mas aconteceu. Precisamos nos recuperar, vencer a tristeza e seguir as nossas vidas. Vamos até a cozinha ajudar a sua mãe com o jantar?

— Vamos, sim...

Leandro, que acompanhou toda a conversa, seguiu os dois. Ao entrarem na cozinha, perceberam que Odete estava atrapalhada, deixou uma colher cair. Arthur abaixou-se para pegar. Ela, um pouco sem jeito, disse:

— Terão que ter paciência, sabem que não estou acostumada com este tipo de trabalho.

Álvaro, rindo, disse:

— Eu sempre soube disso. Daí eu ter dito que precisamos contratar alguém para ajudá-la.

— Já lhe disse que não quero ninguém estranho aqui em casa. Se me ajudarem, aos poucos conseguiremos nos ajeitar. Por enquanto, vamos jantar? Não sei qual é o sabor da comida, mas fiz o máximo para que ficasse boa.

— Deve estar. Vamos?

Os três levaram a comida. Colocaram sobre a mesa, sentaram e jantaram em silêncio. Depois que terminaram de comer, todos elogiaram a comida. Ninguém quis comentar que o arroz estava sem sal. Odete percebeu, mas como não disseram nada, ela também se calou.

Como faziam todas as noites, foram para a sala. Arthur ficou ali por um tempo, em seguida foi para seu quarto. Estava começando a sentir os sintomas. Entrou no banheiro e saiu várias vezes dele. Ouviu quando sua mãe subia, acompanhada por Leandro. Deitou rapidamente e fingiu estar dormindo. Ao entrar no quarto, Odete, pensando que Arthur estivesse dormindo, colocou o dedo sobre os lábios, pedindo que Leandro não falasse nem fizesse barulho. Ele balançou a cabeça, dizendo que havia entendido. Deitou na cama, ela o cobriu, beijou sua testa. Cobriu Arthur e o beijou também. Na ponta dos pés, saiu do quarto. Arthur, embora com os olhos fechados, percebeu quando ela saiu. Esperou mais um pouco. Ao ver que todos estavam dormindo, pegou um cigarro e saiu, foi para o lugar de sempre e fumou.

No dia seguinte, acordou, foi para a escola, fumou na hora do intervalo. Tudo igual como sempre. Aos poucos as coisas foram voltando ao normal. Odete fez o possível para conseguir cuidar de tudo.

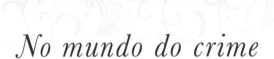

No mundo do crime

Arthur estava cada vez mais envolvido. Sem a presença de Iracema, ele tinha a tarde toda para fumar no quintal. Agora, já não lutava mais. Aos poucos, começou a gostar da sensação que a maconha lhe proporcionava. Tinha momentos de alegria e outros de depressão. Os pais, acreditando que ele passava por uma idade difícil ou estava apaixonado, deixaram de se preocupar com a sua mudança de humor.

Dias depois, ao mexer no bolso do casaco para pegar um cigarro de maconha, Arthur notou que só restavam dois. Isso aconteceu depois do almoço. Todos haviam saído. Novamente, ficou apavorado:

E agora? O que vou fazer? Não tenho mais dinheiro! Vou ligar para Rodrigo.

Pegou o telefone, ligou. No outro lado da linha, Rodrigo atendeu. Com voz ofegante, Arthur disse:

— Alô, Rodrigo! Preciso falar com você!

— Que aconteceu?

— Meus bagulhos acabaram, preciso de mais!

— Tem dinheiro?

Arthur demorou um pouco para responder. Mentiu:

— Tenho!

— Está bem, venha até aqui, iremos juntos.

— Já estou indo.

Desligou o telefone. Sabia que havia mentido, mas foi preciso:

Se eu dissesse a verdade, ele não iria comigo. Até chegar lá eu penso em um modo de conseguir bagulho.

Na rua, Arthur saiu correndo em direção à casa de Rodrigo. Precisava ir e voltar o mais rápido possível. Quando seus pais chegassem, ele já deveria estar em casa. Ao chegar, Rodrigo já o esperava no portão. Com aquele sorriso irônico de sempre, disse:

— Chegou rápido! Está mesmo com pressa!

— Claro que sim, preciso voltar logo. Vamos?

Juntos foram para a favela. Jiló estava sentado em um banco em frente ao seu barraco. Ao vê-los sorriu:

— De novo aqui? Vieram buscar bagulho?

Rodrigo respondeu:

— Isso mesmo. Os do Arthur terminaram e os meus também, precisamos de mais.

— Trouxeram dinheiro?

— Eu não tenho, mas o Arthur tem.

— Quanto você tem?

Agora havia chegado a hora. Arthur, com a cabeça baixa, disse:

— Também não tenho, mas o colar que lhe dei valia muito mais do que a maconha que você me deu.

— Está querendo dizer o quê?

— Que preciso de mais maconha, e que você me deu muito pouco pelo colar. Quero lhe pedir que me dê mais um pouco, depois eu lhe trarei o dinheiro.

Jiló começou a rir. Rodrigo ficou nervoso, pois ele também não tinha mais bagulho nem dinheiro.

— Oh, cara! Você ainda não aprendeu que, sem dinheiro não tem bagulho?

— Sei, mas estou precisando!

— Já lhe disse que o bagulho não cai do céu, eu também preciso pagar para poder lhe fornecer.

Arthur, agora, estava desesperado. Disse, quase chorando:

— Mas eu preciso!

— Se não tem dinheiro, traga alguma coisa da sua casa.

— Não posso mais fazer isso, não há mais nada que eu possa trazer sem que sua falta seja notada.

— Então, não tem jeito. Sem pagamento, não tem bagulho.

Rodrigo, muito nervoso, disse:

— Arthur! Você mentiu?

— Se eu dissesse a verdade, você não teria vindo.

— Não teria mesmo!

Rodrigo olhou para o Jiló, que também olhava ora para um, ora para outro. Rodrigo, em tom de súplica, disse:

— Ele me enganou, mas estou precisando também…

— Tem dinheiro?

— Não, mas depois eu trago outro freguês!

— Já faz muito tempo que você não traz ninguém, o último foi ele aí. Já levou toda a sua porcentagem.

Rodrigo, quase chorando, disse:

— Estou tentando, mas não estou conseguindo. Logo mais trarei outro.

— Quando trouxer, darei a você o que merece.

— Estou sem bagulho! Como vou ficar?

— Pode sempre voltar a fazer aquilo…

— Não, não posso! É muito perigoso!

— Perigoso nada! Quantas vezes já fez e não aconteceu nada?

Arthur interessou-se pela conversa:

— Do quê estão falando?

— Se o Rodrigo quiser, ele te conta. Talvez seja uma solução para você também.

Rodrigo tentou mais uma vez:

— Não tem mesmo outro jeito?

— Não, sem dinheiro, não tem bagulho. Se eu fosse vocês, aproveitaria que estamos no começo do mês. Hoje é um bom dia para se fazer o trabalho.

Arthur ficou entusiasmado:

— Trabalho? Faço qualquer trabalho!

— Rodrigo, está vendo? Ele faz qualquer tipo de trabalho. Está na hora de ensinar.

Ele olhou para Arthur e disse:

— Não adianta, ele não vai ter coragem, é muito medroso!

— Leve ele com você e mostre como se faz, depois vão para outro lugar e deixe ele fazer. Se conseguirem, podem voltar, terão o bagulho de que precisam.

Rodrigo olhou mais uma vez para Arthur. Disse:

— Vamos, vou lhe mostrar como se faz.

Arthur o seguiu. Rodrigo, calado, caminhava. Tomaram um ônibus. Embora não soubesse o que ia fazer, Arthur estava animado, era o que mais queria. Ter seu próprio dinheiro para comprar a sua maconha.

Desceram no centro de um bairro muito movimentado. Na rua principal, existia muito comércio. As pessoas caminhavam de um lado para outro. Rodrigo dirigiu-se até um banco, entrou, notou que havia muitas pessoas na fila do caixa. A fila era enorme. Prestou atenção em tudo. Levou Arthur para um canto. Disse:

— Está vendo aquela senhora que está na fila?

— Qual?

— Aquela de casaco preto.

Arthur olhou e logo identificou a senhora:

— Estou. Quem é ela?

— Não sei quem é ela. Você vai lá para fora, fica esperando que ela saia do banco. Eu sairei em seguida.

— Não estou entendendo.

— Não precisa entender, precisa só ficar esperto e, quando ela sair, ver para que lado ela vai. Segue de perto. Eu vou passar correndo, darei um empurrão para que ela caia. Assim que isso acontecer, você corre para ajudá-la a levantar-se.

— Vai assaltá-la?

Nervoso, Rodrigo respondeu:

— Não vou assaltar! Vou arrumar o dinheiro de que a gente precisa! Se quiser o bagulho, tem que fazer o que eu disse, mas, se preferir, pode ir embora, farei tudo sozinho!

Arthur pensou um pouco, sabia que não poderia ficar sem a maconha. Aceitou com a cabeça. Saiu do banco. Ficou ali, até ver a senhora sair. Rodrigo saiu em seguida:

— Para onde ela foi?

— Naquela direção.

— Vamos atrás dela! Já sabe o que fazer.

— Estou com medo...

— Não quer o bagulho?

— Quero!

— Então, faça o que te disse.

A senhora caminhava devagar, olhando as vitrines. Tinha sobre os ombros uma bolsa. Arthur ficou mais ou menos a um metro dela. Andava no mesmo passo que ela. Caminharam alguns metros, quando viu Rodrigo passar correndo, empurrar a senhora, que, com um grito, caiu. Ele se aproximou, abaixou, dizendo:

— A senhora está bem?

Ela, assustada e surpresa, disse:

— Estou meu filho, mas a minha bolsa? Minha bolsa! Alguém levou!

Arthur, tremendo muito, ajudou-a a levantar-se. Ela gritava, as pessoas olhavam para o lado, Arthur também, mas não viu nem a sombra de Rodrigo. Ele aproveitou. Enquanto ela estava caída, saiu andando, disfarçadamente. Ela, entre surpresa e assustada, chorava:

— Como vou fazer? Vim receber a minha aposentadoria! E agora? É todo dinheiro que tenho para passar o mês...

As pessoas que se aproximaram tentavam consolá-la. Ela chorava, mas aos poucos as pessoas se afastaram. Arthur ficou ali sem saber o que fazer ou dizer. Ela disse, chorando:

— Não tenho dinheiro nem para a condução, não sei como irei para casa, meu filho, não teria ao menos esse dinheiro para me dar?

Arthur não tinha. Mas uma senhora que estava por perto tinha e deu para ela, que, chorando, agradeceu muito e foi embora. Ele voltou a olhar para os lados procurando por Rodrigo. Sem saber o que fazer, ficou andando de um lado para outro. Após uns dez minutos, Rodrigo aproximou-se, falando rápido:

— Vamos sair daqui, me siga.

Arthur o seguiu, tremia e não se conformava com o que haviam feito. Chegaram ao ponto do ônibus. Rodrigo, que estava muito nervoso, disse:

— Tanto trabalho para quase nada!

— Onde está a bolsa dela?

— Tirei o dinheiro e joguei fora!

— Não devíamos ter feito isso. Era todo o dinheiro que ela possuía...

— Não se preocupe com isso! Ela deve ter filhos!

— Se não tiver?

— Isso não é da nossa conta. Agora, precisamos ir para a favela, estou muito mal! Preciso do bagulho.

Arthur o seguiu calado, pois ele também estava precisando, e muito. Na favela, Jiló os recebeu com um sorriso:

— Voltaram logo. Conseguiram?

Rodrigo respondeu, mostrando o dinheiro:

— Sim, está aqui!

— Só isso?

— Era tudo o que tinha na bolsa!

— Com só isso aqui não vai dar para comprar muito, não!

— Sei disso, amanhã iremos para outro bairro, conseguiremos mais.

— Está bem, aqui estão alguns...

Deu alguns cigarros para Rodrigo que, ofegante, acendeu e deu um para Arthur.

Após terminarem, Rodrigo contou como havia sido:

— Está bem, mas sabem que precisarão de muito mais.

Arthur não ouvia, via a imagem da mulher chorando. Ele também começou a chorar:

— Coitada da mulher... só tinha aquele dinheiro para passar o mês...

Rodrigo disse, raivoso:

— Pare de chorar! Parece uma menina! Chora à toa! Já lhe disse que isso não é nosso problema!

— Como não, Rodrigo? Nós a roubamos!

— Sabe muito bem que não havia outra solução. Hoje você fez a parte mais fácil, amanhã, terá que dar o empurrão.

— Eu? Não conseguirei!

— Se não conseguir, não vou mais dividir!

Arthur sabia que estava totalmente dominado pela maconha, sabia, também, que teria que fazer aquilo. Rodrigo continuou:

— Já devia ter aprendido que é difícil só na primeira vez. Depois, fica fácil.

— Está bem... não tem outro jeito mesmo. Agora, preciso ir para casa...

No dia seguinte, logo depois do almoço, Arthur foi se encontrar com Rodrigo e juntos foram para outro bairro. Entraram no banco, escolheram a pessoa que seria assaltada. Arthur deu o empurrão, Rodrigo a socorreu. Nesse dia, tiveram mais sorte. A quantia era maior.

Arthur percebeu que realmente era muito fácil. Como Rodrigo disse: só foi difícil a primeira vez.

Daquele dia em diante, eles começaram a assaltar. Faziam isso no começo do mês, tinham, assim, quase toda a maconha de que precisavam.

O tempo foi passando. Agora, Arthur estava tranquilo em relação ao modo como conseguiria pagar a maconha. Em casa, tudo caminhava. Odete não quis mais uma empregada. Com a ajuda deles, conseguia manter a casa. Aos sábados, a mãe de um de seus alunos vinha e fazia uma faxina. Odete pediu que fosse aos sábados, pois estaria em casa e poderia vigiá-la. Mesmo assim, joias, dinheiro e objetos de valor foram colocados em um cofre.

Arthur continuava saindo à noite para fumar no quintal. A presença de Leandro dormindo ao seu lado o incomodava. Um dia pela manhã, quando sua mãe veio acordá-lo, ele pediu:

— Mamãe, já não está na hora de o Leandro ir dormir no quarto dele?

Odete admirou-se:

— Por que está dizendo isso? Nunca reclamou.

— Sei, mas ele já está grande, às vezes eu quero me levantar à noite para usar o computador, não faço porque tenho medo de acordá-lo.

— Você acorda durante a noite?

— Nem sempre, mas de vez em quando acordo.

— Vou falar com ele. Sei que vai ficar triste, está acostumado.

— Já está bem grandinho.

— Está bem, vou falar com ele, mas, agora, levante-se.

Ela saiu do quarto, não entendia o porquê daquilo, mas estava muito atarefada, precisava deixar a casa em ordem antes do almoço. Embora Álvaro houvesse dito para ela deixar a escola, não quis fazê-lo.

Naquela mesma noite, sob protesto, Leandro foi dormir em seu quarto.

Agora o dinheiro chegava fácil. Rapidamente, Arthur se acostumou. As pessoas atacadas eram frágeis, não tinham como reagir e eles assaltavam em um tempo cada vez mais curto. Fazia dois meses que estavam assaltando e dividindo toda a maconha que conseguiam. Em uma tarde, como fazia todos os dias, assim que todos saíram, Arthur foi para a casa de Rodrigo. Tocou a campainha e Rodrigo abriu a porta. Estranhou, ele estava diferente. Seu rosto estava vermelho. Ele ria muito, dizia que via coisas e ouvia vozes. Falava com alguém que só ele via. Arthur, assustado, perguntou:

— O que você tem?

— Cara! Você nem imagina o que *tô* sentindo! É uma maravilha!

— O que é? O que está sentindo?

— Vem aqui, vou lhe mostrar!

Arthur o acompanhou até a sala.

Sobre a mesa, espalhado, havia um corredor feito com um pó branco que Arthur não conhecia. Rodrigo disse:

— Tape o nariz e inspire este pó. Assim, desse jeito. Vai sentir algo que nunca sentiu antes.

— O que é isso?

— Não importa, faça do jeito que falei! Garanto que não vai se arrepender!

Entusiasmado com a atitude de Rodrigo, Arthur obedeceu. Fez exatamente o que Rodrigo ensinou. Aproximou-se, debruçou sobre a mesa e inspirou. Após alguns minutos, começou a rir. Não conseguia descrever a sensação que estava sentindo. O cigarro de maconha lhe dava prazer, mas aquilo era muito superior.

Não estava sentindo vontade de sair correndo, queria ficar ali parado, ou melhor, sentado. As imagens que vinham à sua mente eram incríveis. Daquele dia em diante, deixou de usar maconha, só queria o pó. Quando sentia que estava em depressão, saía em busca do pó.

O tempo foi passando. Arthur continuou a fazer os assaltos, tendo, assim, dinheiro para comprar o pó branco. Seu humor ia de uma alegria imensa até uma depressão profunda, mas seus pais não notaram. Além de estarem preocupados com seus afazeres, achavam que era tudo questão da idade. Arthur, sem a presença de Leandro em seu quarto e de Iracema em casa, não teve mais preocupação em esconder o pó no casaco. Deixava os pacotinhos do pó dentro de uma gaveta, na mesa do computador. Sabia que ninguém entrava em seu quarto nem mexia nas suas coisas. Nunca mais foi para a aula de natação ou de computação. Passava toda a tarde andando com Rodrigo ou na favela, junto com Jiló, planejando o próximo assalto.

Na escola, procurou acompanhar as aulas. Sem a pressão da falta do pó, até que conseguiu, mas suas notas caíram. Novamente, seus pais não perceberam. Não estavam acostumados a verificar isso, pois sabiam que ele sempre tirava notas altas. Nas provas daquele final de ano, porém, Arthur não foi muito bem. Ficou em segunda época em quatro matérias: Português, Ciências, Matemática e História. Preocupou-se.

Como vou dizer para meus pais? Eles irão desconfiar. O que vou fazer? Tenho ainda uns quinze dias para dizer. Até lá, encontrarei uma maneira.

Desde que começou a usar o pó, ele não se preocupava com mais nada. Achava que sempre encontraria uma solução fácil para seus problemas. Por estar preocupado com as notas, a única solução que encontrou, naquele momento, foi esparramar o pó sobre a mesa e aspirá-lo.

Em uma das tardes em que conversava com Rodrigo e Jiló, este disse:

— Vocês agora estão usando o pó, sabem que ele é bem mais caro. Precisam assaltar várias vezes para conseguir o dinheiro de que precisam para o mês todo. Por isso, tenho um assunto para tratar com vocês, se aceitarem, poderão trabalhar só uma vez por mês.

Os dois se interessaram por aquela conversa. Rodrigo perguntou:

— Que assunto?

— Tem um cara aí que precisa de um carro. Ele paga muito bem...

Arthur assustou-se:

— Não! Isso é muito perigoso! Não vou fazer!

Rodrigo continuou:

— Jiló, não sei se ele está preparado para isso. Ainda é muito cedo.

— Não vou insistir, na hora em que estiverem prontos, é só falar. Se eu fosse vocês, pensaria bem no assunto. Acho que vale a pena. É uma boa...

Arthur concordou com a cabeça. Ele e Rodrigo saíram dali. Arthur seguia ao lado de Rodrigo. Aquela conversa com o Jiló, realmente, o assustou. Disse:

— Rodrigo, o que você acha daquilo que o Jiló disse?

— Que cara é essa, Arthur? Já sabe que roubar não é tão difícil. Carro é ainda mais fácil. A gente só precisa esperar o dono estacionar e se afastar.

— Se ele ou alguém ver?

— Ninguém vai ver e, se acontecer, a gente corre.

— Não sei não...

— É muito mais perigoso a gente continuar assaltando velhinho. Há sempre muitas pessoas por perto. Além disso, precisamos nos arriscar muitas vezes. Nem sempre conseguimos dinheiro que dê para o mês todo.

— Nisso você tem razão...

— Sabe muito bem que não consegue mais ficar sem o pó!

— Infelizmente, é verdade.

— Infelizmente, coisa nenhuma! Bem que você gosta do pó! Quer saber de uma coisa? Eu vou até o barraco para continuar o assunto com o Jiló! Se você não quiser, não precisa ir, mas já sabe, não vou dividir mais! Vai ter que se virar!

Arthur foi obrigado a concordar. No íntimo, ele gostava de usar a droga. Ela lhe dava um prazer indescritível.

Sem dizer mais nada, Rodrigo voltou-se e começou a caminhar novamente em direção à favela. Arthur ficou olhando-o se afastar. Em seguida, correu atrás dele.

— Está bem, vou com você. Vai dar tudo certo.

Rodrigo sorriu e, juntos, voltaram para o barraco de Jiló, que, ao vê-los, disse:

— Decidiram bem depressa! Topam fazer o serviço?

Rodrigo foi quem respondeu:

— Estávamos conversando e decidimos fazer o trabalho.

— Assim é que se fala…

— Vamos ao que interessa. Quantos carros a gente vai precisar roubar para ter pó por um mês?

Jiló pensou um pouco antes de responder. Levava os dedos aos lábios como se estivesse fazendo uma conta. Disse:

— Um ou, no máximo, dois.

— Tá vendo, Arthur? Vai ser muito mais fácil!

Primeira ajuda do céu

Arthur, como das outras vezes, sabia que ia precisar das drogas. Disse:
— Está bem, vamos tentar. Quando vai ser?
Jiló, antes de responder, disse:
— Só tem um problema...
— Que problema?
— Não pode ser durante o dia, seria muito perigoso. É melhor durante a noite, de preferência perto de alguma faculdade. Lá só tem carro bom. É tudo filhinho de papai.
— Não conseguirei sair à noite.
— Pode deixar, eu ligo para sua casa na hora do jantar. Digo que estou precisando da sua ajuda, seus pais não desconfiarão de nada.
— Será que não desconfiarão mesmo?
— Claro que não, eles não imaginam o que você faz, confiam plenamente.
— É por isso que em alguns momentos fico triste. Não consigo imaginar o que fariam caso descobrissem.
— Agora não é hora de pensar nisso. Precisamos planejar como faremos. Jiló, vamos conversar sobre a marca do carro, quanto e qual será a nossa parte em dinheiro.

— É assim que se fala. Esperem, vou lá dentro pegar tudo. Está tudo escrito em um papel.

Jiló entrou. Arthur, como já estava há muitos dias se drogando, estava meio entorpecido, não conseguia pensar com clareza, só sentia necessidade do pó. Jiló, em seguida, saiu com um papel na mão. Entregou-o para Rodrigo, e os três planejaram como seria. Arthur ia concordando com tudo.

Naquela mesma noite, após o jantar, o telefone tocou. Odete atendeu. Arthur estava sentado junto com o pai, assistindo à televisão. Após atender o telefone, Odete disse:

— Arthur, é para você!

— Quem é?

— O Rodrigo. Disse que está precisando da sua ajuda para a prova de amanhã.

— Que chato!

— Ora, meu filho, não custa nada ajudar. Nem todos têm a mesma facilidade que você para aprender.

Fingindo descontentamento, pegou o telefone.

— Alô.

— Oi, Arthur, está tudo bem por aí?

— Está tudo bem, mas o que você quer?

— Posso falar?

— Claro!

— Precisa ser hoje, minha mãe ligou dizendo que vai precisar trabalhar até mais tarde. Diz aí, que precisa vir para cá me ensinar.

— Não posso sair à noite.

— Deixe-me falar com a sua mãe.

— Está bem. Mamãe, ele quer falar com a senhora.

Odete pegou o telefone:

— Alô! Pode falar.

— Dona Odete, amanhã vamos ter uma prova muito difícil, estou tendo um pouco de dificuldade, será que o Arthur não pode vir até aqui em casa para me ajudar? A senhora sabe que ele é o melhor aluno da classe!

Ela, que até agora não sabia que o filho já não era mais o melhor aluno, respondeu:

— Não sei se ele pode ou quer ir.

— Por favor, peça a ele...

Odete sorriu. Rodrigo sabia ser agradável. Ela respondeu:

— Está bem, vou tentar.

Olhou para Arthur que fingia não estar interessado.

— Arthur, acredito que não custa nada, ele é seu amigo...

— Está bem, mamãe, eu vou.

Álvaro disse:

— Levarei você.

— Não precisa, é aqui perto.

— Vai, meu filho. Quando terminar, se for muito tarde, vou buscá-lo.

— Não vai precisar, papai, acho que não vai demorar. Não posso ficar muito tempo, preciso dormir. Também tenho a mesma prova amanhã.

Arthur saiu. Na rua, começou a correr. Precisava realmente voltar logo para não despertar suspeita. Quando chegou, Rodrigo já o estava esperando:

— Vamos logo. Você demorou!

— Não demorei, vim o mais rápido possível. Vamos!

— Espere. Antes vamos entrar, minha mãe ainda não chegou, dá tempo para a gente dar uma "cheirada" antes de sair.

Entraram. O pó estava esparramado sobre a mesa. Cheiraram e saíram. Andavam pela rua, sem saber muito bem o que estavam fazendo. Corriam, paravam e riam muito. Chegaram ao local antes planejado. Em frente, havia uma faculdade. Vários rapazes e moças estacionavam o carro e entravam. Eles ficaram observando. Logo o movimento de pessoas parou. As aulas começaram e todos os alunos estavam dentro da faculdade.

Rodrigo mostrou um carro para Arthur:

— É aquele ali. Vamos rápido. Tenho aqui as ferramentas, vamos!

Aproximaram-se do carro. Arthur se impressionou com a rapidez com que Rodrigo abriu a porta. Ficou do lado de fora, enquanto Rodrigo entrou, puxou alguns fios que havia abaixo do painel. Cortou, estava fazendo a ligação, quando ouviu uma voz:

— O que está fazendo aí?

Levantou a cabeça, ficou horrorizado com a cena que viu. Um homem com um revólver sobre a cabeça de Arthur, que tremia muito, repetiu:

— O que está fazendo aí?

Rodrigo, também tremendo, ficou sem saber o que dizer.

O homem, com voz firme, disse:

— Saia! Não tente nada. Sou delegado de polícia.

O homem tirou duas algemas que tinha na cintura e colocou nos dois. Naquele momento, Arthur se lembrou do rapaz que havia visto na frente da escola e que tanto o impressionou. Teve a resposta naquele dia: sabia por que o rapaz estava naquela situação.

Com os dois algemados e com o revólver em suas costas, o delegado levou-os até um telefone que havia ali. Ligou para um número e logo depois uma viatura com dois soldados chegou. O delegado, empurrando os dois para dentro da viatura, disse a um dos soldados:

— Leve estes dois para a delegacia. Vim trazer a minha filha para a aula e, de longe, vi esses dois em atitude suspeita. Aproximei-me e vi que tinha razão. Eles estavam tentando furtar este carro. Faça o relatório. O delegado saberá o que fazer. Se for necessário, irei até a delegacia, aqui está o número do meu telefone.

— Sim, doutor, farei isso.

Os soldados colocaram os dois na parte de trás da viatura. Eles estavam apavorados. Devido à droga, não estavam percebendo muito bem a situação, mas sabiam que nada estava bem.

Assim que chegaram à delegacia, foram levados a uma sala. Um senhor de cabelos grisalhos, sorrindo, calmamente perguntou:

— O que estavam fazendo?

Arthur permaneceu calado. Rodrigo, com a voz trêmula, respondeu:

— Não estávamos fazendo nada! Foi tudo um engano! Aquele delegado se enganou, a gente só estava passando por aquela rua!

Com um sorriso, o homem continuou:

— Foi mesmo? Aqui neste papel diz que um de vocês estava dentro do carro tentando fazer uma ligação direta.

— Ele está mentindo...

— Pode ser, mas por que um delegado mentiria? O que ele ganharia com isso?

— Não sei, ele não deve ter gostado da gente...

— Vocês estão drogados?

Um olhou para o outro. Arthur não dizia nada, não conseguia se esquecer daquele dia em frente da escola, quando o rapaz foi preso. Agora, no rosto de Rodrigo, via a mesma expressão de medo e desespero que viu no rosto dele. Rodrigo respondeu:

— Não, senhor! Não estamos drogados.

O delegado deu outro sorriso. Parecia que estava triste por aquela situação:

— Vocês já perceberam que não sou mais jovem, tenho uma longa vida aqui nesta delegacia, por aqui passaram vários outros jovens como vocês. Sei que estão drogados, sei também que estavam roubando aquele carro para pagar a droga. Quantos anos vocês têm?

Disseram a idade. Agora os dois choravam, o delegado continuou:

— Preciso saber o nome de vocês e o endereço.

Arthur quase gritou:

— Por quê?

— Preciso avisar seus pais e pedir para que venham buscá-los.

Arthur, desesperado, disse:

— Por favor, senhor! Não faça isso. Meus pais não sabem de nada, se souberem, morrerão!

— Eles não sabem?

— Não!

— Então, ao invés de ficar chorando, deve agradecer por isto que está acontecendo. Da maneira como estão vestidos e falam, parecem pertencer a uma boa família. São bem-educados, por isso tenho certeza de que seus pais também são esclarecidos e entenderão. Só poderão ajudá-los quando tomarem conhecimento.

Rodrigo tentou:

— Por favor, doutor, deixe a gente ir embora, prometemos que nunca mais faremos isso! Deixaremos a droga, não é, Arthur?

Arthur não conseguia falar, estava nervoso, assustado e com muito medo. O delegado disse:

— Não posso fazer isso. Conheço o drogado. Ele promete, mente, pede perdão, diz que não vai mais usar, mas assim que se vê livre, volta. Não consegue se livrar sozinho, precisa de ajuda. Para o bem de vocês, preciso avisar seus pais. Eles virão, e eu conversarei com eles. Encontraremos uma maneira de ajudá-los. Já estiveram presos antes? Já traficaram?

Com a cabeça, disseram que não. Ele continuou:

— Se isso for verdade, é muito bom, é sinal de que estão ainda no começo e que têm chance de se libertar. Agora, preciso dos nomes e dos endereços.

Entendendo que não havia outra maneira, os dois disseram seus nomes e deram seus endereços.

Enquanto isso, na casa de Arthur, Odete, preocupada, disse:

— Álvaro, já está tarde. São quase onze horas e o Arthur ainda não voltou.

— Tem razão, ligue para a casa do amigo dele. Diga que vou buscá-lo, não quero que fique andando pelas ruas a uma hora dessas, é muito perigoso.

— Não sei o número do telefone. Ele não deixou...

— Deve estar nessa agenda perto do telefone.

Odete pegou a agenda, procurou, mas não encontrou. Álvaro disse:

— O Arthur deve ter uma agenda só dele.

— É mesmo. Vou até o seu quarto ver se encontro.

Ela subiu a escada, indo em direção ao quarto de Arthur. Entrou, sorriu ao ver a bagunça em que ele estava. Pensou:

Vou ter que falar sério com ele, precisa arrumar este quarto.

Olhou em direção ao computador, aproximou-se. Procurou sobre a mesa, não viu a agenda. Abriu a gaveta, também ali não estava. Viu alguns pacotinhos de pó branco. Pegou um deles em sua mão, olhou, mas não conhecia, não sabia o que era, pois nunca havia visto. Colocou de volta na gaveta, saiu.

Voltou para junto de Álvaro, dizendo:

— Não achei nenhuma agenda.

— Sabe onde ele mora?

— Não, sei que é aqui perto, mas não sei onde.

— Bem, só nos resta esperar, logo mais ele vai telefonar ou chegar.

— Tem razão.

Estavam ali, conversando e esperando por Arthur, quando o telefone tocou. Álvaro, enquanto atendia, disse:

— Não disse que ele iria telefonar?

Odete sorriu, aliviada. Ele atendeu:

— Alô.

Do outro lado da linha, uma voz masculina disse:

— Preciso falar com o doutor Álvaro Gomes de Matos.

— Sou eu.

— O senhor precisa vir até a delegacia.

— Delegacia?! Por quê?

Odete deu um pulo do sofá onde estava sentada. Olhou desesperada para o marido que ouvia o homem dizer:

— Seu filho está aqui.

— Meu filho?! Por quê? Foi assaltado novamente?

— Não posso dizer nada por telefone, o delegado está esperando o senhor aqui.

— Mas ele está bem? Está ferido?

— Não, ele não está ferido. Venha o mais rápido possível.

— Irei agora mesmo. Qual é o endereço?

Enquanto anotava em um papel o endereço, Odete segurava seu braço desesperada, querendo saber o que estava acontecendo. Após terminar de anotar, ele, muito nervoso, virou-se para ela, dizendo:

— Preciso ir para a delegacia, o Arthur está lá!

— Entendi isso, mas por quê?

— Não sei, a pessoa que ligou não quis dizer por telefone, mas disse que ele está bem, não está ferido! Vou agora!

— Vou com você!

— Não pode! O Leandro está dormindo, não pode ficar sozinho.

— Vou ficar desesperada!

— Sei disso, mas não há outra maneira.

— Assim que chegar e tomar conhecimento do que aconteceu, ligue para me contar.

— Está bem, farei isso.

Deu-lhe um beijo e saiu. Ela ficou rezando, foi até o quarto de Leandro, que dormia profundamente. Voltou para sala e ficou junto ao telefone.

Servindo de instrumento

Álvaro chegou ao pátio da delegacia, estacionou o carro e entrou. Caminhou em direção a um balcão, onde um homem o recebeu:

— Pois não?

— Meu nome é Álvaro Gomes de Matos, recebi um telefonema dizendo que meu filho está aqui. Seu nome é Arthur. Que aconteceu?

— Fui eu quem ligou. Sente-se e aguarde um minuto. O delegado falará com o senhor.

Embora nervoso, ele sabia que precisava obedecer ao regulamento. Enquanto esperava, uma moça muito nervosa entrou e dirigiu-se ao balcão:

— Recebi um telefonema dizendo que meu filho está aqui! O nome dele é Rodrigo.

— Ele está aqui, sim, mas, por favor, sente e aguarde um minuto.

— Que aconteceu com ele? Está ferido?

— Sente-se, o delegado logo mais falará com a senhora.

Ela se voltou, estava caminhando em direção a um banco. Álvaro aproximou-se:

— Com licença, a senhora é a mãe do Rodrigo?

— Sim, mas quem é o senhor?

— Sou o pai do Arthur.

— Do Arthur?! Ele também está aqui?

— Sim.

— Que aconteceu? O senhor sabe?

— Não! Estou ansioso, ansioso, não, desesperado para saber!

— Eu também. Trabalhei até mais tarde. Assim que cheguei, vi um papel escrito pelo Rodrigo dizendo que estava estudando na casa do Arthur. Fiquei tranquila, logo depois recebi o telefonema. Não tenho a menor ideia do que aconteceu.

— Seu filho ligou para minha casa pedindo permissão para o Arthur ir para a sua, onde estudariam para a prova de amanhã. Isso tudo está muito estranho.

— Está mesmo...

Conversavam, tentando entender o que estava acontecendo. O homem do balcão, com as mãos, fez um sinal, chamando-os. Aproximaram-se. O homem disse:

— O delegado irá atendê-los. É naquela sala.

Ambos seguiram na direção da porta apontada. Assim que chegaram em frente, pararam. A cena que viram dentro da sala os fez ficar paralisados. Arthur e Rodrigo, em um canto da sala, algemados e com as cabeças baixas. Atrás de uma mesa, o delegado sentado e, em frente a ela, duas cadeiras. Da porta onde estava parado, Álvaro gritou:

— Arthur! O que significa isto?

Glória, a mãe de Rodrigo, paralisada, não conseguiu dizer nada. Arthur continuou de cabeça baixa, sem coragem de enfrentar o pai. O delegado, percebendo o desespero deles, com uma expressão preocupada, fez um sinal com a mão, mostrando as cadeiras, pedindo que sentassem.

Eles pareciam estar tendo um pesadelo. Devagar, sentaram. Álvaro, assustado e muito nervoso, disse:

— O que está acontecendo aqui? Por que meu filho está algemado?

O delegado, acostumado com aquela situação, respondeu:

— Procure se acalmar, sei o que está sentindo. Já estou aqui há muito tempo, já vi muitas cenas como esta.

— Como posso me acalmar? Meu filho está aí! Nessa situação! Por quê?

— Eles foram presos tentando furtar um carro.

Glória e Álvaro levantaram da cadeira ao mesmo tempo. Falaram juntos:

— Furtar?! Um carro?!

Álvaro continuou:

— Não pode ser! Deve estar havendo um engano aqui!

— Sentem-se, por favor. Procurem se acalmar, temos muito para conversar.

Voltaram a sentar. O delegado continuou:

— Não há qualquer engano. Foram presos em flagrante por um delegado.

Os dois olharam para Arthur e Rodrigo, que continuavam de cabeça baixa. Glória balançava a cabeça, como se não estivesse acreditando naquilo que estava vendo e ouvindo. Álvaro, percebendo que Arthur não dizia nada, temeu que o delegado estivesse dizendo a verdade. Olhou para Arthur e disse:

— Arthur, por quê? Para quê?

Arthur continuou com a cabeça baixa. O delegado continuou:

— Arthur, você quer responder?

Com a cabeça, ele disse que não. Álvaro olhou para o delegado, que disse:

— Eles fizeram isso porque precisavam de dinheiro.

— Dinheiro?! Não pode ser! Ele tem todo dinheiro de que precisa! Procuro atendê-lo em todas as necessidades!

— Mas não lhe dá dinheiro para comprar droga.

— Droga?! Não pode ser! Não pode ser! Meu filho não usa droga!

Glória levantou, correu para o lado de Rodrigo, começou a sacudi-lo:

— Rodrigo! Por favor, diga que ele está errado! Diga que aqui está acontecendo um engano!

Rodrigo também não respondia e continuava de cabeça baixa. Ela continuou:

— Você sabe quanto trabalho para lhe dar tudo o que precisa, além de uma boa escola! Você sabe que, desde que seu pai foi embora, eu vivo só para você! Diga que é mentira!

Diante do silêncio de Rodrigo, o delegado continuou:

— Por favor, senhora, acalme-se e sente-se. Precisamos conversar.

Em seguida, chamou o homem do balcão:

— Pois não, doutor?

— Leve esses dois para outra sala.

O homem pegou nos braços dos dois e os conduziu para fora. Ambos, sem resistência, em silêncio, acompanharam.

Assim que saíram, o delegado pediu:

— Por favor, os senhores precisam se acalmar. Já passaram por aqui vários jovens como esses e, infelizmente, muitos outros passarão. A droga está destruindo nossos jovens. O pior é que muito pouco ou quase nada podemos fazer para exterminar os traficantes, que se multiplicam em uma escala geométrica.

Álvaro, completamente descontrolado, mas agora aceitando a situação, quase chorando, disse:

— Meu filho não pode estar usando drogas! Não pode!

— Consigo imaginar o que o senhor está sentindo, mas, infelizmente, está sim.

— Não pode ser! Sempre conversamos muito sobre isso. Eu e a mãe dele procuramos lhe dar tudo do que precisasse. Somos, ou nos sentíamos, bons pais. Ele está em uma boa escola, faz natação, quando disse que queria aprender computação, o colocamos em uma escola. Não entendo por que ele fez isso…

— Ele não tem culpa de nada.

— Como não tem culpa? Ele não tinha motivo!

— O traficante usa argumentos, sabe que ponto atingir, diria até que são melhores que os psicólogos.

— Todos deveriam morrer!

— Também penso assim, mas o senhor sabe quem ajuda os traficantes?

— Não, e nem me interessa.

— Pois deveria se interessar. Na maioria, são jovens como o seu filho.

Glória, que acompanhava a conversa, disse:

— Não pode ser, ele é ainda uma criança...

— Por isso mesmo. As crianças são envolvidas. A droga é cara. Quando se viciam e não têm dinheiro, são levados para o crime ou para o tráfico. Ainda não sei em que grau de vício seus filhos estão, não sei se já cometeram outros crimes ou delitos.

— Crimes? Delitos? Não! O senhor não está falando do meu filho! Ele sempre foi um bom aluno, o primeiro da escola. Nunca tive que me preocupar com suas notas.

— Há quanto tempo o senhor não olha as notas ou não vai até a escola saber como ele está?

Álvaro ficou pensando por um instante. Depois disse:

— Acho que faz um bom tempo, aliás faz muito tempo. Para dizer a verdade, desde que percebemos que era um bom aluno.

— Garanto para o senhor que, se for hoje até a escola, terá notícias bem diferentes dessas.

— Será?

— Sim, a droga interfere no cérebro do jovem. Aos poucos, ele não consegue mais se concentrar. Seu único pensamento será encontrar uma maneira para consegui-la.

— Irei amanhã mesmo à escola.

— Faça isso.

Glória, enxugando as lágrimas, disse:

— Também farei isso. Nunca me preocupei muito com as notas do Rodrigo, porque ele nunca foi um bom aluno. Sempre teve dificuldades para aprender. Suas notas nunca foram as melhores. Mas sempre conseguiu passar de ano. Só não estou entendendo o porquê de ele ter feito isso.

— Muitos são os motivos. O traficante sabe muito bem usá-los. Alguns jovens são curiosos, querem fazer parte do grupo e, muitas vezes, por timidez, não conseguem. Outros querem estar em evidência. A maioria é fruto da pobreza ou de lares desfeitos.

Álvaro, ao ouvir aquilo, disse:

— Meu filho não se enquadra em nenhum desses casos. Ele nunca me pareceu querer fazer parte de grupo algum, tem uma vida tranquila em relação a dinheiro, eu e minha esposa nos damos muito bem. Sempre acreditei que minha família fosse perfeita…

— E deve ser. Mas alguns jovens, nessa idade, não importando o sexo, sentem-se feios, desajeitados, e é quando o interesse pelo sexo oposto surge. Como eles não têm coragem de se aproximar da outra pessoa, entregam-se às drogas, que lhes dão uma falsa sensação de poder. Com elas, conseguem dizer e fazer o que estão desejando. Como podem ver, existe um vasto campo para ser explorado pelos traficantes.

Glória, insistindo em secar as lágrimas, falou:

— No meu caso, o Rodrigo se encaixa sim. Estou separada do seu pai há muito tempo. Desde então me dediquei ao trabalho para mantê-lo bem. Sou a culpada, pois não lhe dei a atenção devida. A única coisa com que sempre me preocupei foi em lhe dar uma boa vida. Meu único desejo era que estudasse, se formasse e tivesse uma boa profissão.

O delegado, com voz mansa, continuou:

— A senhora fez o que achava certo. Qual pai não quer isso para o filho? Por isso, não deve se culpar por nada. No momento, não importa quais foram as razões ou os motivos. O que precisamos fazer, agora, é tentar tirar esses garotos do vício.

Álvaro estava transtornado. Sentia como se estivesse vivendo um pesadelo. Ouvia a voz do delegado, mas não conseguia acreditar nem aceitar. Naquele momento, lembrou-se de Odete que, em casa, deveria estar ansiosa. Disse:

— Não sei o que a mãe dele vai sentir. Ela, assim como eu, nunca se preocupou com isso.

— Não notaram a mudança no comportamento dele?

— Sim, e até nos preocupamos, mas, após muito pensar, chegamos à conclusão de que era por causa da idade, da adolescência. Julgamos que passaria com o tempo. Nunca, jamais, poderíamos imaginar isso.

— O senhor tem que entender e ajudar seu filho, é disso que ele está precisando.

— Ajudar! Vou é lhe dar uma boa surra! Vou prendê-lo em casa, não irá sozinho para lugar algum!

— Isso não adiantará, e o entregará mais rápido de volta para a droga. Hoje, eles estão assustados, garanto-lhes que, neste momento, estão reavaliando o que a droga fez por eles e com eles. Estão com sentimento de culpa em relação aos senhores. Suas cabeças jovens estão pensando muito. É o momento de ajudá-los.

— Como?

— Existem, não muitas, mas existem boas clínicas que se dedicam ao trabalho de desintoxicação. Algumas vezes conseguem bons resultados. Tenho aqui vários endereços e telefones. Poderão escolher a que quiserem.

— Clínica? O senhor está me aconselhando a colocar o Arthur em uma delas? Meu filho em uma clínica? Não! Não pode ser!

— Por que não? É a única chance de ele se recuperar, e nem posso lhe garantir que conseguirá.

Álvaro parou por um instante. Tudo estava muito confuso, ele não sabia bem o que pensar ou fazer. Glória, agora com os olhos secos, interferiu:

— Eu estou disposta a fazer qualquer coisa para ajudar o meu filho, só que não tenho dinheiro, não imagino como conseguirei pagar uma clínica como essa…

— Existem algumas que não cobram nada, a maioria delas são mantidas por organizações religiosas.

— Que religião?

— Existem várias, não lembro agora, mas isso não é importante. O que interessa é o que eles podem fazer por seus filhos. As clínicas geralmente ficam em lugares afastados, onde é muito difícil ter contato com a droga. Lá, eles viverão ao ar livre, terão boa alimentação, saúde, além de ouvir falar de Deus, o que sempre faz bem.

Glória, nervosa e ansiosa, perguntou:

— Quando o senhor acha que seria melhor eu levar o Rodrigo?

— O ideal seria hoje mesmo, assim que saíssem daqui. A noite de hoje está sendo muito difícil para eles. A necessidade da droga se fará mais forte.

— Como devo fazer?

— Vou lhe dar um número. Ali no corredor tem um telefone público, pode ligar e falar com a pessoa que atender. Conte tudo o que aconteceu, diga que seu filho está aqui e que não tem dinheiro para pagar o tratamento. Eles lhe dirão como deve proceder.

— Não tenho ficha telefônica.

Ele tirou do bolso algumas fichas telefônicas e, ensaiando um sorriso, disse:

— Leve estas, não posso permitir que use o telefone da delegacia. Sabe como é? Contenção de despesas.

Ela agradecendo, pegou as fichas e saiu da sala em direção ao corredor. Álvaro, com o semblante preocupado, disse:

— Não posso fazer isso, preciso discutir o assunto com a minha esposa. Precisamos decidir para qual clínica o levaremos.

— Eu não aconselharia isso. Leve-o hoje para qualquer uma, depois terão tempo para escolher. Telefone para sua esposa. Conte a situação, ela entenderá.

— Não, não posso fazer isso, não estou conseguindo aceitar. Mesmo vendo-o nessa situação, ela não entenderá. Acredito ser melhor levá-lo para casa. Lá decidiremos e amanhã bem cedo iremos para uma clínica.

— O senhor é quem sabe. Leve este papel, nele há o endereço e o telefone de várias clínicas. Poderá ligar e escolher aquela que achar melhor, mas o ideal seria que os dois fossem internados em clínicas diferentes.

Álvaro pegou o papel e colocou-o no bolso. Glória entrou novamente na sala, devolveu ao delegado algumas fichas que sobraram.

— Conversei com um senhor, ele disse para eu levar o Rodrigo hoje mesmo, estará me esperando. Lá me dará os regulamentos que terei que cumprir. O senhor sabe quais são?

— Cada clínica tem seu próprio regulamento. Em geral, por um certo tempo, não permitem que os internos entrem em contato com a família ou alguém conhecido.

— Ficarei sem ver o Rodrigo?

— Acredito que sim, ele precisa ficar sozinho, longe de tudo que lhe lembre a droga.

— Mas eu não lhe lembro a droga!

— Lembra, sim. Ele tem muito sentimento de culpa em relação à senhora. Sabe quanto fez e espera dele.

— O senhor talvez tenha razão, sempre esperei muito dele. Sempre quis e acreditei que seria um doutor ou que teria uma boa profissão.

Álvaro ouvia e pensava:

Eu também sempre esperei muito do Arthur, esperei, não! Sempre acreditei que ele seria o melhor na profissão que escolhesse.

O delegado continuou:

— Sempre esperamos muito dos filhos, sempre acreditamos e desejamos que eles sejam os melhores. Quando isso não acontece, a nossa decepção é muito grande.

— O senhor tem razão.

— Infelizmente, mas o senhor irá mesmo levar o seu filho para casa?

— Sim, preciso conversar com a minha esposa, quero que ele esteja presente.

— Eu levarei o Rodrigo para a clínica.

— A senhora tem condução?

— Sim, tenho o meu carro.

— Sendo assim, só queria lhe dar mais um conselho. Daqui até a clínica, levará mais ou menos três horas na estrada. Não seria conveniente que fosse sozinha. Não tem alguém que possa acompanhá-la?

— Vou ligar para uma amiga, talvez ela venha.

— Faça isso, será melhor.

— Só que para isso precisarei novamente das fichas telefônicas.

Ele, sorrindo, lhe devolveu as fichas. Ela saiu. Voltou alguns minutos depois:

— Minha amiga está vindo para cá.

O delegado sorriu, dizendo para ambos:

— Só me resta fazer uma última coisa. Vou mandar trazê-los de volta. Só peço aos senhores que me deixem falar com eles e não interfiram.

Os dois concordaram com a cabeça. Em seguida, o delegado chamou o homem que havia telefonado para eles, pediu que trouxesse os meninos de volta. Ele saiu da sala e, logo depois, voltou, trazendo com ele os dois, que continuavam com as cabeças baixas.

O delegado, mudando completamente o tom de voz, com firmeza, disse:

— Bem, rapazinhos, agora seus pais já sabem de tudo, por isso não precisarão mais mentir. Vocês são dois garotos de sorte. Têm pais interessados, que estão dispostos a ajudá-los. Sei que cada um deles fará a sua parte, agora depende de vocês. Devem e precisam fazer as suas. Quero que levantem a cabeça e olhem nos meus olhos.

Eles obedeceram e, vagarosamente, levantaram a cabeça e olharam para o delegado, que continuou:

— Eles decidiram que farão todo o possível para ajudá-los. Para isso, serão enviados a uma clínica, onde receberão toda a assistência de que necessitam no momento.

Ao ouvir aquilo, Arthur estremeceu, mas continuou ouvindo o delegado, que continuou dizendo:

— Lá, terão a oportunidade de se livrar da droga e voltarão a ser como eram antes. Entenderam?

A única coisa que eles queriam, naquele momento, era sair dali. Concordaram com a cabeça.

— Pois bem, você, Rodrigo, vai sair daqui com a sua mãe e irá direto para uma clínica. Arthur, seu pai achou melhor que fossem até a sua casa conversar com sua mãe e só irá amanhã cedo. Está bem assim?

Novamente concordaram.

— Agora é o momento de escolherem o caminho que desejam seguir. Deus queira que escolham o melhor. Hoje estou deixando vocês irem embora, mas se retornarem novamente a esta delegacia, vou mandá-los para uma instituição que cuida de menores. Ficarão lá, até que façam dezoito anos.

Eles tornaram a baixar a cabeça. O delegado fez um sinal e os quatro saíram da sala. Assim que saíram, ele olhou para uma foto que havia em cima de sua mesa, era a foto de uma jovem de mais ou menos dezessete anos. Com os olhos molhados, pensou:

Tomara, minha filha, que eu esteja servindo de instrumento para ajudar esses dois rapazes, já que com você não consegui.

Do lado de fora da delegacia, os quatro despediram-se. Arthur e o pai entraram no carro. Glória, junto com Rodrigo, voltou para dentro, precisava esperar a amiga.

Arthur seguia calado e de cabeça baixa. Podia imaginar o que seu pai estava sentindo naquele momento. Queria dizer alguma coisa, mas não conseguiu. Seu coração batia acelerado. Sabia que iria encontrar sua mãe e que ela também ficaria triste e decepcionada. Pensava:

Vou mudar! Vou deixar a cocaína e não vou precisar de clínica alguma, tenho que fazer isso sozinho!

Álvaro estava triste, magoado e decepcionado demais para dizer qualquer coisa. Para ele, o mundo havia caído. Tentava descobrir onde havia errado.

Seu desespero era imenso. Intimamente se perguntava:

Por quê? Por que ele fez isso?

Álvaro dirigia o carro. Arthur percebeu que, pela primeira vez, o rádio estava desligado.

Assim, em silêncio, chegaram em casa.

Sentimento de culpa

Odete também estava nervosa e muito assustada, por isso, ao ouvir o barulho do carro estacionando na garagem, foi correndo para lá. Ao vê-los, disse, ansiosa:

— Ainda bem que chegaram! Não estava aguentando de tanta preocupação!

Entraram calados. Ela os seguiu. Já na sala, perguntou:

— Arthur! Que aconteceu? Por que estava na delegacia? Por que demoraram tanto?

Leandro acordou com o barulho do carro. Olhou para o relógio, estranhou que seu pai estivesse chegando àquela hora, saiu do seu quarto seguiu pelo corredor, até o alto da escada, exatamente no momento em que eles entraram. Ao ouvir a palavra delegacia, parou. Sentou no primeiro degrau da escada. Embora não fosse visto, podia, com tranquilidade, ouvir o que diziam.

Ao ver o rosto de desespero de sua esposa, Álvaro disse:

— Odete, sente-se, teremos uma longa conversa.

Ela estranhou ao ouvi-lo chamá-la pelo primeiro nome. Ele nunca fazia isso, a não ser quando estava nervoso ou se encontrava diante de um assunto muito grave. Bastante nervosa, sentou. Ele sentou ao seu lado. Olhou para Arthur dizendo:

— Você quer que eu conte ou prefere contar?

Arthur tremia muito, continuou de cabeça baixa. Não conseguia olhar para a mãe.

Álvaro, percebendo que ele não queria falar, seguiu:

— Ao chegar à delegacia, vi uma cena que nunca mais esquecerei.
— Que cena?
— Seu filho encostado no canto de uma sala e algemado.
— Algemado?! Como? Por quê?
— Por ter tentado furtar um carro.
— Furtar um carro?!
— Isso mesmo.
— Você deve estar delirando! Por que ele faria isso?
— Para poder comprar droga.

Ela levantou, não queria acreditar no que estava ouvindo, mas sabia que seu marido jamais inventaria um assunto como aquele. Gritou:

— Droga? Não! Não pode ser!

Começou a chorar. Álvaro levantou e a abraçou:

— Sinto muito, mas é verdade, seu filho está usando drogas!
— Que tipo de drogas?
— Não sei! Pergunte a ele!

Ela, desesperada, perguntou:

— Arthur, que tipo de droga?

Ele, sem levantar a cabeça, disse:

— Cocaína.
— Meu Deus! Por quê, Arthur? Por quê?

Ele não respondeu, apenas chorava.

Leandro continuava no alto da escada. Ao ouvir aquilo e ver o desespero dos pais, começou a chorar, mas não teve coragem para descer a escada. Continuou ali, quieto e parado.

Odete se livrou dos braços de Álvaro, foi para junto de Arthur. Com as mãos, levantou a sua cabeça. Fez que ele ficasse com os olhos diante dos dela:

— Meu filho, por quê? Por quê? O que estava faltando a você? Por que não nos pediu ajuda? Sei que o erro foi meu, deixei escapar alguma coisa, só não consigo imaginar o que seja. Que foi, meu filho? O que deixei de fazer?

Arthur só chorava, não conseguia nem sabia o que dizer. Ela continuou:

— Sempre me julguei uma boa mãe... sempre achei que estava agindo certo... meu Deus! E agora? Como vai ser?

Abraçou Arthur bem forte junto ao seu coração. Ficou assim por um longo tempo, sem dizer nada, apenas abraçando-o e chorando. Ele também, por sua vez, fazia o mesmo. Por detrás dos ombros de Arthur, olhou para o marido:

— Que faremos?

— Volte a se sentar.

Ela sentou. Ele disse:

— O delegado é um homem com muita experiência nesses casos. Disse que a melhor solução, será o internarmos em uma clínica para que seja desintoxicado.

— Acredita mesmo que seja o melhor?

— Não sei! Nunca imaginei que um dia isso acontecesse! Também não sei o que é melhor!

Depois de muito tempo calado, Arthur olhou para a mãe. Disse, chorando, em tom de súplica:

— Não, mamãe... por favor, não! Não quero ir para clínica alguma! Prometo que nunca mais vou usar cocaína ou qualquer outra droga. Voltarei a estudar, nadar e para o meu computador.

Antes que Odete dissesse qualquer coisa, Álvaro o interrompeu:

— O delegado disse para não confiarmos em nada do que ele dissesse, pois, para conseguir a droga, eles choram, mentem, enganam e até roubam.

Assim que terminou de dizer essa última palavra, Álvaro olhou em direção à cozinha. A imagem de Iracema surgiu em sua frente. Lembrou-se com exatidão de tudo que havia sucedido ali, naquela mesma sala. Levou como uma flechada no peito. Voltou-se para Arthur:

— Arthur, roubaram mesmo seu par de tênis? Foi a Iracema quem tirou o colar aqui de casa?

Ele sabia que agora não precisava esconder mais nada. O que temia, aconteceu, seus pais agora já sabiam de tudo. Com a cabeça baixa, respondeu:

— Não foi a Iracema quem tirou o colar, ninguém roubou meus tênis, eu os troquei por maconha...

Odete soltou uma exclamação:

— Meu Deus! Como pôde, Arthur? Você não sentiu pena dela?

— Desculpe, mamãe... sinto muito...

Leandro não resistiu mais, desceu a escada, correndo e gritando:

— Não disse que não tinha sido ela? Não disse? Arthur! Como teve coragem de deixar todos pensarem que tinha sido ela? Como teve coragem de deixar que o papai a levasse para a delegacia?

Odete abraçou o filho:

— Sempre teve razão, mas o Arthur precisa de nossa ajuda. Ele está doente. Amanhã, depois que o levarmos para a clínica, iremos juntos à favela onde Iracema mora e pediremos perdão, vamos ver se conseguimos fazer com que ela volte.

— Vai fazer isso mesmo?

— Vou, sim...

— Posso ir junto?

— Claro que pode.

Álvaro permaneceu calado. De repente, deu um soco em sua própria cabeça, dizendo:

— Como fui estúpido! E o filho dela? Um rapaz esforçado, estudioso e trabalhador! Que terá sido feito dele?

— Não adianta ficar assim, amanhã resolveremos isso. Pediremos perdão e, se ele ainda quiser, poderá fazer com que volte para o escritório.

— Agora, não há nada mesmo que eu possa fazer. Você tem razão, amanhã faremos isso. Agora, você, Arthur, vá para o seu quarto, prepare uma maleta com algumas roupas, deixe tudo pronto. Amanhã terá a oportunidade de recomeçar. Logo cedo, telefonarei para todas as clínicas que o delegado indicou. Escolherei aquela que seja a melhor. Pode subir.

Arthur tentou abraçá-lo, mas ele não permitiu. Sua mãe o beijou, Leandro não quis olhar para ele. Lentamente, subiu, entrou em seu quarto.

Foi ao banheiro, tomou um banho. Não conseguia parar de chorar. Voltou para o quarto, deitou de costas, como sempre fazia. Começou a relembrar-se de tudo, desde o começo. Da festa, da Mariana, de tudo que havia feito por causa da droga. Do desespero de Iracema dizendo que não havia sido ela. Do rosto de seu pai, quando o encontrou na delegacia. Da atitude de sua mãe, quando tomou conhecimento. Do olhar de ódio que Leandro lhe desferiu. As imagens iam passando e ele chorava cada vez mais. Decidiu:

Nunca mais usarei droga, haja o que houver. Talvez eu consiga mesmo ser curado nessa clínica. Por que não? Pode ser a solução!

Aos poucos, foi se acalmando, adormeceu.

Enquanto isso, na sala, Álvaro conversava com Leandro:

— Sei, meu filho, que está muito triste, tentou nos avisar sobre a Iracema, mas como vê, jamais poderia ter imaginado que seu irmão estivesse envolvido nisso.

Ele chorava muito, enquanto dizia:

— Sei disso, mas eu disse que ela não tinha feito aquilo.

Odete o abraçou:

— Sabemos disso e estamos lhe pedindo perdão. Já lhe disse que amanhã iremos procurá-la e, se Deus quiser, a traremos de volta. Não vai ser difícil resolver esse problema. O problema maior que temos é com o Arthur. Tomara que consigamos ajudá-lo a se curar. Agora, vá para seu quarto e tente dormir. Amanhã, teremos um longo dia, com muitos problemas para resolver. Dê um beijo em seu pai e boa noite.

Ele se aproximou do pai, beijou seu rosto:

— Boa noite, papai.

— Boa noite, meu filho. Durma bem.

Olhou para a mãe, sorriu e subiu a escada. Passou pelo quarto de Arthur, a porta estava aberta, mas não quis entrar, estava muito magoado. Não entendia a extensão de tudo o que estava acontecendo. Só de uma coisa tinha certeza, pensava:

Jamais lhe perdoarei! Ele não podia ter feito aquilo com a Iracema...

Na sala, Odete se levantou e foi em direção à cozinha. Preparou um chá e, em seguida, voltou para a sala trazendo em uma bandeja duas xícaras, um pequeno bule e um açucareiro. Colocou a bandeja em cima da mesa de centro, vagarosamente colocou o chá dentro das xícaras, adoçou e ofereceu ao marido. Pegou a dela e sentou-se ao lado dele. Ele começou a beber, mas ela notou que seus olhos estavam perdidos no espaço. Perguntou:

— Em que está pensando?

— Na minha infância, em minha mãe viúva, trabalhando como lavadeira para nos sustentar. Na revolta que eu sentia por viver naquela pobreza. No que eu dizia todas as noites antes de dormir.

— O que você dizia?

— Não lembro com exatidão as palavras, mas era mais ou menos assim:

Deus! Se é que existe mesmo, faça com que eu ganhe muito dinheiro para poder ajudar minha mãe, dar todo o conforto que ela merece e aos meus irmãos também. Quando eu for grande e tiver meus filhos, nunca permita que eles sintam falta de nada...

— Você conseguiu tudo isso. Sua mãe hoje mora em uma casa que você comprou para ela e tem uma vida tranquila. Quanto aos seus filhos, eles sempre tiveram tudo o que desejaram, nunca lhes faltou nada! Você é um vencedor!

— Também acreditava nisso, até esta noite. Consegui mesmo tudo o que havia desejado, só que, em algum momento do caminho, eu me perdi. Estou agora tentando descobrir que momento foi esse.

Ela, segurando sua mão, respondeu:

— Não deve se torturar... você sempre foi e é um bom pai e um marido maravilhoso. Se existe algum culpado nessa história, sou eu. Eu, sim, não devo ter dado a ele a atenção necessária. Devo ter deixado escapar alguma coisa. Talvez por ele ter sido sempre um bom menino, julguei que não havia problema algum.

— Não sei qual de nós é o culpado, mas tentaremos descobrir.

Ela levantou, deu um beijo em seu rosto, dizendo:

— Só não vai ser agora. Já está tarde, vamos nos deitar e tentar dormir. Sinto que nem tudo está perdido, conseguiremos trazer o nosso filho de volta.

Ele também se levantou, retribuiu o beijo, a abraçou, subiram a escada.

Ao passarem pelo quarto de Arthur, ela percebeu que sua porta estava apenas encostada. Abriu devagar, viu que ele estava deitado e com os olhos fixos no teto. Segurando a mão do marido, entrou. Ele a acompanhou. Ela se dirigiu até a cama de Arthur, ajoelhou, disse:

— Arthur... sei que também não está sendo fácil para você. Eu e seu pai conversamos e chegamos à conclusão de que em algum momento nós falhamos.

Ele, chorando, disse:

— Não! Não falharam! São os pais mais maravilhosos deste mundo!

— Falhamos, sim, se assim não fosse, você teria nos contado qual era o problema...

— Por serem maravilhosos, foi que não tive coragem de contar! Não queria que soubessem nunca! Não queria ver em seus rostos o que estou vendo agora! Decepção e tristeza.

— Você devia ter nos contado, mas agora já passou. Você é nosso filho e o amamos muito. Amanhã irá para a clínica, lá eles tirarão toda a droga que está em seu corpo e você não sentirá mais falta dela. Voltará a ser o filho que sempre foi, de quem nos orgulhamos muito.

— A senhora acha mesmo que vou me curar?

— Claro que sim. Agora, não se preocupe, trate de dormir.

Álvaro não disse nada, apenas se aproximou e o beijou.

Arthur sentiu um alívio profundo. Sorriu. Pai e mãe saíram abraçados do quarto.

Momento de escolha

Assim que seus pais saíram do quarto, Arthur levantou e foi para o banheiro.

Novamente olhou no espelho. As olheiras continuavam grandes, seus olhos estavam vermelhos e inchados, agora, não era só por causa da droga, mas também pelo muito que havia chorado. Olhando no espelho, pensou:

Eles são realmente os melhores pais do mundo. Por que não confiei neles? Mas depois de tudo que passei esta noite e de ver o sofrimento em seus rostos, nunca mais usarei cocaína ou qualquer outra droga. Irei para a clínica, sei que não será fácil, mas conseguirei!

Voltou para o quarto e novamente se deitou. Devido às emoções do dia, e a tanto que chorou, adormeceu em seguida. Acordou no meio da noite. Olhou para o relógio, faltavam vinte minutos para as três horas da manhã. Estava suando.

Levantou, sentiu um leve tremor, voltou a se deitar após alguns segundos, percebeu que não restava dúvida. Desesperado, pensou:

Estou novamente precisando da droga! Não! Não vou usar! Vou acordar meus pais e pedir ajuda!

Abriu a porta, uma luz fraca iluminava o corredor que levava aos quartos. Dirigiu-se ao quarto dos pais. Ia bater à porta, parou com a mão quase tocando nela:

Não! Não posso fazer isso! Eles estão dormindo! Não é justo acordá-los!

Voltou para seu quarto. Lá dentro, entrou e saiu do banheiro várias vezes. O tremor aumentava a cada segundo. A vontade da droga foi se tornando insuportável. Entrou novamente no banheiro.

Não sabia quantas vezes já havia feito esse percurso. Em uma das vezes, ao sair do banheiro, olhou para a mesa do computador e para sua gaveta. Não pensou muito, abriu-a.

Aqui está o que preciso.

Pegou um dos pacotinhos, esparramou o seu conteúdo em cima da capa de um livro, tapou um lado do nariz e com o outro inspirou. O efeito foi quase imediato. Sentiu aquele bem-estar tão seu conhecido. Em poucos minutos, já era outro. Feliz, pensou:

Definitivamente, eu gosto desta sensação. Não quero ficar sem a droga, ela só me faz bem. Não posso ir para clínica alguma, não vai adiantar. Mas também não posso continuar aqui em casa, meus pais não aceitarão, vão levar para lá.

Olhou para o armário, abriu a porta, tirou uma calça, uma camisa e uma jaqueta. Pegou os pacotinhos que estavam na gaveta, colocou no bolso da jaqueta, abriu a porta bem devagar. Estava tudo em silêncio. Seus pais e Leandro dormiam. Na ponta dos pés, saiu do quarto e desceu a escada. Logo estava na porta da sala. Abriu e saiu.

A noite estava escura, apenas iluminada pela luz dos postes de eletricidade. Ele saiu caminhando sem destino. Andou muito, não se preocupando para onde ir. Quando se deu conta, estava em frente à casa de Rodrigo. Ela estava toda escura. O carro da mãe dele não estava ali.

Ela ainda não voltou. Para qual clínica o terá levado?

Sem saber o que fazer ou para onde ir, continuou andando. Só de uma coisa ele tinha certeza:

Nunca mais voltarei para casa! Não quero ir para clínica.

Continuou andando. O dia estava clareando quando chegou à favela onde Jiló morava. Enquanto entrava por uma viela, algumas pessoas passaram por ele. Imaginou que elas estivessem se dirigindo ao trabalho. Lembrou-se de quando Iracema disse:

Não, dotô, na favela não tem só bandido, não! Tem muito trabaiadô!

Imediatamente, ele lembrou-se do dia em que, chorando, ela jurava ser inocente. Lembrou-se também de seu pai a empurrando e a levando para a delegacia. Uma lágrima quis se formar, mas ele a enxugou:

Isso agora será resolvido. Hoje mesmo meus pais deverão ir até a casa dela para esclarecer tudo.

Chegou, finalmente, à porta do barraco de Jiló. Ia bater quando se lembrou da última vez em que o acordou. Resolveu esperar até que ele acordasse. Sentou no chão, encostou a cabeça na parede do barraco. Ali sentado, lembrou-se do olhar de Leandro, quando tomou conhecimento de que havia sido ele quem havia roubado o colar e permitido que Iracema levasse a culpa:

Ele estava com muito ódio, acho que nunca mais me perdoará.

Ficou ali sentado e pensando, não sabia por quanto tempo. A porta do barraco se abriu. Jiló saiu. Ao ver Arthur ali sentado, admirou-se:

— Que está fazendo aqui a esta hora? Sei que tem muita *coca*!

Ao ver Jiló, ele se levantou, respondendo:

— Não estou aqui por causa da coca. Fugi de casa.

— O quê?

— É isso que lhe disse, fugi de casa!

Jiló, com as mãos, esfregou os olhos.

— Acho que ainda estou dormindo. O que você disse?

— Fugi de casa.

— Por quê? Está louco?

— Meus pais descobriram tudo e querem me levar para uma clínica, não quero ir.

Jiló ficou pensando por um tempo. Depois, disse:

— Conte, com calma, o que aconteceu.

Arthur contou tudo, como haviam sido presos, dos rostos de seu pai e da mãe de Rodrigo quando os viram na delegacia. Após terminar, Jiló ficou pensando mais um pouco:

— E Rodrigo? Onde está?

— Não sei, a mãe dele ia levá-lo direto para uma clínica.

— Foi mesmo?

— Foi.

— E agora? O que pretende fazer?

— Não sei, estou aqui para ver se você me ajuda ou me dá alguma ideia. Não sei o que fazer!

— Pensa que eu sei?

— Preciso de ajuda!

— A rua é bem grande! Tem bastante espaço!

— Não posso ir para a rua!

— Volte pra sua casa!

— Eles vão me internar!

— É, "mano", é sua hora de escolher... não posso fazer nada...

Entrou no barraco e fechou a porta. Arthur ficou ali olhando, sem saber o que fazer. Lágrimas começaram a correr de seus olhos:

Eu devia imaginar que ele faria isso. Nunca foi meu amigo, eu era simplesmente um freguês. O que preciso fazer é voltar para minha casa. Não há outro caminho.

Estava ali, ainda sentado, quando um rapaz se aproximou. Ele viu Arthur, mas não tomou conhecimento. Bateu à porta do barraco. Ela não se abriu. Ele insistiu e chamou por Jiló, só então ele atendeu:

— Careca! Ah! É você? Entre aqui.

Afastou-se para que o rapaz pudesse entrar. Olhou em direção a Arthur e não disse nada. Assim que entrou atrás do rapaz, fechou a porta. Arthur ficou pensando:

Deve ser mais um freguês que veio em busca da mercadoria.

Mas não era disso que se tratava. Assim que entraram, o rapaz desabotoou a camisa, de dentro dela tirou um pacote grande e entregou-o para Jiló, que disse:

— Trouxe uma boa quantidade, mas sabe que não é o suficiente. Minha freguesia cresce dia a dia.

— Sei disso, mas foi só isso que mandaram. Onde está o dinheiro?

Jiló tirou uma tábua do chão, fazendo aparecer um buraco, e de dentro dele tirou um pacote, abriu e surgiram algumas notas. Entregou-as para o rapaz, dizendo:

— Aqui está tudo o que consegui. Assim que entregar esta mercadoria, terei mais dinheiro, por isso pode voltar daqui a dois dias e trazer mais.

O rapaz contou o dinheiro, embrulhou-o, colocou-o por dentro da camisa e saiu. Lá fora, olhou para Arthur, dizendo:

— Você também veio comprar?

Desesperado, Arthur respondeu:

— Não, estou com um problema, vim pedir ajuda para o Jiló.

O rapaz começou a rir:

— Ajuda? Acreditou mesmo que aqui encontraria ajuda?

— Não tenho mais ninguém a quem recorrer.

— O que lhe aconteceu?

Ele ia responder, quando Jiló retornou e, com raiva, disse para Arthur:

— Você ainda está aqui? Já não disse que não posso ajudá-lo?

Ao ouvir aquilo, o rapaz disse:

— Parece que você está em apuros e sem rumo.

— É isso mesmo, não sei o que fazer...

— Se quiser, pode vir comigo, talvez eu possa ajudar.

Arthur levantou-se e, agradecendo, o acompanhou. Durante o caminho, foi contando tudo o que havia lhe acontecido. Após ouvir, o rapaz disse:

— Estou nessa vida há muito tempo, várias vezes quis sair, mas nunca consegui. Está vendo este pacote que está aqui por baixo da minha camisa?

Arthur não viu o que era, mas percebeu que o volume era bem grande. Perguntou:

— O que é isso?

— Entreguei uma "mercadoria" para o Jiló, ele pagou.

— Você é um traficante?

— Não! Sou apenas um entregador, nada mais. Quem vende para os malacas é o Jiló.

— Malacas?

O rapaz começou a rir:

— Pelo jeito você não entende gíria! Malaca é gente igual a você e eu, viciado.

— O que faz é o mesmo que traficar.

— Prefiro não pensar assim, prefiro pensar que sou apenas um entregador.

— Por que faz isso?

— Cheguei a um ponto em que não me restou mais nada para fazer. Já estou acostumado.

— Não quero fazer isso!

— Então, meu amigo, a melhor coisa que tem a fazer é voltar para casa. Os meus pais são pobres, nunca me pagariam uma clínica, mas você disse que os seus querem levá-lo. Talvez seja a única solução para se livrar. Isso aqui não é vida, não. A qualquer momento a gente morre. Se não for a polícia, vai ser outro traficante. Eu não tenho mais futuro, mas você tem ainda uma chance.

Arthur só escutava. Chegaram a outra favela. Ele acompanhou o rapaz até um barraco. Entraram:

— Aqui é o meu mocó.

Arthur ficou olhando. E o rapaz começou a rir:

— Esqueci que você não está acostumado com algumas palavras! Logo aprenderá. Entra e senta aí.

Arthur olhou à sua volta, nunca havia visto um lugar igual àquele. O chão era de terra. Não havia quase nada lá dentro, só uma cama de solteiro que parecia não ter colchão, uma mesa, uma cadeira quebrada e um fogão, mais nada. Em cima da mesa, uma panela com arroz queimado. Muita sujeira.

O rapaz percebeu que ele estava olhando. Disse:

— Está vendo onde eu moro? Se continuar nessa vida, vai acabar morando assim. Meu nome é Careca, e o seu como é?

Arthur começou a rir:

— Meu nome é Arthur. Careca? Isso não é nome de gente!

— De gente, não, mas de quem vive nessa vida, sim! Se fosse você, já ia pensando em um nome de guerra para usar quando for traficante.

— Nunca vou ser um traficante!

— Vai, sim, se continuar nessa vida, vai! Ora, se vai!

— Por que não me diz o seu nome verdadeiro?

— Porque se os *zómi* te pegar, você não vai poder me entregar.

— Os *zómi*? Que é isso?

Ele, novamente, começou a rir:

— Esqueci que você não conhece algumas palavras. Estou falando da polícia.

— Mas eu nunca o entregaria!

— Isso você diz agora, mas quando estiver nas mãos deles nem vai se lembrar disso que está dizendo. Quer comer um pouco desse arroz? A gente pode fritar uns *zóio*. Antes que pergunte o que é isso, vou dizer: é ovo.

Arthur olhou novamente para a panela. Disse:

— Não, obrigado, não estou com fome.

— Mas eu estou.

Com uma colher, ele tirou o arroz queimado, colocou em uma panela, levou ao fogão para esquentar. Enquanto esquentava, em outra panela, ele fritou dois ovos. Arthur ficou olhando-o comer. Imaginou como uma pessoa podia comer aquilo. Lembrou-se da comida que havia em sua casa, principalmente daquela que Iracema cozinhava. Ficou pensativo.

Quando Careca terminou de comer, disse:

— Resolveu o que vai fazer da vida?

— Acho que sim. A melhor coisa é voltar para casa e tentar me livrar. Só estou pensando.

— No quê?

— Você não ganha dinheiro com o seu trabalho?

— Claro que ganho, mas, com o passar do tempo, a gente vai precisando de mais droga e de mais dinheiro para pagar. Todo dinheiro que ganho fica por contra da droga que uso. Também acho que deve voltar para casa. Esta vida não vale a pena, não.

— É isso mesmo que vou fazer. Tchau.

Careca, com um sorriso aliviado, disse:

— Tchau e tenha boa sorte.

Arthur seguiu o caminho que o levaria de volta para casa.

Enquanto caminhava pela favela, ia prestando atenção em tudo. As vielas eram estreitas, alguns barracos estavam com as portas abertas. Ele pôde notar que em quase todos existia a mesma pobreza que no do Careca. Crianças mal vestidas brincavam. Lembrou-se do professor de Ciências quando, naquele dia, disse:

Tem muita pobreza neste país! Muitas pessoas não têm o que comer.

Arthur ia olhando e pensando:

Ele tinha razão, mas por que existe tanta pobreza neste mundo?

Chegou, finalmente, ao fim da favela. Já na rua, caminhou decidido em direção à sua casa.

Seus pensamentos estavam confusos. Realmente, aquela era a única solução para tentar retornar à vida anterior às drogas, mas, no íntimo, sabia que jamais voltaria a ser o mesmo de antes. Viveu, conheceu sensações e coisas diferentes, antes nunca vividas.

Era verão, embora ainda fosse cedo, o sol já estava quente. Ele continuou andando. Chegou à rua em que morava. De longe, podia ver a sua casa. Viu quando o carro de seu pai se aproximou e entrou na garagem. Os dois carros de seus pais estavam na garagem:

Papai! De onde ele estará vindo? Ele não foi trabalhar hoje? Se eu for até em casa, o que vou dizer? Eles não acreditarão em nada do que eu disser. Eu já os fiz sofrer muito. Não! Não posso entrar! Não sei o que dizer!

Voltou-se e, correndo, tomou o caminho contrário ao da sua casa. Correu muito. Chegou à praça muito cansado, já quase sem conseguir respirar. Sentou em um banco. Embora soubesse que, se entrasse em casa, os pais o receberiam bem, pois sabia que eles o amavam, definitivamente, não queria ir para a clínica.

Colocou a mão no bolso, tirou um pacotinho. Ali não havia uma maneira para que pudesse inspirá-lo. Olhou no chão, viu uma folha de jornal. Pegou, rasgou um pedaço, enrolou como se fosse um funil, colocou o pó dentro e cuidadosamente o inspirou. Em poucos minutos, estava bem novamente;

Não irei para clínica alguma!

Levantou e continuou andando sem rumo.

Assim que Arthur saiu, Careca ficou olhando à sua volta. Percebeu a pobreza enorme em que vivia. Lembrou-se de como havia começado naquela vida.

Eu ainda não tinha quatorze anos quando meu pai abandonou a nossa casa. Minha mãe ficou sozinha com quatro filhos, eu fiquei desesperado sem saber o que fazer. Era o mais velho dos irmãos. Poderia ter tentado encontrar um trabalho, mas o meu amigo Créo me ofereceu um emprego em que eu poderia ganhar muito mais. O trabalho era fácil, só tinha que entregar uma mercadoria para alguém. Lembro que ele disse:

— *O dinheiro que vai ganhar é muitas vezes mais do que vai ganhar trabalhando. Você sabe que não tem uma profissão nem estudo.*

Logo nas primeiras entregas, pude ver que ele dissera a verdade. Ganhei muito dinheiro, tanto que nunca em minha vida eu tinha visto igual. Fiquei encantado com tanto dinheiro e com tão pouco trabalho. Só tinha que entregar um pacote, pegar o dinheiro e levar para seu

Romeu, nada mais. Ia tudo bem, eu levava dinheiro para casa, minha mãe nunca desconfiou do trabalho que eu fazia, ficava contente quando eu lhe dava dinheiro para ir à feira. Nunca perguntou onde eu conseguia. Durante uns seis meses eu trabalhei sem problema, até que, um dia, o Créo me deu o primeiro "baseado". Fiquei empolgado com a sensação que ele me deu. Depois do primeiro, veio outro e mais outro, até que cheirei pela primeira vez a coca. Aí, sim, foi que vi o que me tornava com ela. Poderia ser o que quisesse, nada me importava e nada era impossível para eu fazer. Logo fui notando que, para ter aquele prazer, precisava de dinheiro, muito dinheiro. Hoje, estou aqui, vivendo desse jeito... sempre coloquei a culpa na pobreza, mas e o Arthur? Por tudo que me contou, é um menino rico! Tem uma família perfeita! Por que entrou nessa? Não sei, não sei mesmo.

Foi em direção a uma gaveta, tirou uma seringa, aqueceu um pó e se aplicou. Em seguida, começou a rir muito, saiu para a rua.

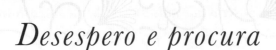

Desespero e procura

Naquela manhã, Odete abriu os olhos. Não havia dormido bem, acordou e voltou a dormir várias vezes. Seu coração estava apertado, sentia uma pressão sobre o peito que lhe causava dificuldade para respirar. Várias vezes foi obrigada a respirar profundamente. Percebeu que Álvaro também não conseguiu dormir bem. Olhou para ele, que estava deitado ao seu lado. Agora ele dormia profundamente. Sorriu, enquanto pensava:

Preciso levantar, vou preparar o café, depois os chamarei. Hoje, teremos um longo dia. Após levarmos o Arthur para a clínica, iremos em busca da Iracema. Na gaveta do escritório deve ter o seu endereço. Tomara que consigamos obter o seu perdão.

Ficou ali deitada por mais um tempo, pensando em tudo o que havia acontecido na noite anterior e tentando encontrar o momento em que havia se descuidado de Arthur. Em seu pensamento, só havia uma certeza:

Eu falhei como mãe! Sou a culpada de ele estar nessa situação, mas farei tudo para me redimir. Eu o trarei de volta!

Levantou, em silêncio saiu do quarto, não queria que Álvaro acordasse. Ao passar pelo corredor, viu que as portas dos quartos de Arthur e Leandro estavam fechadas. Sorriu e foi para a cozinha.

Preparou o café e a mesa para servi-lo.

Antes de chamar o Álvaro, irei até o quarto do Arthur para como está. Conversarei a respeito da clínica, percebi que está muito assustado.

Foi para o quarto de Arthur, abriu a porta e entrou bem devagar. Assim que olhou para a cama, levou um susto. Olhou para a porta do banheiro, ela estava fechada. Sorriu e bateu à porta:

— Arthur! Você está aí?

Bateu e chamou por ele duas vezes. Não obtendo resposta, abriu a porta e entrou. Ficou desesperada ao ver que ele não estava ali, foi correndo em direção ao seu quarto:

— Álvaro, acorde! O Arthur não está em casa!

Álvaro abriu os olhos e, num pulo, sentou na cama:

— Como não está em casa? Onde ele está?

— Não sei! Fui até seu quarto, e ele não está lá!

Ele levantou, foi em direção ao quarto de Arthur, olhou tudo, até o banheiro.

— Ele não está mesmo! Para onde terá ido?

Odete olhou para a mesa do computador, lembrou-se dos pacotinhos que havia visto e para os quais não havia dado atenção. Correndo, abriu a gaveta. Eles não estavam mais lá. Começou a chorar:

— Sou mesmo uma idiota!

— Por que está dizendo isso?

— Ontem, quando vim procurar a agenda de telefone, vi aqui, nesta gaveta, alguns pacotinhos com um pó branco, devia ser a droga, mas eu não sabia! Nunca vi droga em toda a minha vida! Não estão mais aqui! Ele levou!

Álvaro desesperou-se:

— Eu deveria ter dado ouvidos ao delegado! Ele tentou me alertar! Disse que o Arthur deveria ser levado para uma clínica, assim que saíssemos da delegacia, que não deveria voltar para casa! Mas eu não quis! Queria que você tomasse conhecimento de tudo, e que pudéssemos escolher a melhor clínica para levá-lo!

— E agora? Que faremos?

— Não sei! Não sei! Onde ele estará?

Odete sentou na cama e começou chorar, agora com desespero. Ao vê-la daquela maneira, Álvaro se recompôs:

— Não fique assim... não vai adiantar nos desesperarmos... o melhor que temos para fazer... é irmos lá para baixo e pensarmos em uma maneira de encontrá-lo.

Levantou-a pelos braços. Assim que ela se pôs de pé, deu-lhe um abraço muito forte, dizendo:

— Precisamos nos acalmar, a nossa vida está se desmoronando, mas eu amo você... e amo nossos filhos... sei que sou amado por vocês... encontraremos uma maneira para ajudar nosso filho... e nos ajudar também...

Seus corações, que até aquele momento batiam descompassados, aos poucos, foram voltando ao ritmo normal. Ela parou de chorar. Afastou o seu rosto do dele, disse com voz firme:

— Tem razão. Chorar não vai resolver nada. O que pretende fazer?

— Ligar para a delegacia e comunicar que ele desapareceu.

— É isso mesmo! Boa ideia.

Desceram abraçados. Assim que chegaram à sala, ele pegou imediatamente o telefone, ela ficou ao seu lado. Ele, com o telefone na mão, disse:

— Não sei o número da delegacia!

Embora nervosa, ela deu um sorriso. Abriu uma gaveta e pegou a lista telefônica. Ansioso, ele foi virando as páginas, até encontrar o número que procurava:

— Encontrei! Está aqui!

Discou o número, uma pessoa atendeu. Ele comunicou o desaparecimento de Arthur. A pessoa disse:

— O senhor precisa vir até aqui na delegacia, de preferência traga uma foto do desaparecido.

— Está bem, irei agora mesmo.

Assim que ele colocou o telefone de volta ao gancho, olhou para ela:

— Preciso ir até a delegacia.

— Também irei!

— Não pode... precisa ficar com o Leandro. Fique calma, irei e voltarei o mais depressa possível. Preciso levar uma foto do Arthur.

Ela não discutiu, sabia que ele tinha razão, Leandro não poderia ficar sozinho em casa. Afastou-se, foi a seu quarto, pegou uma foto de Arthur que estava em um porta-retratos. Voltou com ela na mão:

— Está aqui, é bem recente. Ele está lindo...

— Irei agora mesmo.

Com a foto nas mãos, ele foi saindo. Ela disse:

— Vai sair vestido com esse pijama?

Ele se olhou, um pouco sem graça, subiu e foi trocar de roupa. Voltou em seguida, deu-lhe um beijo no rosto e saiu.

Assim que ele saiu, Odete, novamente, começou a chorar. Seu pensamento estava atormentado:

Eu sou a culpada... não fui uma boa mãe... se assim não fosse, ele teria confiado e me contado os seus problemas. Ele deve ter um problema, mas qual?

Ficou ali chorando, andando de um lado para outro.

Leandro acordou, levantou e foi para a sala. Estava com fome, queria tomar café. Assim que chegou, encontrou a mãe chorando. Assustado, perguntou:

— Mamãe! Que aconteceu? Por que está chorando?

Ela o abraçou e contou tudo. Leandro, que já estava com raiva de Arthur por ter mentido em relação à Iracema, ficou mais bravo ainda:

— Ele não pode fazer isso! Por que está fazendo essas coisas? Mentindo, roubando, fazendo a senhora e o papai ficarem nervosos! Estou sentindo um ódio muito grande por ele!

— Não diga isso, meu filho... ele está doente... precisa da nossa ajuda. Venha tomar o seu café.

Ele sentou e ela o serviu. Após tomar o café, sentou ao lado dela em um sofá. Percebendo que ela estava nervosa, abraçou-se a ela e ficou quieto, sem dizer ou fazer nada. Ela parou de chorar, mas ficou com o olhar distante, relembrando o passado, desde o dia em que Arthur nasceu e em como eram felizes.

Após algum tempo, Leandro ligou o televisor e ficou vendo desenhos. Ela foi para a cozinha, ficou mexendo aqui e ali.

Estava andando de um lado para outro, quando ouviu o barulho do carro de Álvaro entrando na garagem. Correu para fora. Leandro continuou assistindo à televisão. Não estava preocupado, mas sim com muita raiva.

Ela chegou à garagem no momento em que Álvaro descia do carro:

— Então, Álvaro? O que eles disseram?

Ele a abraçou e a conduziu de volta para dentro da casa. Ao entrar, viu Leandro, que continuava na mesma posição. Este levantou e correu para o pai, que abriu os braços e o abraçou forte:

— Tudo bem, meu filho?

Com lágrimas, ele respondeu:

— Tudo bem.

— Isso mesmo! Está tudo bem e ainda ficará melhor! Tenha certeza disso!

Leandro se soltou de seus braços e voltou seus olhos para a televisão. Álvaro fez um sinal para Odete e subiu a escada. Ela o acompanhou. Assim que chegaram ao quarto, ansiosa, ela perguntou:

— Que eles disseram?

— Que é preciso esperar quarenta e oito horas para começar a busca.

— Quarenta e oito horas? Mas é muito tempo!

— Também disse isso, mas me foi dito que esse é o regulamento.

— E agora? Que faremos? Era o mesmo delegado de ontem?

— Não, era outro, mas foi também muito atencioso. Contei tudo o que havia acontecido. Ele se mostrou condoído. Disse que a droga está realmente destruindo uma boa parte da juventude, e que a polícia se sente impotente para lutar contra o tráfico. Deixei a foto do Arthur, após passar as quarenta e oito horas, ela será colocada em todos os lugares estratégicos e, principalmente, em todas as delegacias.

— Nas delegacias? Por quê?

— O delegado disse que, de acordo com a sua prática, Arthur logo aparecerá. Voltará para casa ou será preso novamente.

— Preso?! Não pode ser! Por quê?

— Contei a ele sobre os pacotinhos que você viu. Ele disse que assim que eles terminarem, Arthur fará qualquer coisa para conseguir mais, por isso, com certeza, tentará furtar novamente.

Ela, agora, chorava, desesperada:

— Não! Por favor, diga que isso não é verdade!

— Sinto muito, meu bem, mas foi isso que o delegado disse. Tomara que seja logo, pois assim o encontraremos e o levaremos para a clínica.

— Não sei se devemos fazer isso... ele pareceu muito assustado com essa ideia...

— Também notei, mas é o único caminho. Precisamos esperar, é o melhor que pode ser feito no momento...

Ela se abraçou a ele e ficou chorando baixinho. Estavam assim, quando Leandro entrou no quarto. Da porta viu os pais abraçados e sua mãe chorando. Aquilo fez que ele sentisse mais raiva de Arthur. Sua mãe, ao vê-lo, enxugou as lágrimas, caminhou em sua direção:

— Leandro, está precisando de alguma coisa?

— Estou querendo saber quando iremos à casa da Iracema.

Ela olhou para Álvaro. Ele também foi em direção a Leandro:

— Hoje não poderemos ir. Precisamos ficar aqui e esperar por Arthur.

— Ele não vai voltar! A Iracema deve estar muito triste! Ela não merece!

— Olhe, meu filho, sei que está triste e revoltado, sei que o Arthur errou muito, mas ele ainda é seu irmão e nosso filho. Hoje, ficaremos aqui em casa, você irá para a escola como sempre, e amanhã é sábado. Prometo que, logo pela manhã, iremos procurar a Iracema. Está bem assim?

Ele balançou a cabeça, dizendo que sim. A mãe o abraçou e lhe deu um beijo na testa, ele saiu do quarto. Ela se voltou para o marido:

— Ele está muito triste, precisamos lhe dar muita atenção.

— Sim, além do mais, precisamos mesmo procurar a Iracema e pedir seu perdão.

Ela sorriu tristemente e, abraçados, saíram do quarto.

Ao chegarem à sala, Álvaro olhou para Leandro, que continuava ali deitado no sofá, com os olhos fixos na televisão. Não fez qualquer movimento quando viu os pais entrarem. Odete sentia que o filho estava precisando dela, mas ela própria também estava precisando de consolo e conforto, não sabia mais o que dizer ou fazer. Caminhou em direção à cozinha. Aquele local havia se tornado o seu refúgio. Após alguns minutos, Álvaro entrou na cozinha:

— Odete, preciso ir até o escritório. Tenho hoje que representar um cliente perante o juiz e agora está muito tarde para que a audiência seja desmarcada.

— Estava aqui pensando... não estou em condições de dar aula, ligarei para a escola, pedirei para hoje ser substituída. Ficarei esperando por Arthur, sei que ele voltará. Pode ir para o escritório tranquilo.

— E o Leandro? Não irá hoje para a escola?

— Sim, vou levá-lo e voltarei em seguida.

Ele saiu da cozinha e se dirigiu ao seu quarto para se vestir e poder sair. Ela continuou ali, preparando algo para o almoço. Seus pensamentos estavam confusos, não acreditava que tudo aquilo estivesse acontecendo. Pensava:

Desde que tudo foi descoberto, o Álvaro só me chama pelo meu nome. Isso demonstra quanto está preocupado. Como a nossa vida pode mudar tão de repente? Ontem mesmo éramos uma família feliz... a tranquilidade reinava aqui... e agora? Como será que conseguiremos viver? Arthur, meu filho! Onde você está?*

Novamente sem que conseguisse evitar, as lágrimas começaram a cair. Ela tentava, inutilmente, enxugá-las.

Ouviu o barulho do telefone chamando. O som vinha da sala. Ela não estava bem, não queria falar com ninguém, caminhou em direção à sala, mas antes que dissesse qualquer coisa, Leandro atendeu ao telefone:

— Alô!

— Leandro! Está tudo bem por aí?

— Não está, não...

— Por quê? O que aconteceu?

— O Arthur fugiu de casa... e a mamãe está chorando...

Odete chegou junto dele, pegou o telefone de suas mãos:

— Alô, mamãe!

— Odete! O que aconteceu?

Ela desabou, não conseguia conter as lágrimas, os soluços nem falar. Do outro lado da linha, sua mãe, desesperada, dizia:

— Por favor! Pare de chorar! Diga-me, o que aconteceu?

Odete tentava, mas não conseguia se conter. Nesse momento, Álvaro, após trocar de roupa e se preparar para sair, entrou na sala. Ao ver aquela cena, correu em direção à Odete, tirou o telefone de sua mão:

— Alô!

— Álvaro! O que está acontecendo aí?

— Algo muito grave, o Arthur saiu de casa.

— Como? Por quê? Estou indo para aí!

— Venha, por favor... a Odete está precisando de ajuda, eu preciso ir para o escritório.

— Está bem! Já estou indo!

Ele desligou o telefone. Odete estava ali, sentada, tentando, com as mãos, enxugar as lágrimas. Ele se aproximou, dizendo:

— Meu bem, não fique assim... tudo vai ficar bem... sua mãe está vindo para cá. Sabe como ela é lúcida e tranquila... fará companhia a você e, assim, poderei ir sossegado para o escritório. Voltarei o mais breve possível. Está bem assim?

Ela não conseguia falar, apenas balançou a cabeça. Ele beijou sua testa, deu um beijo em Leandro, saiu.

Enquanto dirigia o carro para o escritório, não ligou o rádio. Assim como Odete, ele também pensava:

Como nossa vida mudou tanto? Por quê? Em que momento me descuidei do Arthur? Que deixei de fazer por ele? Que estará ainda para acontecer?

Chegou ao escritório. Ao entrar, lembrou-se de Jarbas, sempre ali, solícito e demonstrando interesse em aprender. Seu coração se apertou:

Como consegui praticar uma injustiça como aquela? Preciso trazê-lo de volta.

Mais ou menos após quarenta minutos da conversa entre Odete e sua mãe, um táxi parou em frente à casa de Álvaro. Leandro, ao ouvir o barulho do carro, abriu a porta e saiu correndo.

Do táxi, desceu Noélia, uma senhora de mais ou menos sessenta anos, bem-vestida, com os cabelos levemente grisalhos, mas bem penteados. Quando viu Leandro correndo em sua direção, abriu os braços. Ele a abraçou e começou a chorar. Com os braços em volta dele, disse:

— Leandro... não chore. Tudo ficará bem.

Abraçados, começaram a andar em direção à porta da sala. Odete, que estava na cozinha, ouviu o barulho do táxi. Chegou à porta no momento em que eles também chegavam. Ao ver a mãe, começou chorar. Esta a abraçou e, em silêncio, entraram. Lá dentro, Odete a convidou para que fosse até a cozinha, onde estava terminando de preparar o almoço. Só para os três, pois Álvaro não viria almoçar.

Na cozinha, enquanto sentava, Noélia perguntou:

— O que aconteceu? Por que o Arthur saiu de casa?

Odete ia recomeçar a chorar, mas Noélia, decidida, disse:

— Não chore! Isso não vai adiantar. Conte-me tudo.

Odete conhecia sua mãe, sabia como ela sempre fora uma mulher forte e decidida. Nunca em sua vida a viu chorar. Sempre resolveu todos os problemas. Enxugou as lágrimas, respirou fundo e contou com detalhes tudo o que acontecera. Noélia ouvia, em seu rosto, nenhum músculo se moveu. Seus olhos, sim, demonstravam preocupação e tristeza.

Enquanto contava, Odete não se conteve. Mesmo sem soluçar, as lágrimas caíam. Noélia ouvia, não a recriminou mais por estar chorando, ao contrário, ficou calada, com os olhos parados. Quando Odete terminou, após alguns segundos, ela disse:

— Como foi que ele começou isso?

— Não sei! Nunca poderíamos imaginar que estivesse fazendo isso! Foi sempre um bom menino, atencioso e calmo.

— Bem, minha filha, sei que o que vou lhe dizer talvez não adiante, mas preciso dizer...

— Já sei! Vai dizer que eu fui a culpada! Que não soube cuidar do meu filho!

— De onde tirou essa ideia?

— Porque eu me sinto assim!

— Pois não deveria... você não é a culpada de nada...

— Como não? Eu não lhe dei confiança o bastante para que me contasse os seus problemas!

— A maioria dos pais, quando tem seus filhos, procura dar a eles o melhor. Sei que tanto você como o Álvaro sempre deram a esses meninos não só educação, mas também carinho, conforto e muito amor.

— Também pensava assim, mas acredito que algo tenha faltado.

— Vocês deram a ele todas as condições para que tivesse uma vida tranquila e produtiva. Porém, ele escolheu seu próprio caminho, e isso vocês não poderiam evitar...

— Como escolheu seu próprio caminho? Ele é ainda uma criança!

— Não é mais uma criança... já é quase um adulto...

— Mas ainda não é!

— Como espírito, ele já é um velho...

— Lá vem a senhora com essa sua religião!

— Era exatamente sobre isso que queria conversar.

— Sabe que não acredito em nada disso!

— Sei, sim... nunca obriguei qualquer um dos meus filhos a seguir uma religião. Sempre acreditei que cada um de vocês teria o momento certo para fazer suas escolhas. O seu momento chegou.

— Acredita que, se eu começar a seguir a sua religião, o meu filho voltará e tudo ficará bem?

— Não disse isso. Não importa a religião que siga. Tudo será como tem que ser, mas tenha certeza de que sempre é para um bem maior.

— Não estou entendendo. Como pode dizer que tudo o que agora está acontecendo poderá ser para um bem maior?

— O Arthur está agora vivendo um momento decisivo em sua vida. Ele terá a oportunidade de exercer o seu livre-arbítrio.

— Que é isso?

— É a oportunidade que Deus nos dá para escolhermos o nosso caminho.

— Continuo não entendendo. O que está querendo dizer?

— Como filhos de Deus, nascemos com boas e más qualidades. Ao longo de nossa existência, vamos vivendo bons e maus momentos. Temos a oportunidade de praticar boas e más coisas. Tudo dependerá de nossas escolhas.

— Escolhas? Que escolhas? Acredita que eu escolhi isto que me está acontecendo?

— Não, você não escolheu, mas isso tudo está acontecendo e você terá que tomar uma atitude. Qual será?

— Não sei! Não sei o que fazer!

— Então, se não sabe, não faça nada.

— Como não fazer nada? Vou ver meu filho se destruir e não fazer nada?

— Você disse que não sabe o que fazer.

— A senhora sabe de alguma coisa que eu possa fazer?

— Se aceitar uma sugestão, eu diria que precisa encontrar esse Deus, entregar seu filho a Ele, pedir que o ilumine e lhe mostre o melhor caminho.

— Só isso?

— Sim, é só isso que pode fazer. As coisas de Deus são sempre simples. Nós é que costumamos complicar.

Noélia, enquanto dizia isso, sorria. Odete continuou:

— A senhora é mesmo muito simplista! Até hoje não me conformo com o fato de, dois meses após a morte do Romualdo naquele acidente, a senhora não ligar mais nem chorar! Nem parecia que seu filho tinha morrido. Deu-nos a impressão a que não gostava dele!

Noélia ficou lívida, seus olhos demonstravam o que estava sentindo. Permaneceu calada por um tempo. Depois, disse:

— Naquele dia, uma parte minha também morreu, mas foi por causa do acontecido que tentei encontrar um Deus que me desse as explicações que eu procurava. Aprendi que o Romualdo foi um presente que Deus me deu, mas que nunca fora meu na realidade. Ele veio para alegrar a minha vida por um tempo, mas, na hora e no dia certo, voltou para o seu verdadeiro lugar. Aceitei essa explicação, por isso não sofri nem sofro ao pensar nele. Sei que ele está em algum lugar e que mais cedo ou mais tarde eu irei encontrá-lo.

Ao ver o rosto da mãe, Odete se arrependeu do que disse. Sua mãe havia sido a melhor mãe que ela conhecera. Sempre esteve ao lado dos filhos, dando conselhos, mas deixando que cada um seguisse o caminho escolhido. Muito envergonhada, disse:

— Perdão, mamãe... não quis dizer isso... sei que sempre amou todos nós, principalmente Romualdo, que era o caçula.

— Não se preocupe com isso. Sempre me faz muito bem lembrar dele. Mas estávamos falando do Arthur.

— Sim, a senhora disse que eu tenho que encontrar Deus e lhe entregar o meu filho.

— Isso mesmo.

— Onde está Deus? Na sua religião?

— Não.

— Não? Se ele não está lá, por que a segue?

— Sou espírita por acreditar e aceitar seus ensinamentos. Porque através deles aprendi que todos os problemas são passageiros e, finalmente, porque me faz bem, mas sei que Deus não está em religião alguma. Todas ela são apenas denominações. Deus está dentro de cada um de nós. Sejamos religiosos ou não. Crentes ou ateus. Todos sempre teremos Deus ao nosso lado, ajudando-nos e conduzindo-nos para que encontremos o caminho que nos levará até Ele.

— Acredita mesmo nisso?

— Sim, por isso acho que deve procurar esse Deus, primeiro dentro de você, depois em qualquer religião na qual se sinta bem.

— Não sei se conseguirei isso...

— Tente, minha filha... tente. A presença de Deus em seu coração só lhe fará bem. Agora, acredito que esteja na hora de almoçarmos. O Leandro vai para a escola, não vai?

Odete levantou-se:

— Vai, sim. Vamos arrumar a mesa? A comida está pronta.

— Vamos, sim.

Almoçaram. Leandro colocou seu uniforme escolar. Quando estavam saindo, Noélia disse:

— Quanto à Iracema? O que pretende fazer?

— Amanhã, eu, Álvaro e Leandro tentaremos encontrar a sua casa. Contaremos tudo o que aconteceu, pediremos perdão a ela e ao seu filho e também que voltem a trabalhar conosco. O Álvaro disse que dará um aumento de salário aos dois.

— Faça isso, minha filha. Não existe nada pior que uma injustiça. Tomara que consigam fazer isso e que eles perdoem a vocês. Quer que, após levarmos o Leandro, eu volte e fique com você?

— Hoje é sexta-feira, dia em que a senhora vai ao seu centro espírita. Não acho justo perder sua ida por minha causa. Depois da conversa que tivemos, estou bem. Prefiro que a senhora vá lá e peça pelo Arthur.

— Está bem, farei isso. Após levar o Leandro, poderia me deixar em casa?

— Claro que sim. Obrigada por ter vindo.

Noélia apenas sorriu. Sabia que a filha estava sendo sincera e que a conversa que tiveram realmente lhe fizera bem.

Após deixar Leandro na escola, Odete seguiu para a residência de sua mãe. Estacionou o carro em frente a uma linda casa. Noélia perguntou:

— Você não vai entrar? Podemos tomar um café e conversar mais um pouco.

— Não, mamãe, prefiro ir para casa, se o Arthur voltar, quero estar lá.

— Está bem, mas não se esqueça daquilo que conversamos.

— Não esquecerei, aquela conversa me deixou mais calma.

— Isso mesmo, minha filha. Deus é um pai amoroso e bom, não nos abandona nunca.

Dizendo isso, beijou a filha e desceu do carro. Odete retribuiu o beijo, deu adeus com a mão, seguiu. Noélia ficou olhando a filha se afastar. Sorriu, enquanto pensava:

Deus a proteja, minha filha...

Quando o carro desapareceu, ela entrou em casa. Embora fosse dia e o sol brilhasse, a sala estava na penumbra. Zulmira, sua empregada, ao sair, fechara a cortina, que era azul-marinho. Sentou em um sofá. Estava cansada, talvez não fisicamente, mas por tudo de que havia tomado conhecimento.

Meu neto! Meu adorado neto... que caminho é este que está seguindo? Meu Deus, proteja-o... não permita que ele destrua a sua vida de agora e a futura...

Levantou e encaminhou-se em direção à cozinha. Para chegar a ela, teria que passar pela sala de jantar. Quando chegou à porta, parou. Olhou para uma mesa grande, de madeira escura. Suas cadeiras eram forradas de cetim dourado. Lembrou-se de seus filhos crescendo e sentados em volta dela. Levantou os olhos em direção a uma cristaleira. Nela havia cristais caríssimos, muitos. Ela comprou-os em viagens que fizera ao exterior, acompanhando seu marido. Sobre a cristaleira, havia um porta-retratos, onde estava a foto dela, de seu marido e de seus quatro filhos, três moças e um rapaz. Seus olhos pararam no rosto de seu filho:

Romualdo, meu filho querido. Sei que hoje está bem e que vela por todos nós. Graças a você, conheci essa Doutrina maravilhosa, que só me fez bem. Se assim não fosse, eu teria enlouquecido quando você se foi. Não sei qual foi o motivo para que Deus o levasse tão cedo, tendo ainda uma vida inteira pela frente, mas aprendi que Ele sabe tudo, que nada está errado nesta vida. Não sei se pode, mas, se puder, ajude o Arthur, ele está precisando muito.

Uma lágrima de saudade formou-se em seus olhos. Ao seu lado, Romualdo fez-se presente. Estava acompanhado por outro homem, bem mais velho que ele. Os dois sorriram e lançaram sobre ela uma quantidade imensa de luz. Noélia foi se sentindo muito bem. Respirou fundo, olhou para outro móvel, onde guardava sua louça que também era de porcelana finíssima. Sobre o móvel, estavam mais três porta-retratos, estes menores, onde pôde ver fotos de suas filhas com os maridos e os filhos. Odete, a mais velha, com Álvaro e os filhos. Gilda, com o marido, dois meninos e uma menina. Claudete, ao lado do marido e mais quatro crianças, três meninas e um menino. Com um sorriso, pensou:

Essa é a minha família. Tenho consciência de que os criei com carinho e dedicação. Amo-os muito. Deus me presenteou com marido e filhos maravilhosos. Não permitirá que meu neto se desvie do caminho... sei que, neste momento, preciso fazer muita prece, sei que isso ajudará muito, mas sei também que só ele poderá se libertar. Ele terá de escolher. Deus, meu Pai! Não permita que ele faça a escolha errada.

Reparando uma injustiça

Durante aquela noite, o único que conseguiu dormir foi Leandro. Estava tranquilo, pois sabia que, agora, Iracema seria procurada por seus pais, quem sabe, talvez, ela retornasse para junto deles.

Álvaro e Odete não conseguiram dormir. A preocupação que estavam sentindo em relação a Arthur era indescritível. Perguntavam-se o porquê de tudo aquilo estar acontecendo com eles. Ao mesmo tempo, culpavam-se e buscavam entender qual teria sido o motivo que levara Arthur a consumir drogas.

Não conseguiam, também, se esquecer de Iracema e da injustiça que praticaram.

Ainda não eram seis horas da manhã, quando Odete, não suportando mais, levantou. Tomou banho, vestiu a primeira roupa que encontrou, saiu do quarto. Passou pela porta do quarto de Leandro, entrou devagar, olhou. Ele dormia profundamente. Ao passar pelo quarto de Arthur, uma leve esperança fez com que abrisse a porta, mas ele não estava lá. Carregando o mundo em suas costas, desceu a escada. Saiu para o quintal. Desesperada, pensou:

Arthur! Onde você está? Por que fez isso? Por que fugiu? Nós o amamos e só queremos o seu bem!

Agora, lágrimas desciam por seu rosto. Naquele instante, lembrou-se de tudo que sua mãe havia lhe dito. Levantou os olhos para o céu, disse em voz baixa:

— Meu Deus! Se tudo o que minha mãe disse for verdade... entrego, neste momento, o meu filho em suas mãos... Proteja-o, Senhor... por favor...

Estava assim, quando sentiu mãos a abraçando por trás. Voltou-se. Era Álvaro que, com a voz embargada e com uma lágrima se formando em seus olhos, disse:

— Você está rezando... pedindo por nosso filho... não sei se tenho esse direito... há muito tempo estou afastado de Deus... há muito tempo, a minha única preocupação tem sido ganhar cada vez mais dinheiro... se rezar, não sei se Ele me atenderá...

Chorando, os dois abraçaram-se. Ficaram assim por muito tempo. Cada um, a seu modo, conversava com Deus.

Naquele momento, sem que percebessem, uma luz os envolveu. Ela saía das mãos de um homem que sorria. Ao seu lado, estava um rapaz que disse, sorrindo:

— André, enquanto esse amor durar entre eles, sempre haverá uma esperança.

O homem que jogava a luz respondeu:

— Sim, Romualdo, você tem razão. Eles agora estão passando um momento decisivo, no qual terão que reafirmar o amor que sempre existiu entre eles. Tenho fé que conseguirão...

Odete e Álvaro continuavam abraçados e chorando, mas aos poucos foram se acalmando. Uma paz imensa tomou conta dos dois. As lágrimas cessaram. Ainda abraçados, entraram novamente em casa. Foram acompanhados pelos dois seres. O senhor disse:

— Ficaremos ao lado deles até que tudo volte ao normal.

Ele, sorrindo, abanou a cabeça, dizendo que sim.

Assim que Álvaro e Odete entraram na cozinha, ela disse:

— Leandro! Já está acordado e vestido para sair?

Realmente, Leandro estava entrando pela porta que ficava do lado oposto àquela por onde eles entravam. Com o rosto sério, ele respondeu:

— Estou pronto para irmos procurar a Iracema.

— Mas ainda é muito cedo! Antes, precisamos tomar o nosso café.

— Quando vai ser a hora?

Odete não se conteve, sorriu e respondeu:

— Sei, meu filho, que você está ansioso. Vamos fazer o seguinte: vou preparar o café, assim que terminarmos de tomá-lo, iremos. Está bem assim?

Ele apenas balançou a cabeça e saiu da cozinha. Odete olhou para Álvaro:

— Precisamos nos apressar, ele está mesmo muito ansioso.

— Tem razão, eu também estou, preciso reparar a injustiça que pratiquei. Tomara que consiga.

— Conseguirá! Claro que conseguirá!

Ele sorriu e se dirigiu para a sala.

Odete continuou na cozinha. Quando terminou de preparar o café, levou-o para a sala. Álvaro e Leandro arrumaram a mesa. Sentaram e tomaram o café. Leandro ficou o tempo todo calado. Assim que terminaram, Odete e Álvaro subiram e foram se vestir.

Após alguns minutos, regressaram. Leandro, assim que os viu, levantou, dizendo:

— Agora podemos ir? Já está tarde.

Os pais não conseguiram deixar de notar que ele falava em um tom muito sério, nem parecia ser apenas uma criança. Álvaro o abraçou:

— Está na hora, sim. Tomara que não seja tarde demais.

Leandro não disse nada, apenas se dirigiu à porta de saída. Os pais o seguiram. Estavam entrando no carro, quando Odete disse:

— Esperem, esqueci o endereço.

Entrou correndo em casa. Foi até o escritório, abriu uma gaveta. Dentro de uma pasta, havia uma espécie de ficha de Iracema, com foto e endereço. Pegou a pasta e saiu. Ao chegar ao carro, disse:

— Está aqui, podemos ir.

— Você sabe onde ela mora?

— Não, mas tenho o nome do bairro, e sabemos que ela mora em uma favela. Teremos que procurar.

— Está bem, vamos.

Foram no carro de Álvaro, que dirigia, pensando:

O que direi a ela? O que precisarei fazer para que me perdoe? Nunca deveria ter sido tão injusto!

O bairro onde Iracema morava era muito distante. Mais de uma hora após, finalmente chegaram. Perguntaram, em uma padaria, onde ficava a favela. Receberam a indicação. Seguiram o caminho. Logo perceberam que estavam saindo do centro do bairro. Pegaram uma outra rua, esta, quase desabitada. Seguiram por ela. Ao longe, viram uma favela, situada na encosta de um morro. Para se chegar a ela, havia apenas uma rua, sem asfalto e esburacada. Álvaro colocou o carro em sua direção, entrou devagar. Durante esse caminho, os três olhavam para cima. Parecia que os barracos iam despencar a qualquer momento. Perceberam que, para chegar ao alto, só havia uma rua. Nela existia uma escadaria. Seus degraus foram feitos provavelmente pelos moradores. Eram de terra e segurados por algumas madeiras. Álvaro parou em frente à rua. Um homem vinha descendo. Leandro, assim que o pai parou, desceu do carro e subiu correndo a escadaria. Os pais quiseram evitar, mas era tarde. Em poucos minutos, ele falava com o homem que vinha descendo:

— O senhor sabe onde mora a Iracema?

Ele olhou para o menino e, em seguida, para Álvaro e Odete, que também subiam a escadaria. Assim que chegaram ao seu lado, disse, colocando a mão sobre o rosto, como se estivesse tentando se lembrar:

— O menino aqui está perguntando por uma Iracema, não sei, não… mas parece que lá no alto, antes da última viela, mora uma mulher com esse nome. Parece que ela veio do interior e tem uma porção de filhos…

Leandro falou alto:

— É ela mesma, tenho certeza! Onde é, moço?

O homem apontou para cima, mostrou o local, em seguida afastou-se. Os três olharam para onde ele apontava, Leandro saiu correndo na frente. Álvaro e Odete novamente o seguiram. Após subirem alguns degraus, Álvaro, por ser esportista, não sentiu nada, mas Odete cansou-se e parou:

— Álvaro, estou cansada, não sei se aguentarei subir até o alto.

Ele também parou, chamou Leandro que estava bem à frente. O menino ouviu e parou, olhando para trás. Álvaro disse em voz alta:

— Leandro, espere um pouco, sua mãe está cansada!

Ele desceu as escadas correndo e foi para junto da mãe:

— A senhora está muito cansada mesmo?

— Só um pouquinho, meu filho, mas logo estarei bem. Só preciso subir um pouco mais devagar, não consigo acompanhá-lo. Você está indo depressa demais. A Iracema estará lá, em dez minutos ou mais.

— Estou com saudades dela!

— Eu também, mas vamos subir devagar?

— Está bem.

Ela sorriu e reiniciaram a subida, agora bem mais devagar. Enquanto subiam, iam passando por barracos e vielas. Algumas pessoas desciam e subiam a escada. Alguns traziam crianças segurando-as pelas mãos. Alguns cumprimentavam, outros, não, mas eles puderam perceber que a sua presença ali trazia curiosidade. Álvaro observava tudo. Pensava:

A Iracema tinha razão quando disse que na favela tinha muita família e gente trabalhadora. Essas pessoas que estão passando são, realmente, famílias...

Continuavam subindo. Perceberam que os barracos eram mal construídos e que havia muita pobreza. Álvaro subia em silêncio e pensava:

Quanta pobreza... nunca vi igual. Fui uma criança pobre, mas sempre morei em uma casa e em uma rua. Nunca andei vestido como essas crianças que estou vendo aqui. Não... eu não tinha a menor ideia do que fosse uma favela, só ouvia dizer ou via em algum noticiário na televisão...

Estava realmente impressionado por estar diante daquela realidade, até então desconhecida por ele.

Chegaram, finalmente, à viela que o homem havia apontado. Entraram nela. Uma senhora ia saindo de um barraco. Então, Leandro perguntou:

— A senhora sabe onde a Iracema mora?

Ela olhou os três:

— O que quer com ela?

Leandro, ansioso, ia responder, quando Odete disse:

— Temos urgência em falar com ela.

— Acho que perderam a viagem...

— Por quê?

— Ela trabalhou durante muitos anos em uma casa de gente muito rica. Eles desconfiaram que ela tinha roubado uma joia, levaram-na até a delegacia. Ficou muito triste, dizia que tinha quase certeza que quem tinha roubado era o filho deles. Ela estava desconfiada e tentando descobrir se ele estava usando drogas, mas não deu tempo. Ela disse que gostava muito de todos naquela casa, principalmente do tal filho. Não teve coragem de dizer do que estava desconfiando.

Álvaro ficou lívido. Dos olhos de Odete, lágrimas desciam livremente. Leandro, desesperado, disse:

— Onde ela mora? Onde ela está?

— Não sei, não, menino. Ela ficou muito doente de tristeza e vergonha. Os filhos dela resolveram mudar daqui. Venderam o barraco e foram embora. O Jarbas, filho dela, também foi mandado embora do emprego. Ele é um bom menino, muito estudioso, ficou triste. Não sei onde estão.

Ao ouvir aquilo, Leandro, que chorava, disse:

— Está vendo, papai, o que o senhor fez?

Álvaro não respondeu. Odete, contendo-se para não chorar, disse:

— Por favor, senhora. Era em nossa casa que ela trabalhava. Só agora tomamos conhecimento de toda a verdade. Ela tinha razão, foi o meu filho e ele está mesmo envolvido com drogas. Estamos aqui justamente para lhe pedir perdão e que ela volte para nossa casa. Se a senhora souber onde ela está, por favor, nos diga...

— Sinto muito, senhora, mas não sei, não. Se soubesse, claro que diria, pois sei quanto ela ficaria feliz se soubesse que tudo foi descoberto.

Perceberam, pelo seu tom de voz, que ela realmente não sabia. Despediram-se, voltaram para a escada e iniciaram a descida. Estavam desolados. Leandro tinha o semblante fechado. Por sua cabeça só passavam pensamentos de tristeza e ódio contra Arthur que, no seu entender, era o responsável por tudo aquilo. Odete relembrava-se da presença de Iracema, sempre ao seu lado, nas horas mais difíceis pelas quais havia passado; do amor que ela sempre demonstrara por todos eles. Seu coração estava apertado e fazia um esforço enorme para não chorar. Álvaro seguia calado, sentia-se o último dos homens. Começou, sem perceber, a colocar em dúvida tudo o que tinha feito durante a vida:

Para que estudei tanto? Para me tornar este carrasco, que teve a coragem de julgar uma pessoa que durante muito tempo esteve ao nosso lado, dando-nos carinho e dedicação? Sem ter lhe dado a chance de se defender? Logo eu! Um advogado? Aprendi que, perante a lei, todos são inocentes até que sejam julgados e condenados! De que vale ter dinheiro e tranquilidade, se estou perdendo o meu filho e talvez tenha destruído a família da Iracema? Para que serviu ou serve tudo o que consegui? Para que serviu ou serve a minha vida? Sou um fracassado! O melhor seria acabar com a minha vida! De que me vale continuar vivendo?

Leandro e Odete, assim como Álvaro, desciam calados. Do lado esquerdo, havia um barraco, uma menina negra e magra estava na janela. Ao passarem por ela, timidamente lhes sorriu. Álvaro se emocionou. Sob os olhares confusos de Leandro e Odete, foi até junto dela:

— Como é o seu nome?

Ela, com os olhos brilhantes e sorrindo, respondeu:

— Meu nome é Rosinha, e o seu?

— O meu é Álvaro, sua mãe está aí?

Antes que ela respondesse, uma senhora apareceu ao seu lado na janela:

— O senhor deseja alguma coisa?

Ele percebeu que ela estava assustada:

— Desculpe, senhora, mas a sua filha chamou a minha atenção. Ela parece ser uma menina feliz.

— O senhor tem razão. Ela é uma menina feliz, apesar do seu problema.

— Que problema?

— Nasceu com um defeito na perna direita, não consegue andar...

— Não tem cura?

— Tem, precisa de muitas cirurgias, depois vai precisar usar aparelho, mas o médico disse que, com esse tratamento, conseguirá andar. Tudo isso custa muito caro, faz tempo que estou tentando, mas até agora não consegui. Mas tenho certeza de que ainda vou ver minha filhinha andando. Deus vai ajudar a gente. Ele sabe quando é a hora certa. E essa hora, um dia, vai chegar!

Ele olhou para a esposa e o filho. Eles perceberam que, embora ele tentasse, não conseguia evitar as lágrimas. Com elas caindo por seu rosto, disse:

— A hora chegou...

— Não estou entendendo o que o senhor está dizendo.

Ele tirou do bolso um cartão:

— Na segunda-feira, quero que a senhora leve essa linda menina a este endereço. É o meu escritório. Assim que chegar, iremos até um médico, meu amigo. Ele vai examiná-la, assim saberemos o que fazer para que ela ande.

Agora quem chorava era a mãe da menina:

— O senhor não está brincando? Vai mesmo ajudar a minha filha?

— Não estou brincando, mas também não estou ajudando a sua filha. Ela é quem acaba de me ajudar, pois me fez renascer.

— Eu sabia, meu Deus! Eu sabia que o Senhor não ia abandonar a gente. Muito obrigada.

Rosinha sorria, tinha apenas seis anos, mas era realmente muito esperta. Uma luz muito branca a envolvia, a ela e a todos eles. Essa luz saía das mãos dos mesmos seres que estavam na casa de Álvaro. Rosinha, com os olhos brilhando, perguntou:

— O senhor vai mesmo me fazer andar?

— Eu, não! Os médicos.

— Os médicos e Deus! Não se esqueça Dele!

— Tem razão. Deve ter sido Ele mesmo. A minha hora de conhecê-lo também chegou...

— Não chora, não... eu vou andar, o senhor vai ver...

— Verei, sim, com certeza, verei...

Odete segurou o braço do marido com força. Muito emocionada, não conseguia dizer nada. Leandro, pela primeira vez, depois de muitos dias, ensaiou um sorriso. Despediram-se e, em silêncio, desceram a escadaria.

No carro, já voltando para casa, Álvaro, pelo retrovisor, olhou para o filho:

— Sinto muito, meu filho, mas a nossa vinda foi inútil, não encontramos a Iracema nem sabemos onde está...

Ele sorriu:

— Não encontramos a Iracema, mas encontramos a Rosinha! Valeu, sim!

— Tem razão, meu filho. Valeu mesmo!

— Sabe, papai, estou pensando. Também vamos encontrar a Iracema. O senhor vai ver.

— Tomara, meu filho, tomara.

Embora continuasse com os olhos no caminho e tomasse cuidado com o trânsito, não conseguia parar de pensar em tudo o que havia acontecido. No sentimento de frustração que sentiu, na vontade que teve de terminar com a vida e nos olhos daquela menina que apareceu do nada e lhe mostrou que nem tudo estava perdido. Só agora ele havia tomado conhecimento do que era realmente a pobreza. Ele entendeu que o dinheiro que tinha conseguido com seu trabalho poderia ser usado para curar aquela criança. Naquele momento, pensou em Deus e sentiu vontade de rezar e agradecer. Coisas que ele não fazia há muito tempo. Tentou lembrar quando fora a última vez em que havia feito isso, mas não conseguiu.

Acredito que eu era ainda uma criança na última vez em que rezei. Minha mãe nos fazia rezar sempre, mas depois que cresci e comecei a entender a vida, percebi que não adiantava rezar, o que precisava mesmo era estudar e trabalhar.

Chegaram em casa.

Odete entrou e, quase correndo, subiu a escada em direção ao quarto de Arthur. Tinha esperança de que ele estivesse lá. Porém, o quarto estava vazio. Ela se ajoelhou:

— Meu Deus! Onde ele está? Arthur, meu filho, onde passou a noite? Por que não volta para casa?

Momento de despertar

Ela chorava muito, tanto que seu corpo estremecia. Não entendia o porquê de tudo aquilo estar acontecendo em sua casa. Eles sempre tiveram uma vida tranquila e pacífica. Não havia problema algum. Julgava-se uma boa mãe. Embora trabalhasse, nunca deixou de dar atenção aos filhos, mas agora, ali, ajoelhada junto à cama de Arthur, dizia:

— Devo ter errado em algum momento, não lhe dei a atenção que precisava, não notei que ele estava mudando... pensei que fosse da idade, meu Deus! Como e por que tudo isso está acontecendo? E a Iracema? Será que um dia poderemos encontrá-la? Permita, Deus, que isso aconteça... precisamos pedir perdão...

Não sabia há quanto tempo estava ali. Não percebeu que Leandro entrou no quarto e ficou parado, olhando para ela, nem percebeu que ele, ao vê-la daquele modo, também chorava. Ele e Arthur, embora tivessem uma diferença grande de idade, sempre se deram muito bem. Ele gostava do irmão, mas naquele momento sentia muita raiva, por ver seus pais sofrerem tanto. Ficou ali, em pé, parado, sem ter coragem de dizer nada. A única coisa que queria, naquele momento, era encontrar Arthur e dizer a ele quanto todos estavam sofrendo.

Odete, ao se levantar, o viu ali:

— Leandro! Não sabia que você estava aí!

— Faz tempo que cheguei. Mamãe, pode parar de chorar... ele vai voltar...

Ela, com as mãos, secou as lágrimas:

— Sei, meu filho... sei, mas quando será isso? Não suporto a ideia de não saber onde e como ele está!

— E nem onde a Iracema está...

— Tem razão, em toda esta história, foi ela quem mais sofreu. Ela foi julgada e condenada, sem poder se defender...

— Será que algum dia a gente vai encontrar com ela?

— Não sei, meu filho... espero que sim... mas vamos descer? Precisamos almoçar. Já passou da hora. Não está com fome?

— Estou, sim. Vamos.

Abraçados, saíram do quarto. Estavam descendo a escada, quando ouviram a campainha do telefone. O coração de Odete apertou-se. Álvaro também se assustou, mas levantou o telefone do gancho:

— Alô, pois não?

Do outro lado, uma voz de mulher, disse:

— Doutor Álvaro! Aqui é a Glória, a mãe do Rodrigo, como o senhor está?

Ele olhou para Odete e Leandro, que chegavam junto dele. Respondeu:

— Estou mais ou menos, e a senhora?

— Um pouco mais tranquila. Deixei o Rodrigo na clínica, espero que fique lá até se curar...

— Isso é muito bom, esse também é o meu desejo... ele é ainda muito jovem, tem a vida toda pela frente...

— E o Arthur, como está? Em que clínica o internou?

Ainda olhando para Odete, respondeu:

— Não o internei... ele fugiu durante a noite...

— Oh, meu Deus! E agora? O que pretende fazer?

— Não sei, não sei, estamos desolados, só nos resta esperar que apareça.

— Também espero, sei o que estão passando. Eu também fui tomada de surpresa, sei que tive a culpa de tudo, pois só pensei no meu trabalho, não notei nada...

Ela começou a chorar. Ele, sem saber o que fazer, disse:

— Não deve continuar chorando. Também nos julgamos culpados. A senhora, ao menos, tomou a decisão certa. Seguiu os conselhos do delegado, por isso hoje está mais tranquila, sabe onde o seu filho está. Nós, ao contrário, não temos a mínima ideia. Posso lhe garantir que nada é pior que isso.

— Talvez tenha razão, não posso imaginar o que seja isso. Deve ser muito triste, mesmo. Mas vamos rezar para que tudo termine bem para nossos filhos.

— É só o que podemos fazer.

— Bem, foi só para isso que liguei. Queria saber como o Arthur estava... infelizmente, a notícia que recebo não é muito boa, mas vamos confiar em Deus.

— Isso mesmo, obrigado por ter ligado. Até logo.

Desligou o telefone, ficou com os olhos parados. Então, Odete perguntou:

— Quem era?

Ele a olhou, seus olhos estavam distantes. Respondeu:

— Era a mãe do Rodrigo, queria saber do Arthur. Sabe que ela me disse algo que está me fazendo pensar...

— O que ela disse?

— Que precisamos rezar...

— O que tem isso?

— Nunca tive o hábito de rezar... sempre acreditei que Deus não existia, que era tudo uma lenda. Desde quando era criança, via minha mãe sozinha, criando os filhos, e a pobreza em que vivíamos. Deixei de acreditar em Deus. Ele não pode existir. Se existisse, não

É preciso algo mais

permitiria tanta pobreza e maldade. Não permitiria que houvesse droga no mundo! Não permitiria que tantos jovens fossem destruídos por ela! Eu sempre me considerei autossuficiente, achei que poderia conduzir minha vida, desde que estudasse e tivesse dinheiro. Mas, hoje, vejo que de nada adiantou... tenho um diploma e dinheiro, mas estou perdendo o meu filho, se é que já não o perdi...

— Não diga isso! Não o perdemos... nós vamos encontrá-lo e trazê-lo de volta. Você é e sempre foi um bom pai. Nunca nos deixou faltar nada... esteve sempre presente.

— Estou tentando me convencer disso. Estou tentando descobrir onde errei... pois, com certeza, em algum momento eu errei...

— Também tenho a mesma impressão. Também devo ter errado em algum momento, só não sei quando foi...

Ao ouvir aquilo, Leandro disse furioso:

— Papai! Mamãe! O que estão dizendo? Sempre foram os melhores pais que existem! O Arthur é quem está errado! Ele que não pensou na gente! A mãe do Rodrigo disse que precisamos rezar! Acho que ela tem razão! Vamos rezar? Vamos?

Os dois olharam para o filho. Em seguida, olharam-se. Odete, novamente, secou as lágrimas, ajoelhou-se e abraçou Leandro, que a abraçou também:

— Vamos rezar, mamãe... vamos rezar...

— Vamos, sim, meu filho...

Nesse instante, o telefone tocou. Álvaro atendeu:

— Alô!

— Oi, Álvaro, como está tudo por aí? Teve notícias do Arthur?

— Oi, dona Noélia... aqui está mais ou menos, não tivemos notícias do Arthur.

— Posso falar com a minha filha?

— Claro que sim.

Passou o telefone para Odete.

— Oi, mamãe.

— Como você está, minha filha?

— Desesperada! Não sei o que fazer...

— Tenha calma, no fim tudo dá sempre certo...

— Como pode dizer isso? Nada está ou vai ficar certo!

— Claro que vai... tudo passa... logo o Arthur vai voltar para casa... acredite nisso. Deus é nosso pai e não nos abandona nunca... o que precisa fazer agora é rezar, pedindo proteção para o seu filho, e confiar em Deus...

Odete não respondeu, lágrimas caíam novamente de seus olhos. Leandro percebeu que ela não conseguia falar. Pegou o telefone de suas mãos.

— Oi, vovó! A senhora ligou bem na hora em que a gente ia começar a rezar...

— É mesmo, meu filho? Faça isso! Ensine seus pais a rezarem e a confiarem em Deus.

— Vou fazer isso, um beijo...

— Vou agora mesmo fazer isso também. Deus vai ouvir as nossas preces. Um beijo, meu filho, e que Deus o abençoe...

Desligou o telefone. Leandro o colocou no gancho:

— A vovó disse que é para gente rezar. Ela vai rezar também. Não sei o que vão fazer, mas eu vou lá para o meu quarto rezar, pedir ajuda para o Arthur.

Dizendo isso, dirigiu-se para a escada. Odete e Álvaro ficaram olhando por um instante, depois foram atrás dele. No quarto, Leandro ajoelhou-se, dizendo:

— Meu Deus... não sei bem quem o Senhor é... só sei que deve ser muito bom. Dizem que fez tudo o que tem na Terra, fez até a gente... por isso, se fez mesmo, tem que tomar conta de tudo... o Arthur está perdido, e a gente não sabe onde ele está... o Senhor sabe que ele é meu irmão e que gosto muito dele, fiquei um pouco bravo com ele por causa da Iracema, o Senhor sabe, né? Ela não fez aquilo e agora também não sei onde ela está. Sei que o mundo é muito grande, e tem muita gente, deve ser difícil tomar conta de tanta coisa, mas o Senhor é Deus e pode tudo. Protege o Arthur, faça-o voltar para casa…deixa a gente encontrar a Iracema… muito obrigado… Mais uma coisinha… não deixa mais a minha mãe chorar… ela é a melhor mãe do mundo… o meu pai também, é o melhor pai do mundo… o Senhor sabe, o conhece, sabe que ele gosta de tudo certo e que quase sempre está com a cara fechada, mas o Senhor sabe também que é preocupação… ele quer ganhar muito dinheiro… cada vez mais, por isso ele é assim, mas é o melhor pai do mundo…

Álvaro e Odete ouviam a prece do filho. Não conseguiram conter as lágrimas. Em silêncio, acompanharam tudo o que ele dizia e pediam as mesmas coisas. Álvaro abraçou-se ao filho:

— Obrigado, meu filho, por ter me dito todas essas coisas…

— Não disse para o senhor! Disse para Deus…

— Sei disso, meu filho, mas, mesmo assim, muito obrigado.

Ao perceber que o pai também chorava abraçado a ele. Leandro levantou os olhos para cima, dizendo:

— Deus, o Senhor ainda está aí? Esqueci-me de dizer que não é para deixar o meu pai chorar também, obrigado.

Odete e Álvaro conseguiram conter o riso. Álvaro afastou-se, dizendo:

— Está bem, meu filho. Deus atendeu suas preces, nós não vamos mais chorar. Não é mesmo, mulher?

Ela, em meio a lágrimas mas sorrindo, disse:

— Isso mesmo, meu filho, nós não vamos mais chorar.

Novamente, Leandro levantou os olhos:

— Obrigado, Deus! O Senhor é mesmo poderoso!

Assim dizendo, saiu correndo do quarto, foi para a sala e ligou a televisão.

Os pais o seguiram. Não entendiam o porquê, mas estavam sentindo um alívio imenso. Ele foi para o escritório, e ela, para a cozinha. Parecia que estava tudo bem.

No mesmo instante em que Leandro rezava, Noélia em sua casa fazia o mesmo:

— Deus, meu Pai, sei que os meus queridos estão passando por um momento muito difícil. Sei também que tudo passa e que de alguma forma, no final, algum aprendizado restará. Dai, Senhor, a eles a serenidade para bem poderem passar por tudo isso. Protege a todos, e, principalmente, ao Arthur. Derrame sua luz sobre eles. Encaminhe-o, meu Deus, ao seu caminho original. Que assim seja.

Após dizer essas palavras, respirou fundo. Ela acreditava na justiça e na bondade de Deus. Sabia que Ele nunca nos abandona. Sorriu.

Foi em direção à sala de estar, que estava na penumbra. Sentou em um sofá. Fechou os olhos, pensando:

Ontem, lá no centro, eu e meus irmãos de fé fizemos vibrações por todos eles e, principalmente, pelo Arthur. Sei que em algum momento ele encontrará o caminho do retorno, espero que não demore muito. Sabe, meu Deus... fico pensando. Sei que tudo está certo, de acordo com sua justiça, mas, às vezes, não entendo. Durante todo esse tempo em que estou no centro, por muitas vezes vi chegar até nós jovens com problemas relacionados a drogas. Alguns conseguem se libertar e, na maioria das vezes, se transformam de tal maneira que chego a me surpreender. Já percebi, muitas vezes, que eles têm sempre uma missão importante para cumprir. Não só com a vida deles, mas com a humanidade. Alguns dão palestras, dedicam-se a ajudar outros jovens, ou trabalham na periferia, dando assistência aos mais necessitados. Outros se tornam artistas, pintores, escritores e alguns até inventam alguma coisa boa. De alguma forma, deixam suas obras como exemplo de vida. Por que será que a droga surgiu no mundo? Deve haver algum motivo, mas qual será? Por que, na maioria das vezes, os jovens mais inteligentes, com um potencial enorme, se deixam envolver por ela? Se tudo isso está acontecendo em minha família, sei que, de alguma forma, devo fazer parte. Só lhe peço, meu Deus, dê-nos coragem para que possamos passar por tudo e, no final, sairmos vencedores, crescidos espiritualmente, e acreditando cada vez mais em sua bondade e justiça.

Embora ainda fosse durante a tarde, foi para seu quarto, deitou e adormeceu.

Álvaro entrou no escritório. Sentou em uma cadeira que havia em frente à mesa. Ficou ali olhando para vários papéis que havia sobre ela. Seus pensamentos estavam em Leandro e na oração que ele havia feito.

Como uma criança como ele pôde dizer aquelas palavras? Como uma criança como ele pôde me levar às lágrimas? O que estará acontecendo comigo? Talvez seja por tudo isso que estou passando. Devo estar fraco psicologicamente. Nunca esperei uma coisa dessa em minha vida.

Seus olhos se desviaram em direção à estante que estava repleta de livros. Levantou, foi até ela, apanhou um livro grosso, voltou a se sentar. Começou a folhear o livro.

Este é o Código Penal. *Só o li durante as aulas, pois, bem cedo, resolvi que nunca me dedicaria a essa vara. Nunca defenderia um bandido. Meu Deus! A qualquer momento, meu filho pode se transformar em um bandido! Se isso acontecer, terei que encontrar um advogado que o defenda! Se não encontrar? Se todos os advogados pensassem como eu? Como tenho estado errado esse tempo todo...*

Ficou ali folheando aquele livro há muito tempo esquecido por ele. Enquanto folheava, ia lembrando da sua infância, da adolescência e, finalmente, já adulto, da Faculdade de Direito.

Como fiquei feliz com aquele diploma em minhas mãos... como minha mãe também estava feliz ao me abraçar, dizendo:

— Meu filho, hoje estou me sentindo uma mulher realizada... nunca pensei que teria um filho doutor!

— Também estou feliz, mãe! Mas, de hoje em diante, a nossa vida vai mudar! Com este diploma, todas as portas se abrirão! Não só por causa dele, mas porque serei um bom advogado! Bom, não! O melhor de todos!

— Sei disso, meu filho! Sei disso!

Ela ficou mais feliz ainda no dia em que, juntos, fomos procurar e comprar a nossa casa. No dia da mudança, já instalada, ela disse:

— Estou muito feliz, não por você me ter comprado uma casa, que sempre foi o meu maior desejo, mas por você ser o filho que é!

Eu apenas a abracei. Estava advogando há dois anos, quando conheci a Odete, em um domingo na casa de um amigo. Ela também já havia se formado. Estava feliz por ter passado em um concurso público. Após sermos apresentados, ela, sorrindo, disse:

— Não acredito que consegui passar no concurso! Meu maior sonho sempre foi dar aula. Você já imaginou a felicidade que sentirei quando vir uma criança aprendendo a escrever?

Eu não respondi, apenas sorri pela felicidade que ela sentia. Confesso que também fiquei feliz. Não sei explicar o que senti, mas parecia que eu já a conhecia de algum lugar. Aqueles olhos não me eram estranhos. Mas isso era impossível, eu nunca tinha a visto antes, morávamos em bairros distantes...

Parou de pensar nisso por um instante. Levantou os olhos em direção a uma estante de livros. Continuou pensando:

Quantos livros existem nessa estante... quanto estudei para chegar a ser o advogado que sou. Mas, muito do meu sucesso, com certeza, devo a Odete. Ela sempre foi a melhor companheira que um homem pudesse desejar. Nosso amor foi à primeira vista. Bastou um olhar para sabermos que ficaríamos juntos para sempre. Nós nos casamos, o Arthur nasceu... foi um dos dias mais felizes da minha vida, só igual ao dia do nascimento do Leandro. Até agora, éramos uma família feliz... hoje, estou aqui, sou advogado, talvez não o melhor, mas sou muito bom... consegui concretizar todos os meus sonhos, mas do que adianta tudo isso, se estou vendo a minha família desmoronar? Se estou perdendo ou já perdi o meu filho para as drogas? Vi, agora mesmo, o Leandro, apenas uma criança, me dando uma lição de amor e fé... Meu Deus! Onde estiver, por favor, me ajude e ajude meu filho!

Lágrimas sentidas escorriam por seu rosto.

O céu continua ajudando

Arthur continuou andando o dia todo, não se alimentou, mas também não se preocupou com isso. Quando começou a escurecer, tentou reconhecer onde estava, mas não foi possível. Aos poucos, foi notando que estava no centro da cidade. Pessoas iam e vinham, caminhavam apressadas para tomar o ônibus. Andou mais um pouco, o cheiro bom de comida que vinha das lanchonetes e dos restaurantes o fez sentir fome, mas sabia que não tinha dinheiro para comer. Lembrou-se de Rodrigo:

Se ele estivesse aqui, tudo seria mais fácil, com certeza encontraria uma maneira de arrumar comida. Será que ele está mesmo na clínica? Se estiver, será que está gostando?

Pensou mais um pouco. Quando percebeu que não havia maneira de arrumar comida, tirou mais um pacotinho do bolso, colocou o pó no papel e inspirou. Como por encanto a fome desapareceu.

As portas das lojas começaram a fechar. Logo estava tudo deserto. Aos poucos, ele foi notando que as pessoas que chegavam estavam sujas e carregavam sacolas. Foram sentando junto às portas. Ele andava de um lado para outro da rua. As pessoas foram se ajeitando, encostavam as costas nas portas, ou simplesmente deitavam. Embora ele tivesse boa resistência física, pois sempre praticara esporte, estava cansado, havia andado o dia todo. Também se encostou a uma porta e adormeceu.

Não sabia quanto tempo havia passado. De repente, acordou com alguém o empurrando e abriu os olhos assustado. Três rapazes e uma moça, rindo muito, tentavam tirar seu par de tênis, que, embora não fosse importado, era novo. Ele tentou reagir, mas não adiantou, em pouco tempo estava sem eles e sem a jaqueta, onde estavam os pacotinhos. Eles, rindo muito, levaram tudo. Assustado e desolado, ainda tentou correr atrás deles, mas sabia que seria inútil. Voltou a sentar, e agora chorava muito. Não sabia o que fazer nem para onde ir. Lembrou-se de sua casa, seu quarto e todo o conforto e segurança que havia ali. Mais uma vez sentiu impulso de voltar. Só ali poderia encontrar proteção, mas, ao mesmo tempo, lembrou-se da clínica:

Não! Não posso voltar! Não quero ser internado!

Ficou ali sentado sem saber o que fazer ou para onde ir, apenas chorava. Estava assim quando uma senhora de mais ou menos cinquenta anos se aproximou:

— Menino, que está fazendo aqui? Esse lugar não é para você...

Ele olhou para ela, lembrou-se de sua avó. Chorou ainda mais. Não conseguia se controlar. Ela continuou falando:

— Você não pode continuar na rua, você deve ter família, não parece ser um abandonado.

— Como sabe isso?

— Pelas roupas que está vestindo. Criança de rua não vive vestida assim. Vá pra sua casa, sua mãe deve estar preocupada...

— Sei disso, mas não posso voltar...

— Como não? Garanto que ela vai ficar muito feliz se você fizer isso. Já está tarde, é quase meia-noite.

— Não sei como chegar lá, nem sei onde estou. Mas, mesmo se soubesse, não vou voltar para minha casa. Eles querem me internar em uma clínica.

— Você está metido com drogas, não é?

Ele balançou a cabeça, afirmando. Ela continuou:

— Faz muito tempo?

Ele, novamente, apenas balançou a cabeça, dizendo que não.

— Se não faz muito tempo, você pode sair dessa vida. Disse que não quer ir para uma clínica, mas é o único lugar onde você pode ser ajudado. Se seus pais podem pagar, você deve ir...

— Não! Não quero! Vou sair da droga sozinho, quando voltar para casa, será sem ela!

— Não vai conseguir isso, não vai, não. Sabe por que estou aqui na rua?

— Não...

— Porque, quando eu não tinha nem trinta anos, comecei a beber. No começo, foi um pouquinho, depois foi aumentado. Chegou a um ponto que eu não conseguia mais cuidar da casa nem dos meus filhos. Sempre deixava para o dia seguinte, dizia que ia parar sozinha, mas não consegui. Um dia, larguei tudo e fugi de casa. Não tendo para onde ir, terminei na rua, bebendo cada vez mais. Não sei como está a minha família, nem sequer os meus filhos. Vivo bêbada todos os dias.

— Mas agora a senhora não está bêbada!

— Não sei o que aconteceu hoje. Não tive vontade de beber o dia inteiro e fiquei pensando muito nos meus filhos e no meu marido, que era um homem muito bom. Não sei o que aconteceu, não. Acho que era para a gente ter essa conversa...

— Será que foi isso?

— Não sei, mas estou com vontade de ir até a minha casa e ver como tudo está por lá...

— Vai fazer isso mesmo?

— Não sei, se ficar alguns dias sem beber, eu volto, sim. Você devia fazer o mesmo. Volte para sua casa... sua mãe deve mesmo estar preocupada. Você tem pai?

Ele se lembrou dos pais, de Leandro e de como eram felizes antes de tudo aquilo. Respondeu:

— Tenho, sim, e um irmão de quem gosto muito.

— Então, todos devem estar muito preocupados. Quando saiu de casa?

— Esta madrugada.

— Volte, meu filho... só ali poderá encontrar ajuda... não faça como eu... não deixe passar tanto tempo...

— Acho que vou voltar mesmo. Obrigado por conversar comigo. Vou agora mesmo. Só não sei como voltar e não tenho mais meus tênis...

— Onde você mora?

Ele disse. Ela pegou um pedaço de pano muito sujo, que estava em seu bolso. Tirou de dentro dele alguns trocados:

— É tudo o que tenho, mas vai dar para você tomar aquele ônibus e ir para casa. Corre, porque esse pode ser o último. Eu não tenho tênis, mas seus pais não vão se preocupar com isso. Ficarão felizes em vê-lo.

A princípio, Arthur não quis pegar, mas sabia que ela tinha razão. Só seus pais poderiam ajudá-lo. Seguindo apenas o instinto, ele a beijou no rosto e correu para o ponto do ônibus. O motorista estava saindo. Arthur deu o sinal com os braços, o motorista olhou para ele e acelerou. Ele, desconsolado, viu o ônibus se afastar:

— E agora? Que vou fazer?

A senhora aproximou-se:

— Ele não quis parar, pois viu você descalço e pensou que fosse um mendigo. Está percebendo o que significa continuar nessa vida?

— Não sei o que fazer...

— Siga por essa rua, daqui a três quadras, vire à esquerda. Vá em frente, logo reconhecerá o caminho. Vai, meu filho, e que Deus o acompanhe.

Ele seguiu, andando pela rua. Ela ficou olhando até vê-lo desaparecer. Pensou:

Tomara que ele consiga sair dessa vida... também vou tentar me recuperar... como estarão os meus filhos? Preciso voltar a ser como era antes da bebida...

Arthur seguia pensando:

Preciso chegar logo em casa, meus pais devem estar mesmo preocupados.

Após andar muito, finalmente começou a reconhecer o lugar em que estava:

Estou ainda muito longe e meus pés estão doendo, mas conseguirei chegar. Sei que meus pais me ajudarão...

Caminhou por mais algum tempo. De repente, a vontade da droga voltou. Ele se apavorou:

E agora? Não tenho mais, eles levaram todos os pacotinhos. Preciso ser forte, meus pais estão preocupados...

Embora tivesse vontade de deixar a droga, logo sentiu que não suportaria por mais tempo. Começou a suar frio e a tremer. Seu coração batia descompassado. Sentiu fraqueza, pois durante o dia, não havia comido nada. Seu estômago doía. Colocou a mão sobre ele. Estava diante de uma lanchonete que, àquela hora da noite, estava vazia. Lembrou-se dos trocados que a senhora havia lhe dado:

Preciso comer alguma coisa, não sei o que poderei comprar com este dinheiro, vamos ver...

Entrou na lanchonete. O garçom que servia no balcão estava lavando os copos e limpando o fogão. Já estava na hora de fechar. Ao vê-lo entrando, disse com voz brava:

— Pode ir saindo! Não o quero aqui dentro incomodando os clientes!

— Eu só estou com fome e preciso comer alguma coisa...

— Mas não vai ser aqui! Pode ir saindo!

— Tenho dinheiro para pagar...

— Tem é?! Quanto?

Ele abriu a mão e mostrou as moedas:

— Não é muito, mas dá para eu lhe dar um pedaço de pão com manteiga, está bem?

— Está e muito obrigado...

Enquanto passava a manteiga no pão, foi dizendo:

— Embora esteja descalço, não parece ser um mendigo. Que está fazendo a esta hora na rua?

— Estou indo para casa. Mas não comi nada hoje...

— Onde está o seu sapato?

— Eu estava usando tênis, mas alguns garotos levaram.

O garçom olhou bem para ele, dizendo:

— Então, foi isso que lhe aconteceu? Bem que eu percebi que você não tinha cara de ser um menino de rua. Além do pão, vou lhe dar um copo de leite. Esta cidade está ficando cada vez mais perigosa...

Colocou, sobre o balcão, o pão e o copo com leite. Arthur comeu rápido, estava realmente com muita fome. Após tomar o último gole de leite, sorrindo, disse:

— Muito obrigado, agora poderei seguir o meu caminho.

— Vá com Deus...

Agora, mais forte, Arthur saiu da lanchonete. Enquanto caminhava, ia pensando:

Hoje, já por duas vezes, ouvi falar em Deus. Estou estranhando, pois, em minha casa, pouco ou quase nada se falava sobre Ele. Será que existe mesmo Deus? Acho que não! Se existisse, não permitiria tanta pobreza nem a droga que destrói a gente...

Caindo sempre mais

Assim pensando, continuou a andar. Sabia que ainda estava muito longe, mas conseguiria chegar, apesar da dor nos pés que agora estava bem maior. Assim que comeu o pão, a vontade da droga desapareceu e ele nem se lembrava mais dela. Mas não demorou muito para ela voltar com toda sua força. Ele estremeceu. Sabia que precisava resistir, apertou o passo para chegar mais depressa. Andou por mais uns quinze minutos, parou:

Não adianta, não posso mais resistir. Como vou entrar em casa nesta situação?

Entrou em desespero:

Não posso! Não posso! Meus pais não merecem isso! Além do mais, não quero ir para clínica alguma!

Ficou parado olhando onde estava. Sabia em que direção ficava sua casa. Continuou seguindo, mas desta vez em direção à favela onde Careca morava:

É isso mesmo que tenho de fazer! Não adianta ficar lutando, não tenho mais remédio, o Careca vai me ajudar, deve ter alguma droga lá no seu barraco!

Caminhou com passos apressados, precisava chegar o mais rápido possível. Não estava bem, mas sabia que logo ficaria, assim que cheirasse o pó.

Finalmente, chegou à viela que o levaria até o barraco. Ainda não havia clareado o dia, ele não tinha noção de que horas eram, mas isso não o preocupava, o que queria mesmo era poder usar a droga. Sabia que, após isso, ficaria muito bem. Assim que chegou em frente ao barraco, bateu com força à porta. Demorou um pouco, mas ela se abriu. Careca, um pouco assustado, olhou, colocando só a cabeça para fora. Ao ver que era Arthur, disse:

— Que está fazendo aqui? A esta hora?

Arthur falou rápido:

— Preciso da sua ajuda! Não sei o que fazer! Você é a única pessoa que pode me ajudar!

— Entre aqui.

Ele entrou, o barraco cheirava mal, mas ele não se importou. Sabia que o que precisava estava ali. Contou para o Careca tudo o que havia lhe acontecido. Ele ouviu sem interromper. Arthur terminou de falar:

— Como vê, não posso voltar para casa, não neste estado. Você pode me ajudar?

— Não tenho nada aqui. Tudo fica escondido, pois se os *zómi* chegar, não vão encontrar nada.

— Onde está?

— Não posso lhe dizer, além do mais, ela não é minha. É tudo encomendado, preciso entregar.

— Me dê só um pouco!

— Tem dinheiro?

— Não...

— Então, não pode ser. Preciso prestar contas todos os dias, se não fizer isso, vou ficar em maus lençóis. Não dá mesmo...

Arthur, agora, chorava:

— Por favor! Sinto que vou enlouquecer!

— Não posso fazer nada. Se eu pudesse, ajudaria você, mas não posso...

— Você não ganha comissão?

— Ganho, mas já cheirei e me apliquei tudo. Não tem jeito não... é melhor você voltar para tua casa e ir para aquela clínica...

— Não posso voltar! Nem vou para a clínica!

— Você é quem sabe...

— Só sei que agora preciso de um pouco do pó.

— Se quiser, pode esperar aqui. Vou falar com algumas pessoas. Quem sabe pode se juntar com alguém e fazer alguns assaltos. Sempre dá para livrar o pó.

— Não posso fazer isso! E se for preso novamente? Meu pai não vai me perdoar! Nunca!

— Pode levar a droga de um lugar para outro, assim como faço.

— Não sei... tenho medo de ser preso...

Careca disse furioso:

— Assim não dá! Não quer fazer nada e quer o pó? Acha que vai conseguir sem fazer nada?

— Não sei o que fazer, preciso de um pouco, assim pensarei melhor.

Careca serviu um pouco de café frio que estava em uma leiteira de alumínio. Em cima da mesa, havia alguns pães duros. Arthur olhou para eles. Careca percebeu:

— Está com fome? Pode pegar, está duro, mas é melhor que nada.

Arthur não pensou muito, estava mesmo com fome, pegou o pão e tomou o café. Quando terminou, Careca olhou fixo para ele:

— Agora preciso sair. Não tenho pó para lhe dar, mas se quiser pode ficar por aqui. Sei que não dormiu a noite, pode deitar nessa cama.

Saiu. Arthur ficou sozinho, olhando tudo. Estava com sono, mas a vontade da cocaína estava intensa. Deitou e, aos poucos, adormeceu.

Sonhou com uma moça que lhe sorria e corria com os braços abertos em direção a ele. Ele ficou encantado com a beleza dela. Ela não falava, pôde perceber que seus olhos queriam lhe dizer algo, mas quando ela se aproximou, ele acordou. Ficou ali deitado, sabia onde estava, mas o rosto da moça não saía do seu pensamento.

Ela era muito linda... o que será que estava querendo me dizer?

Estava ainda deitado, quando Careca retornou. Entrou no barraco, sorrindo e dizendo:

— Então, como você está?

— Estou bem, acabei de acordar.

— Pensei muito a seu respeito, não vai poder ficar aqui se não trabalhar. Sei que vai precisar da coca. Como não tem dinheiro, vai me causar problemas.

— Não! Eu não farei isso! Não lhe darei problema algum! Não tenho para onde ir!

— Volte para a sua casa ou me ajude. Falei com o meu patrão, contei a sua história. Ele disse que, se quiser, eu poderei lhe ensinar o trabalho. Ele tem alguns clientes que precisam ser visitados. Se quiser, ele o contrata.

— Quer que eu me torne um traficante?

— Já lhe disse que não sou traficante, sou apenas um entregador.

— Não sei, não sei...

— Você precisa decidir logo. Se não quiser o trabalho, pode ir embora agora mesmo. Com o trabalho, poderá conseguir toda a cocaína de que precisar. Sem ele, vai me dar muito problema e eu não estou a fim.

Arthur ficou pensando, novamente teria que decidir o que fazer. Não queria se tornar um traficante, mas também não queria ir para a clínica. Pensou, pensou e finalmente disse:

— Está bem, vou aceitar o trabalho.

— Ainda bem. Vou lhe dar um pouco de pó, por conta. Amanhã, vou levá-lo a um lugar para falar com o meu patrão.

— E se eu for preso?

— Não vai ser preso! Um cara boa pinta como você não desperta suspeita. Se ainda fosse preto como eu! Mas não é! Conversa muito bem. Vai dar tudo certo.

— Está bem. Tomara que dê certo, não quero ir para a clínica.

Careca saiu do barraco. De dentro de uma madeira falsa na parede, tirou dois pacotinhos e retornou para dentro. Deu um para Arthur e o outro ficou para ele. Os dois cheiraram. Após alguns instantes, saíram para a rua. Andaram muito, quando regressaram já eram altas horas. Arthur deitou no chão, em um colchonete velho e sujo, mas drogado como estava, não se importou.

Já passava de uma hora da tarde, quando acordaram. Careca estava apressado e dizia:

— Acorde, precisamos ir a um lugar!

Arthur levantou rápido. Sabia que aquele seria o início de um novo caminho, sentia medo, mas não via outra solução. Faria qualquer coisa, menos ir para a clínica.

Saíram, Arthur estranhou, pois Careca seguia em silêncio e em direção ao centro da cidade. Entraram em um edifício velho e escuro. Arthur sentiu um pouco de medo. O elevador era pequeno, pararam no oitavo andar. Careca, seguido por Arthur, saiu do elevador, parou em frente a uma porta. Deu três batidas, entrou. Um rapaz os recebeu:

— Bom dia, Careca, chegou atrasado.

— Dormi muito. O seu Romeu tá aí?

— Está lá dentro, mas quem é esse aí?

— É o meu amigo. Ele quer trabalho.

O rapaz deu um sorriso sarcástico:

— Trabalho... é...

Depois entrou em uma porta, saindo em seguida:

— O seu Romeu pediu para vocês entrarem.

Entraram. Um homem alto e bem-vestido os recebeu:

— Bom dia, Careca. Trouxe o amigo de quem me falou?

Virou-se para Arthur e disse:

— Bom dia, Fred!

Arthur ficou olhando para ele, sem entender bem o que ele dizia. O homem tornou a dizer:

— Fred! Estou falando com você.
Arthur percebeu que o homem se dirigia a ele. Disse, confuso:
— Meu nome não é Fred...
— A partir de hoje será. No nosso ramo de trabalho, não sabemos o verdadeiro nome das pessoas. Não é, Careca?
Rindo, Careca respondeu:
— É isso mesmo, eu já falei com ele a esse respeito.
Arthur lembrou-se da conversa que havia tido. Disse:
— Está bem, gostei do nome. É mais bonito que Careca.
— Então, está bem. O Careca vai lhe ensinar o trabalho. Só precisa ficar atento e trabalhar com cuidado. Não tem perigo de nada.
— Se eu for preso?
— Está sob a minha proteção. Será solto logo.
— Sou menor de idade, meu pai será avisado e me levará para uma clínica... eu não quero ir...
— Se fizer tudo como o Careca lhe ensinar, não tem perigo.
Arthur estava assustado, mas sabia que não havia outra solução:
— Está bem.
— Daqui em diante, não vai mais precisar se preocupar com a droga. Se trabalhar direito, terá toda de que precisar. Agora podem ir. Careca, ensine o trabalho para ele.
— Está bem, senhor.
Romeu despediu-se, e os dois saíram. Na rua, enquanto caminhavam, Careca disse:
— Agora vamos buscar a mercadoria.
Arthur o acompanhou calado. Pensava em como sua vida havia mudado. Nunca pensou que existisse um local e um trabalho como aquele. Em um outro lugar tão horrível como o primeiro, pegaram um pacote e foram fazer a entrega em uma favela que ele ainda não conhecia.
Dali para frente, aquilo se tornou uma rotina. Careca deu a ele uma lista de pessoas e lugares onde deveria entregar a droga. Ele não

falava diretamente com os viciados, apenas entregava os pacotes para outros iguais ao Jiló. Continuou morando com o Careca. Usava toda droga que queria e, aos poucos, acostumou-se com o ambiente e com o trabalho. Com uma parte do dinheiro que ganhou, comprou algumas roupas e sapatos. Mas a maior parte era consumida com a droga. Sob o efeito dela, ele e o Careca praticavam pequenos assaltos, só para ver a cara assustada das vítimas. Depois de cada assalto, riam muito. Visitava favelas, mas também lugares finos. Para esses lugares, Romeu sempre pedia que ele fosse, pois o julgava educado e com boa aparência.

Fazia mais de três meses que ele estava naquele trabalho. Certa vez, foi até um edifício fino para levar a mercadoria. Procurou o número da porta pela qual deveria entrar. Encontrou. Em uma placa presa a ela, estava escrito: Galeria de Arte.

Assim que entrou na recepção, percebeu que aquele ambiente era diferente de todos os que havia frequentado. Identificou-se à recepcionista. Ela o fez esperar alguns minutos. Enquanto esperava, ficou observando o ambiente. Havia muitos quadros e esculturas que chamavam a atenção. Ele não entendia quase nada sobre arte, mas percebeu que aquelas obras eram de artistas famosos. Estava olhando com atenção, quando a recepcionista pediu que ele entrasse em uma sala.

Ele entrou. Uma senhora de mais ou menos quarenta e cinco anos o recebeu sorrindo. Disse:

— Bom dia, meu jovem. Trouxe a mercadoria?

De dentro de uma pasta executiva, ele tirou um pacote e entregou para ela. Ela passou o pacote de uma mão para outra, como se estivesse conferindo o peso.

Séria, disse:

— Parece que está certo. Aqui está o dinheiro.

Ele pegou o dinheiro. Quando ia saindo, ela disse:

— Como é o seu nome?

Ele se voltou:

— Meu nome é Fred.

— Gostei muito de você. É bonito e parece ser de boa estirpe. Na sexta-feira, haverá uma festa em minha casa, não gostaria de comparecer?

Ele levou um susto e, um pouco atrapalhado, respondeu:

— Não sei...

— Não sabe, por quê?

— Não estou acostumado em ir a festas e, além do mais, acredito não ter roupas adequadas. A senhora me parece ser uma pessoa com boas condições financeiras. Com certeza, na sua festa, outras pessoas iguais à senhora comparecerão.

Ela começou a rir:

— Tem razão, mas não se preocupe com isso. Basta ir um pouco mais cedo, lá em casa tem a roupa que precisar. Meu sobrinho, que morava comigo, foi embora. Acredito que a roupa dele é do seu tamanho. Se resolver, aqui está o endereço, basta telefonar. Meu motorista vai buscá-lo onde estiver. A festa vai começar às dez horas, precisa chegar um pouco mais cedo para poder se vestir.

Ele pegou o cartão que ela lhe oferecia. Leu: Rosária Maria Lins da Veiga. Ele não soube o que responder. Apenas se despediu. Assim que chegou à favela, contou ao Careca o que havia acontecido. Este disse:

— Ela é muito rica, mora em um apartamento de luxo. Se gostar de você, vai lhe dar tudo o que precisar, inclusive a droga.

— Não estou entendendo, por que faria isso?

— Você é um rapaz bem apessoado e educado. Ela gosta de ter jovens como companhia.

— Não, eu não vou. Estou desconfiado dessa história.

— Desconfiado, do quê? Se ela gostar de você, poderá deixar esta vida.

— Desculpe, sei que está tentando me ajudar, só que não sei o que fazer...

— Só sabe dizer isso? "Não posso! Não sei!" Eu é que não sei o que fazer com você, estou indo embora! Queria eu ter tido essa chance! Pense bem, se resolver, ligue para ela.

Saiu sem dizer mais nada. Arthur ficou pensando em tudo o que Rosária havia dito. Já era uma hora da tarde. O estômago começou a doer, ele não sabia se era de fome ou vontade da droga.

Comeu um pastel que haviam comprado na noite anterior, bebeu um gole de café. Após algum tempo, sentiu que precisava da droga, não havia como negar. Aceitou que definitivamente era um viciado. Por uma janela, conseguia ver o sol. O dia estava lindo, mas para ele parecia uma noite escura. Olhava para fora e para o cartão. Decidiu:

Não posso voltar para casa... nem posso continuar aqui... vou telefonar e ver o que acontece.

Saiu para a rua, procurando um telefone. Encontrou, ligou:

— Alô. Preciso falar com a senhora Rosária.

— Sou eu mesma, pode falar.

— É o Fred, estive conversando com a senhora. Disse que eu podia ligar.

— Onde você está?

Arthur deu o endereço. Ela disse:

— Sei onde é. Fique aí mesmo, meu motorista vai buscá-lo. O meu carro é preto e grande. Fique junto ao telefone.

— Está bem.

Ela desligou o telefone. Arthur ficou andando de um lado para outro. Não sabia muito bem o que iria encontrar ou o que teria que fazer. Não havia passado nem meia hora, quando um carro preto parou perto dele. O motorista desceu do carro, deu a volta, dizendo.

— Você é o Fred?

— Sou eu mesmo.

— Entre no carro.

Abriu a porta traseira, Arthur entrou e sentou. O carro era belíssimo. Arthur sentiu-se mal, estava nervoso e ansioso. O motorista seguiu em silêncio. Arthur estava em seu limite, tremia e suava muito. Sentia frio e calor. Passaram por alguns bairros. Arthur começou a sentir medo, pois não conhecia aquelas pessoas e nem sabia para onde estava indo, mas sabia também que talvez fosse uma ótima solução.

O carro entrou em uma rua com poucas casas, todas eram grandes e bonitas. Parou diante de um portão de ferro. O motorista desceu e abriu o portão, depois voltou ao carro. Entraram em uma alameda cercada de flores. Arthur, curioso, olhava tudo. Ao longe, viu uma espécie de cachoeira, cuja água caía sobre uma piscina. Árvores frondosas tomavam conta da paisagem. Ele pensou:

É realmente muito bonito, parece aquelas casas que a gente só vê em filmes.

Pararam em frente a uma porta. O motorista desceu e, com um sinal feito com a mão, conduziu Arthur até ela. Entraram, a sala era também muito grande. Tinha uma enorme escadaria que deveria levar ao andar superior. O motorista fez Arthur sentar-se em um sofá e entrou por uma outra porta que ficava à esquerda de onde Arthur estava. Ele permaneceu ali, olhando tudo. Não entendia de arte, mas sabia que os quadros que haviam ali eram de algum pintor famoso. Após mais ou menos cinco minutos, o motorista retornou. Disse com semblante sério e voz firme:

— Venha comigo.

Arthur levantou e o seguiu. Entraram pela mesma porta por onde ele havia saído. Deram em um corredor grande com quatro portas. O motorista entrou em uma delas. Dentro dela havia um escritório, com uma mesa e um computador. Ao vê-lo, Arthur teve um lampejo e lembrou-se do seu computador. Sentiu uma certa tristeza. Atrás de uma mesa, sentada em uma cadeira finíssima de couro, estava ela, que, ao vê-lo, sorriu:

— Olá, pode sentar aí.

Arthur obedeceu. Ela olhou para o motorista que saiu imediatamente. Depois, voltou seus olhos para Arthur:

— Como vai? Fiz uma investigação a seu respeito. Sei seu nome, onde mora e quem são seus pais. Tem certeza de que não quer mais voltar para sua casa?

Arthur apenas moveu a cabeça, dizendo que sim.

— Está bem, se é assim, vamos tentar. Estou vendo que está impaciente e tremendo muito. Está precisando de um pouco de pó?

Os olhos de Arthur brilharam, enquanto dizia:

— É o que mais preciso neste momento.

Ela tirou de dentro de uma gaveta um pacotinho e uma espécie de canudo, entregou os dois para Arthur, que colocou o canudo dentro do pacotinho e inspirou com toda força de seus pulmões. Logo estava sentindo-se muito bem. Não tinha mais medo ou dúvida. Tudo estava bem para ele. Após algum tempo, Rosária disse:

— Precisamos conversar, mas não vai poder ser agora. Você está muito louco. Precisa de um banho e de roupas limpas. Vou chamar o João. Ele vai mostrar-lhe o quarto, onde passará a viver.

Arthur não disse nada, apenas ria sem parar. Rosária apertou uma campainha que havia por baixo da mesa. João entrou.

— João, conduza-o até o quarto que era do Plínio. Eles têm o mesmo corpo, por isso as roupas devem servir nele. Faça com que tome um banho, dê alguma coisa para ele comer. Quando estiver pronto, traga-o de volta.

— Sim, senhora.

Pegou no braço de Arthur e o conduziu até um quarto que ficava no andar superior.

Arthur não notou, mas o quarto era espaçoso. João o ajudou a tirar a roupa e o colocou embaixo do chuveiro. Depois de tomar banho, tornou a ajudá-lo a se vestir. Arthur não sabia muito bem o que estava acontecendo, mas estava gostando.

Terminou de se vestir e foi levado por João de volta ao escritório. Parecia que estava flutuando. Definitivamente, a droga lhe fazia muito bem. João lhe mostrou a porta, ele bateu e entrou. Ao vê-lo, Rosária deu um sorriso:

— Está muito melhor agora. Sente-se aí.

Arthur obedeceu. Ela continuou:

— Já viu que esta casa é muito grande, mas moro sozinha. Casei-me algumas vezes, mas não tenho filhos nem família. Conheceu no centro da cidade o meu escritório. Trabalho com arte, envio algumas para o exterior. Aqui em casa, costumo abrigar garotos. Ficam aqui por um tempo, até me enjoar deles e arrumar outro. O último foi embora. Era do nordeste. Voltou para sua terra.

— Por que ele foi embora?

— Ficou aqui por um ano. Não tinha uma boa educação. Sei que você é bem-educado, pois pertence a uma boa família e estudava em uma boa escola.

Arthur lembrou-se da sua família, de sua casa e também da escola. Respondeu:

— É verdade, mas agora também não tenho mais família, jamais me aceitariam da maneira como estou agora.

— Tem certeza disso? Seus pais com certeza o aceitarão.

— Talvez sim, mas já disseram que preciso ir para uma clínica, e eu não quero.

— Você acha que eles estão errados? Essa não seria uma solução?

— Estive pensando muito a respeito disso. Resolvi que não quero largar da droga. Ela me faz muito bem. Com ela, sinto que conseguirei fazer qualquer coisa. Estive muito assustado, mas agora sei que é esse o caminho que quero. A minha única preocupação é como conseguir o dinheiro de que preciso. Ganho entregando a mercadoria, mas está ficando cada vez mais difícil, pois a cada dia que passa aumenta a necessidade, e o dinheiro que ganho já não está sendo o suficiente.

— Se é assim, não precisa mais se preocupar. Aqui terá boa casa e comida, como também boas roupas e toda a droga que precisar.

— É verdade?

— Sim, só que, para isso, precisa me fazer companhia.

— Se é só isso, farei com prazer.

— Sou sozinha, mas recebo muitos amigos. Aqui, sempre há festa, onde rola muito sexo e droga.

Arthur ficou calado. Depois, disse:

— Nunca fiz sexo. Aliás, nunca namorei...

— Não se preocupe com isso. Vai aprender como se faz, e garanto que vai gostar. Agora, preciso trabalhar. Se quiser, pode ir nadar na piscina ou ir dormir. Você pode escolher o que preferir.

— Prefiro ir nadar, faz muito tempo que não faço isso.

— Vou pedir ao João que o leve até a piscina.

Fez isso. Em poucos minutos, João chegou. Recebeu a ordem e saiu. Deu uma roupa de banho para Arthur que, ao se ver diante da piscina, não resistiu. Mergulhou e começou a nadar. Ele que fora sempre um ótimo nadador, e que até competiu e ganhou sempre entre os primeiros, agora sentia que já não era o mesmo de antes. Após dar algumas braçadas, era obrigado a parar e descansar. Mas, mesmo assim, ficou na psicina por muito tempo. Depois, saiu dela e sentou em uma cadeira. Fechou os olhos e ficou pensando:

Como cheguei até aqui? Que caminho é este que estou percorrendo? Esta casa é muito grande, parece que aqui existe todo o conforto. A dona Rosária parece ser uma ótima pessoa. Sinto que aqui estarei protegido.

Levantou, ficou olhando para o céu, começou a andar em volta da piscina. Lembrou-se da sua família.

Como estarão? Devem estar preocupados... mas não posso mais viver ao lado deles, também não é justo deixar que se preocupem. Preciso telefonar e dizer que estou bem. Parece que aqui não me faltará nada...

Voltou para a cadeira. Agora se deitou ao sol. Estava assim pensando em tudo o que estava lhe acontecendo, quando ouviu uma voz:

— Fred, a dona Rosária quer conversar com você.

Ele levantou imediatamente:

— Onde ela está?

— No escritório, pediu que eu o acompanhasse até lá. Venha.

Assim dizendo, virou-se e começou a andar. Arthur precisou quase correr para alcançá-lo. João caminhava com passos firmes e calado. Arthur percebeu que ele não era de falar muito, estava sempre com o semblante fechado. Não havia visto nem a sombra de um sorriso. Ele deveria ter uns cinquenta ou cinquenta e cinco anos. Chegaram à porta do escritório que estava aberta. João entrou na frente:

— Ele está aqui.

Rosária, com um sorriso, respondeu:

— Obrigado, João, agora pode se retirar.

Ele obedeceu sem mexer um músculo do rosto. Arthur entrou. Estava com um roupão sobre a roupa de banho. Rosária, com a mão, fez um sinal para que ele se sentasse. Ele obedeceu e sentou em uma cadeira que estava em frente à escrivaninha. Ficou, assim, bem de frente à Rosária, que o olhava com insistência. Seu olhar era tão intenso e profundo que fez Arthur se sentir mal. Após um sorriso, ela disse:

— Gostou da piscina?

— Sim! Ela é muito boa, sua dimensão é olímpica.

— Gosta de nadar?

— Gosto, aliás, gostava, eu ia ao clube duas vezes por semana para ter aula e treinar.

— Aqui poderá treinar quanto quiser.

— Isso será muito bom.

— Aqui terá também tudo do que precisar para ser feliz. Poderá viver aqui para sempre, será o meu hóspede.

— A senhora já disse isso, só não estou entendendo o porquê.

— Estou vendo que você é um belo rapaz, além do mais é educado, sabe como se comportar e falar. Sabe que, para tudo na vida, sempre há um preço...

— Sei disso, por isso não estou entendendo. Como farei para lhe pagar a hospedagem?

— Sou uma mulher sozinha, devido ao cargo que tenho na empresa, não posso me dar ao luxo de ter uma família. Por isso preciso de alguém em que possa confiar para me fazer companhia. Gostei do seu modo, sinto que poderemos ter longas conversas.

— Se for só isso, aceito.

— Costumo dar muitas festas aqui, para elas convido pessoas de fino trato, homens e mulheres...

— Parece que vai ser divertido.

— Geralmente é. As pessoas vêm aqui para se divertir e tratar de negócios. Preciso fazer que se sintam bem, para isso vou contar com você. Quero que lhes dê toda a atenção e que faça tudo o que quiserem. Está disposto?

— Tudo o quê?

— Elas precisam estar bem, para que eu possa fechar bons negócios e ter dinheiro para manter tudo isso aqui, entendeu?

Pelo olhar dela, Arthur estava entendendo o que ela dizia. Um pouco preocupado, disse:

— Se estou entendendo bem, a senhora está dizendo que terei de ser agradável? Manter relações sexuais?

Com o olhar malicioso, ela disse:

— Não, isso só fará comigo...

Ele falou, confuso:

— Não sei como se faz! Nunca tive uma relação sexual, o que sei, aprendi nos livros e nas revistas. Meu pai conversava algumas coisas comigo, mas sempre para me alertar do perigo que havia. Acredito que não poderei fazer isso.

Rosária começou a rir:

— Ora! Não se preocupe. Foi por isso mesmo que me interessei por você. Terei prazer em lhe ensinar tudo! A única coisa que tem a fazer é aprender o mais rápido possível. Venha comigo.

Ele levantou da mesa, caminhou em direção à porta que levava a um corredor bem comprido, onde havia muitas portas. Abriu e entrou por uma delas. Ao entrar atrás dela, Arthur foi obrigado a exclamar:

— Nossa! Que maravilha!

Rosária apenas sorriu:

— Aqui é o lugar mais importante para as minhas festas, é por causa disto que muitas pessoas atendem ao meu convite. São pessoas especiais.

Arthur, sem entrar, olhava tudo de longe. Diante dele, havia uma imensa sala, toda colorida, com muitas luzes e mesas com feltro verde, roletas e máquinas caça-níqueis. Era um verdadeiro cassino, que ele só havia visto nos filmes.

— É tudo muito bonito!

— Pode notar que tipo de pessoas vêm aqui. Será com elas que terá de lidar.

— Não sei se conseguirei. Nunca imaginei estar em um ambiente como este...

— Conseguirá, sim. Verá que não é tão difícil. Deve se lembrar sempre de que este é o preço que estará pagando por todo conforto e toda droga que terá.

Arthur não respondeu. Estava deslumbrado com tudo o que estava vendo e acontecendo com ele. Lembrou-se dos pais.

— Não sei se poderei ficar aqui. Meu pai, com certeza, está me procurando, deve até ter colocado detetives para me achar. Eu o conheço. Não sossegará enquanto não me encontrar...

— Isso poderá ser resolvido. Ele só vai procurá-lo, se não souber onde você está.

— Mas se souber que estou aqui, virá me buscar imediatamente!

— Não precisa saber que está aqui, só precisa saber que você está bem. E que a qualquer momento voltará para casa.

— Como farei isso?

— Basta telefonar, dizendo que está em um lugar confortável e que a qualquer momento voltará para casa.

— Acredita que isso será o suficiente?

— Claro que sim.

Arthur olhou para o telefone que havia sobre uma mesa. Olhou para Rosária para lhe pedir que o deixasse telefonar, mas antes que ele falasse qualquer coisa, disse:

— Vai telefonar, sim, mas não daqui. Se o fizer, em pouco tempo seu pai estará aqui.

— Como?

— Ele poderá ir à polícia, contar a história e conseguir que a ligação seja rastreada.

— Poderá mesmo?

— Claro que sim, ainda mais sendo advogado e se tratando de drogas.

— Como farei?

— Ainda não são cinco horas, vou pedir ao João que saia com você e o leve até um bairro distante. Você fará a ligação de um telefone público. Mesmo que tente, ele não conseguirá encontrá-lo.

Arthur pensou por um instante. Depois, disse:

— Acho que assim é melhor mesmo. A senhora pensa em tudo.

— No ramo em que estou, se não pensar, estarei frita!

Dizendo isso, virou-se e os dois saíram da sala, voltando para o escritório. Rosária apertou uma campainha. Logo João estava lá.

— Pois não, senhora?

— João, mostre a ele o quarto que vai ocupar a partir de hoje. Depois, preciso que saia com ele e o leve até a um bairro distante para que possa telefonar.

— Está bem, senhora.

Olhou para Arthur, ainda sem mexer um músculo do rosto. Disse:
— Fred, venha comigo.

Arthur olhou mais uma vez para Rosária, que lhe sorria. Iam saindo do escritório, quando a ouviram dizer:
— De agora em diante, não vai mais me chamar de senhora, a não ser na frente dos meus convidados.
— Está bem, entendi. Até mais, Rosária...

Sorrindo, acompanhou João, que seguia novamente com o rosto fechado. Subiu uma escadaria em caracol que saía de uma sala imensa. No andar de cima, percebeu que havia várias portas, onde deveriam ser os quartos. João abriu uma delas. Arthur entrou. Deslumbrou-se. No meio do quarto, havia uma cama de casal com dois criados-mudos, em cima de cada um, havia um abajur. Do outro lado, um sofá e uma mesa de centro. Na parede em frente à cama, uma espécie de estante, onde havia um aparelho de televisão e, ao seu lado, um aparelho de som. Tudo estava muito limpo, a cama convidava a se deitar, mas ele resistiu. João mostrou uma outra porta que havia dentro do quarto. Abriu. Era um banheiro imenso, com chuveiro e banheira. Um armário, onde havia jogos completos de toalhas macias. Um lavatório com perfumes e cremes. Arthur deslumbrou-se ainda mais com a vida que percebia à sua frente. Após mostrar tudo, João se despediu e saiu do quarto.

Assim que se viu sozinho, não se conteve, jogou-se sobre a cama. Sentiu que ela era fofa e macia, os travesseiros estavam forrados com fronhas de cetim de um azul bem claro, assim como os lençóis. Não se conteve e falou alto:
— Isto aqui é o paraíso!

Levantou, olhou para uma porta que João não havia lhe mostrado, abriu. Lá dentro, havia outro quarto, só que com armários, onde estavam muitas roupas e sapatos, experimentou um sapato, uma calça e uma camisa. Serviu direitinho. Havia também um grande espelho, onde ele se olhou e gostou do que viu. Ficou encantado.

Parecia que aquele quarto fora feito para ele. Sabia que pertencia a um outro rapaz de nome Plínio, mas isso não lhe importava, pois agora tudo aquilo era seu. Encheu a banheira, jogou um pouco de sais de banho que havia no armário, fez espuma, entrou. Estava ali deitado e com os olhos fechados, quando ouviu uma batida na porta e a voz de João:

— Já está tarde, precisamos ir telefonar.

Então, Arthur voltou à realidade. Levantou apressado e dizendo:

— Já estou indo.

Saiu do banheiro enrolado em uma toalha. Correu para o quarto onde estavam as roupas e sapatos. Vestiu-se rapidamente e saíram.

João, sempre em silêncio, levou-o até a garagem, entraram no carro preto, logo estavam novamente na avenida. Ele dirigiu por mais ou menos quarenta minutos. Estacionou o carro em frente a um telefone público. Deu algumas fichas telefônicas e fez um sinal para Arthur mostrando o telefone. Este desceu e, junto ao telefone, parou por um instante, precisava pensar o que iria dizer. Tomou a decisão, discou o número de sua casa.

Álvaro estava em casa, em seu escritório. Lá ele estudava seus casos e lia, por isso não tinha telefone, não gostava de ser incomodado enquanto estava trabalhando. Deu um pulo da cadeira em que estava sentado, quando ouviu o chamar do telefone. Saiu do escritório correndo. Chegou no momento em que Odete atendia:

— Arthur! Meu filho! Onde você está?

— Estou bem, mamãe. Estou ligando para dizer que não precisam se preocupar comigo, estou muito bem…

— Não diga isso, meu filho! Como pode estar bem longe de casa e da gente?!

— Agora a senhora já sabe no que me tornei, não posso mais continuar vivendo aí…

— Você está chorando, meu filho?

— Não, só estou triste por tudo isso que está acontecendo…

— Volte para casa! Só aqui poderá ser ajudado! É só disso que precisa! Ajuda, e nós estamos aqui para isso. Nós o amamos!

— Não, mamãe, não posso voltar. Preciso da droga, encontrei um lugar onde terei toda de que precisar...

— Não, Arthur! Se isso for verdade, terá que pagar um preço muito alto! Ninguém faz nada de graça! Volte para casa!

Impotência diante da realidade

Álvaro e Leandro ouviam Odete falando, mas não sabiam o que Arthur estava dizendo. Em um repente, Álvaro tirou o telefone da mão de Odete:

— Arthur! Onde você está? Vou buscá-lo agora mesmo! Precisa voltar para casa, vai nos deixar loucos!

— Sinto muito, papai, mas não posso voltar. Não poderei mais viver sem a droga, não quero lhes dar mais problemas, estou bem, não se preocupe...

— Não está bem coisa alguma! Só estará bem aqui em casa e ao nosso lado! Se tiver um bom tratamento, não vai mais precisar da droga. Vai se livrar dela e poderá ser tudo como era antes. Onde você está?

— Não, papai... nada, nunca mais será como era antes... estou indo embora porque os amo e não quero que sofram mais por minha casa. Dê um beijo no Leandro, diga a ele para que fique longe das drogas...

Antes que Álvaro dissesse qualquer coisa, ele desligou o telefone. Arthur chorava muito. João, que acompanhou toda a conversa, pela primeira vez, expressou um sorriso:

— Tem certeza de que está fazendo a coisa certa? Tem certeza de que é esse mesmo o caminho que quer seguir?

Arthur estranhou aquela a atitude e a pergunta vindas daquele homem que ele não conhecia e que até ali não havia dito uma palavra agradável. Tão estranho que não soube o que responder. Estava triste por perceber a aflição de seus pais, mas sabia que jamais poderia voltar para casa. Um novo mundo se abria para ele, um mundo onde conheceria outras pessoas e uma maneira nova de viver. Um mundo que o atraía e que ele queria conhecer.

Assim que desligou o telefone, Álvaro olhou para a mulher e o filho. Os dois choravam. Leandro chorava por ver a tristeza e o sofrimento nos olhos dos pais. Ele se sentia impotente, havia rezado, pedido a Deus para que seus pais não chorassem mais, mas de nada adiantou, porque, naquele momento, ele também chorava e não conseguia se conter. Pensou:

Deus não ouviu a minha prece, acho que Ele não entendeu...

Álvaro não sabia o que fazer. Sentiu que, naquele momento, perdeu o seu filho para sempre. Não aceitava aquilo, logo ele que havia lutado tanto para chegar aonde chegara. Disse com voz decidida:

— Estou indo agora mesmo para a delegacia. Vou contar o que aconteceu, talvez eles possam descobrir de onde ele telefonou. Se descobrirmos, talvez possamos encontrá-lo.

Odete pensou em impedi-lo, mas sabia que não adiantava. Ele estava determinado a encontrar o filho e, por tudo que ela conhecia dele, sabia que só descansaria quando isso acontecesse.

Pegou um paletó e, enquanto o vestia, ia saindo e dizendo:

— Preciso ir rápido, ele não pode estar muito longe do telefone. Deve estar andando a pé.

Saiu. Odete olhou para Leandro, que assim como ela seguia os passos do pai. Percebeu que ele chorava, lembrou-se da oração que ele havia feito naquele dia. Abraçou-se a ele, dizendo em voz baixa:

— Meu Deus, não permita que o meu filho chore, não esqueça que ele Lhe pediu isso.

Leandro, ao ouvi-la, levantou a cabeça, olhou em seus olhos, enquanto dizia:

— Ele não esqueceu, mamãe, só vamos chorar mais um pouquinho. O Arthur vai voltar...

Ela, com os dedos, secou uma lágrima que corria pelo rosto dele:

— Vai sim, meu filho. Tudo vai ficar bem.

Álvaro chegou à delegacia. Foi encaminhado a uma sala. Ao entrar, encontrou o mesmo delegado que havia prendido Arthur e o aconselhado a interná-lo. Ao vê-lo, soltou uma exclamação, enquanto perguntava:

— O senhor é o delegado de plantão?!

— Olá, como vai o senhor?

— Não estou bem, aconteceu muita coisa desde aquela noite.

— Posso imaginar, mas não quer me contar qual é o motivo da sua presença aqui?

Álvaro contou tudo o que aconteceu desde a fuga de Arthur. Quando terminou de falar, o delegado soltou um leve sorriso:

— Eu lhe avisei para levá-lo aquela noite mesmo para a clínica. Era a melhor oportunidade, ele estava assustado e não entendia muito bem o que havia acontecido.

— O senhor tem razão, mas agora já foi. Precisamos rastrear o telefone, talvez o encontremos.

— Se quiser, podemos fazer isso, mas posso lhe garantir que vai ser inútil.

— Como pode saber?

— Se ele ligou dizendo que está bem, é porque encontrou um lugar para ficar. Caso contrário, teria ligado para lhe pedir que fosse buscá-lo.

— Mas não custa tentar! Já contratei um detetive, mas ele não o achou. Talvez por não ter sido eficiente. O senhor conhece algum que possa me indicar?

— Conheço e posso lhe indicar, mas sei que não vai adiantar.

Álvaro, nervoso com aquela atitude, disse:

— Preciso tentar! Como pode saber que não vai adiantar?

Ele tirou do bolso a foto de uma mocinha. Entregou para Álvaro. Ela devia ter, no máximo, dezessete anos. Com os olhos tristes, disse:

— Estou dizendo isso, porque já percorri todos esses caminhos.

— Esta é sua filha?

— Era minha filha... hoje não está mais aqui na Terra...

— Ela morreu?

— Sim, de overdose. Quando descobri, senti o mesmo que o senhor está sentindo, fiz tudo isso que está querendo fazer, mas não adiantou. Ela não conseguiu ou não quis se afastar das drogas. Mentiu, roubou, enganou, fez tudo para disfarçar. Dizia que estava bem, que nunca mais usaria, mas um dia a encontramos morta em uma rua da cidade. Era um lugar que nunca poderíamos imaginar que andasse. Era nossa filha única. Eu e minha esposa quase morremos também. Ela havia sido criada com todo o carinho. Ao menos, era assim que pensávamos. Por isso, dedico minha vida a ajudar os jovens que estão nas drogas. Sempre que posso, indico uma clínica ou uma religião. Alguns têm conseguido sair e retomar a vida.

Álvaro estava estarrecido:

— Até onde isso vai? Por que os traficantes ficam impunes?

— O mundo das drogas é um mundo à parte. Nele existe muito dinheiro, e, o senhor sabe, o dinheiro compra tudo e todos. Algumas vezes, conseguimos descobrir um ponto de droga, até prendemos algumas pessoas, mas geralmente são pessoas sem importância alguma, os chamados aviõezinhos. Os verdadeiros traficantes, os chefões, estão bem protegidos, escondidos atrás de uma identidade respeitável. A droga está espalhada pelo mundo todo. Viaja mais que qualquer ser humano. Todos os países estão preocupados com ela.

— O senhor está me dizendo que não há como combatê-la?

— Há! Claro que há. Mas, para isso, não adianta prender o traficante, pois, ao prendermos um, dez tomarão o seu lugar. O necessário é acabar com o consumidor. Sem ele, não haverá mais traficante. Mas isso também está longe de acontecer. Ela não está só com os jovens, está em toda parte. Pessoas influentes, como artistas, estudantes, advogados, políticos e até médicos fazem uso dela. O que precisamos é começar educando as crianças desde o primeiro ano escolar. Dar a elas condições de estudo e uma vida tranquila junto a seus pais.

Ao ouvir aquilo, Álvaro lembrou-se de Iracema e da favela onde ela morava. Disse:

— Isso todo mundo diz, em todos os debates que vejo na televisão, mas tudo é demagogia. Nosso país é muito pobre, estive em uma favela e não acreditei no que vi lá. Não entendo como as pessoas podem viver daquela maneira.

— Nosso país é muito pobre, sim, mas não precisaria ser e um dia não será, quando encontrar homens que realmente o amem e governem para o bem-estar de todos. Esse dia chegará.

— O senhor acredita nisso?

— Acredito, preciso acreditar...

— Mas, de qualquer forma, o Arthur não se enquadra nesse perfil, ele sempre teve tudo do que precisou. Nunca deixei que lhe faltasse nada. Sua mãe e eu vivemos na mais perfeita paz, nos damos muito bem, ele cresceu em um ambiente saudável. Se fizemos alguma coisa de errado, juro ao senhor que tenho pensado todos esses dias, mas não consigo encontrar. Não sei onde falhei como pai.

— Se é assim, o senhor tem razão, talvez a pobreza não seja o motivo. Além do mais, o que sabemos da vida? Qual será o verdadeiro motivo que está escondido por trás de tudo o que nos acontece?

— Não sei se existe algum motivo escondido, mas, se existir, vou descobrir, isso lhe garanto.

O delegado sorriu:

— O senhor é mesmo um homem determinado.

Álvaro, um pouco constrangido, apenas sorriu, e continuou dizendo:

— Apesar de tudo o que conversamos, eu queria tentar junto à companhia telefônica e também com o detetive. Pode me ajudar?

— Claro que sim.

Escreveu alguma coisa em um papel e deu para Álvaro, junto com um cartão de visita.

— Neste papel está o nome da pessoa com quem deve falar na companhia, e este cartão é do detetive meu amigo. Se seu filho estiver em alguma favela, com certeza ele o encontrará. Tenha boa sorte e, se o encontrar, me comunique, estou muito interessado em saber notícias dele. Aqui está o telefone da minha casa. Se não me encontrar aqui, poderá me encontrar lá.

Álvaro pegou o papel e os cartões. Agradeceu e saiu. Assim que chegou em casa, antes mesmo de falar alguma coisa para Odete, ligou para o telefone que estava anotado no papel. Falou com o homem da companhia telefônica, dizendo que fora o delegado quem lhe dera o seu nome e número do telefone. O homem prontificou-se a ajudá-lo. Em seguida, contou para Odete e para Leandro tudo o que havia conversado com o delegado.

Procurando Rodrigo

Enquanto isso, Arthur chegava à casa de Rosária. Contou tudo o que havia dito para seus pais. Ela ouviu com atenção. Assim que ele terminou de contar, disse:

— Tem certeza de que agiu corretamente?

Respondeu, decidido:

— Tenho!

— Então, está bem. João, leve-o para conhecer o resto da casa. Antes que saia, preciso lhe dizer que aqui só moramos eu, o João e o Jerônimo, o nosso cozinheiro.

— Só os três?

Rosária riu:

— E agora você.

— Em uma casa tão grande como esta?

— Sim.

— Mas está tudo tão limpo. Quem faz a limpeza?

— Contratei uma companhia de limpeza, eles vêm três dias por semana, cuidam de tudo, não precisa se preocupar, tudo que precisar estará sempre em ordem. Tenho outra companhia especializada em festas. Nas noites de festa, eles trazem garçons e tudo o que é preciso.

Já estou com essas companhias há muito tempo. Você tem carta de motorista?

— Ainda não, tenho só dezessete anos.

— Você é tão alto que esqueci desse detalhe. Assim que fizer dezoito anos, vou lhe dar um carro.

— Um carro?

— Sim, por quê?

— Nunca pensei em ter um carro só meu!

— Pois terá. Basta dar conta do seu trabalho que você terá um carro e muito mais.

Arthur não estava acreditando em tudo aquilo. Algumas horas antes, estava no barraco do Careca, sem saber o que fazer da vida, e agora tudo aquilo. Tinha a impressão de estar sonhando.

João, em seu quarto, pensava:

Outro garoto. A este não vou me afeiçoar, sei que acontecerá com ele o que aconteceu com os outros. Morrerá de tanta droga ou do modo como o Plínio morreu. Não consigo me esquecer daquela noite em que ele, completamente louco com o efeito da droga, caiu ou se jogou na piscina. No dia seguinte, quando o encontramos, tive que colocá-lo no porta-malas e jogá-lo na represa. Nunca ninguém descobriu como ele havia morrido. Quando o corpo foi encontrado, a polícia concluiu que ele havia se afogado na represa. Mas eu não consigo esquecê-lo, gostava muito daquele menino. Por isso não quero me aproximar desse. Sei que vai acontecer a mesma coisa, não quero sofrer mais.

Na primeira festa que houve, Arthur se admirou com tanta gente que veio. Logo, todos estavam em volta das mesas, das roletas ou das máquinas caça-níqueis. Percebeu também que havia muita bebida e droga. As pessoas não só cheiravam, mas algumas a aplicavam nas veias. A princípio, ficou assustado, mas depois, também sob o efeito da droga, começou a se divertir. Seguindo a recomendação de Rosária, foi gentil com homens e mulheres. Não demorou muito para que também aplicasse a droga em suas veias. Estava totalmente dominado. Tinha ao seu alcance toda a droga de que precisava. Aos poucos, foi se esquecendo da família. Quando se lembrava deles, afastava logo os pensamentos com mais uma "cheirada" ou "picada".

O tempo foi passando. Quando fez dezoito anos, como Rosária havia lhe prometido, ganhou um carro último tipo. Ficou encantado. Precisava mostrar para alguém. Mas quem? Então, lembrou-se de Rodrigo:

Onde ele estará? Será que saiu das drogas?

Em uma tarde, saiu com o carro e seguiu em direção à casa de Rodrigo. Estacionou o carro na frente da casa. Desceu, tocou a campainha. Uma senhora que não conhecia abriu a porta.

— Pois não?

— Queria falar com o Rodrigo. Ele está?

A mulher ficou olhando para ele, com um olhar estranho. Parecia que ela não estava entendendo o que ele dizia. Ele repetiu:

— Preciso falar com o Rodrigo. Ele está?

— Aqui não tem ninguém com esse nome. Deve ter errado de casa.

— Há quanto tempo a senhora mora aqui?

— Faz mais de um ano. Comprei a casa de uma senhora que ia embora para o interior. O nome dela era Glória.

— Ela vendeu a casa?

— Sim. Eu comprei.

— O filho dela estava junto?

— Encontrei com ela só duas vezes, não conversamos muito, só o referente à venda da casa. Nem sabia que ela tinha um filho.

— O que será que aconteceu?

— Não sei, nem sabia que tinha um filho…

— Obrigado.

Arthur ia saindo, quando ouviu uma voz:

— Ei, moço! Você não era amigo do Rodrigo?

Ele se voltou e reconheceu a vizinha, que sempre via quando vinha visitar Rodrigo. Respondeu:

— Sou eu mesmo. A senhora sabe onde ele está?

— Ele morreu.

— Morreu? Como?

— A dona Glória o internou em uma clínica. Ele ficou lá por mais de seis meses e voltou para casa. Ela estava feliz, pois parecia que ele estava curado, mas não demorou muito e logo começou a se drogar novamente. Ela quis levá-lo de volta, mas ele fugiu e só apareceu quando foi encontrado morto em uma rua distante. Ninguém sabe quem o matou, se foi a polícia ou os bandidos. Ela ficou desolada, vendeu a casa e foi embora para o interior.

Arthur precisou se segurar no portão para não cair, tão grande foi o susto que levou. Quis dizer alguma coisa, mas sua garganta secou, não conseguiu dizer uma palavra.

Deu adeus com a mão, entrou no carro e saiu em disparada. Estava perto de sua casa, olhou no relógio do carro e viu que estava na hora de sua mãe chegar em casa acompanhada de Leandro.

Dirigiu-se para a entrada da sua rua, do lado oposto ao que sua mãe chegava. Estacionou o carro na esquina. De onde estava podia ver sua mãe chegando, mas ela não poderia vê-lo. Não demorou muito, ele viu o carro entrando na rua e estacionando em sua garagem. A porta se abriu, viu sua mãe descendo. Ela estava um pouco mais magra e parecia envelhecida. Do outro lado, desceu Leandro. Ao vê-los, Arthur sentiu vontade de correr para eles, mas conteve-se. Olhou para Leandro, enquanto ele entrava em casa atrás de sua mãe:

Como ele cresceu! Deve estar quase da minha altura. Minha mãe parece tão triste. O que fiz com ela?

Ficou ali parado, olhando a casa por um bom tempo, mas sabia que não poderia nem queria voltar. Vivia agora uma outra vida, já não era o mesmo menino que eles conheciam, tornara-se em um homem adulto e tinha vivido muita coisa. Agora tinha todo tipo de droga, bebida e sexo. Nunca mais poderia voltar. Estava feliz com a vida que levava. Gostava e não queria sair dela. Ligou o carro e voltou para a casa de Rosária. No dia seguinte, haveria outra festa e ele iria aproveitar.

Estacionou o carro em frente à porta de entrada. Foi para seu quarto, sabia que, àquela hora, Rosária não estava em casa, devia estar no escritório que possuía na cidade. Foi para seu quarto, estava precisando da droga, pois estava deprimido com a morte de Rodrigo e saudoso de sua família. Ver sua mãe e seu irmão não lhe fez bem. No quarto de vestir, abriu uma gaveta. Lá havia todo tipo de droga. Resolveu que iria inspirar um pouco de pó. Não era tão forte como aquele que aplicava na veia, mas era só o que queria naquele momento. Esparramou o pó sobre a mesa e, com a ajuda de um caninho, inspirou o mais profundo que conseguiu. Queria se livrar daquela tristeza que estava sentindo:

Em poucos minutos, começou a sentir o efeito. Normalmente, ficava alegre e feliz, mas naquele dia isso não aconteceu. Ele estava e continuava triste. Sentou em um canto do quarto e começou a chorar, enquanto pensava:

Estou aqui há quase dois anos. Durante esse tempo todo, tenho atendido a todos os desejos da Rosária e de seus amigos. Tenho, realmente, tudo que preciso, mas estou só... não tenho ninguém para conversar... hoje vi o Leandro, ele está um moço, e eu não acompanhei o seu crescimento... e minha mãe? Está tão diferente de como era.... meu pai? Como estará? O Rodrigo morreu... não quero mais viver, minha vida está destruída, não sirvo para nada...

Cheirou mais um pouco do pó. Ficou ali por muito tempo, até que Rosária entrou no quarto.

— O que está sentindo? Por que está chorando dessa maneira?

Ele, com muito custo, contou tudo o que havia acontecido naquela tarde. Rosária o abraçou, dizendo:

— Isso tudo vai passar, sabe quanto gosto de você. Sabe que, pelo seu jeito de agradar, consegui muito dinheiro. Por sua causa, as pessoas apostam muito. Fique calmo, entre na banheira e tome um banho. Logo vai se sentir muito bem. Seu amigo morreu porque chegou a hora dele, você não tem nada a ver com isso. Sua vida é outra, aqui está protegido.

Como uma criança, ele obedeceu. Entrou na banheira e tomou um banho demorado. Ficou dentro da banheira por muito tempo. Depois se vestiu, deitou na cama e adormeceu.Quando acordou, já eram quase onze horas da manhã. Tentou se levantar, mas foi obrigado a deitar novamente, sua cabeça estava pesada. Não se lembrava muito bem do dia nem da noite anterior. Pensou ter sonhado com sua mãe, seu irmão e Rodrigo. Estava confuso. Levantou, foi ao banheiro, ligou o chuveiro, entrou.

Após tomar o banho, vestiu uma roupa e desceu em direção à cozinha. Encontrou, no corredor, João que ia exatamente acordá-lo. Ao vê-lo, Arthur sorriu.

— Ia me acordar?

— Ia, sim.

Arthur mexeu em seus cabelos e saiu correndo. Rindo, disse:

— Confesse! Não pode viver sem a minha companhia!

João, embora não quisesse, foi obrigado a sorrir. Ele havia tentado manter distância de Arthur, mas não havia conseguido. Aos poucos, foi gostando dele e agora temia muito por seu destino. Era fiel a Rosária, trabalhava com ela há muito tempo, mas não gostava quando ela se aproveitava de garotos ingênuos, como Arthur era quando chegou àquela casa. Sorrindo, acompanhou-o até a cozinha. Viu quando Arthur chegou na tarde anterior, sentiu vontade de ir até seu quarto, mas sabia que Rosária não queria.

Os dois chegaram juntos à cozinha. Jerônimo, o cozinheiro, os recebeu:

— Até que enfim você acordou. O café já esfriou, daqui a pouco o almoço estará pronto.

Arthur respondeu:

— Não se preocupe com isso, não estou com fome. Vou só tomar um copo com leite e esperar o almoço. Sei que não vou me arrepender.

— Não vai mesmo, nem imagina o que estou preparando.

— Nem quero saber, sabe que gosto de surpresa.

Enquanto tomava seu copo de leite, João tomava café. Assim que terminou, disse:

— Estou indo para o escritório, a Rosária quer vir almoçar em casa. Disse que não está bem do estômago, por isso não quer comer em restaurante. Quer que você faça só uma sopa leve.

Jerônimo ficava contente quando Rosária deixava a boa comida dos restaurantes para comer a sua. Disse:

— Pode ir, vou agora mesmo preparar a sopa, do jeito que ela gosta.

Arthur e João saíram da cozinha. João foi para fora da casa. Arthur, para o escritório de Rosária. Ao chegar lá, viu o computador que estava desligado. Lembrou-se de suas aulas e de como gostava delas. Da facilidade que tinha em aprender. Sentiu uma enorme vontade de usá-lo. Ligou, abriu o programa seu conhecido. Começou a trabalhar nele. Fez uma planilha de custos, inventou alguns números.

Estava distraído, quando ouviu Rosária que, com voz brava, dizia:

— Que está fazendo aí?

Ele se assustou e virou a cadeira:

— Estou apenas brincando, me distraindo...

Rosária aproximou-se, olhou e viu que ele realmente estava fazendo algo que não tinha nada a ver com os seus negócios. Perguntou:

— Você sabe mexer com programas?

— Era o que mais gostava de fazer, tinha verdadeira adoração por computador. Durante muito tempo, frequentei aulas e dizia que seria o rei do computador. Mas isso faz muito tempo, agora não sou nem serei o rei de nada...

— Isso agora não tem importância, preciso saber se sabe mesmo mexer com esse negócio.

— Sei, claro que sei, e o que não sei posso aprender.

— Sabe, o tipo de negócios que tenho e a Galeria são só uma fachada. A pessoa que cuidava de tudo faleceu e eu não confio em mais ninguém. Ele trabalhou ao meu lado durante muito tempo. Tenho cópias do programa guardadas no cofre. Será que consegue decifrar o programa e continuar o trabalho? No programa, há todos os nomes de fornecedores, clientes e pontos de venda. É um programa feito especialmente para isso. Quero que tente modificá-lo, que fique de uma maneira que só você o conheça. Acha que pode fazer isso?

Arthur pensou um pouco. Depois respondeu:

— Agora, no momento, não sei se posso fazer isso. Mas se tiver alguns dados e um computador, tentarei, e talvez consiga.

— Está bem, hoje mesmo, após o almoço, irá comigo ao escritório. Lá, estudará um meio de fazer isso, mas ninguém pode saber que mora comigo, nem que o conheço. Será apenas mais um empregado. Terá um bom salário e, se conseguir esse programa, terá tanto dinheiro como nunca sonhou.

Arthur sorriu. Estava feliz com a vida que estava vivendo, quase nunca se lembrava de sua família. Quando isso acontecia, entrava em depressão, mas nada que uma dose de droga não afastasse. Algumas vezes, sentia falta de fazer alguma coisa, tinha muito tempo livre e isso o aborrecia. Agora, estava tendo a chance de trabalhar e, o mais importante, poderia voltar ao computador, ao seu sonho.

Após o almoço, foi, junto com Rosária, até a galeria. Desde aquela primeira vez, ele nunca mais voltou ali. Tomaram o elevador, desceram no oitavo andar. Rosária saiu na frente e foi seguida por Arthur. Chegaram em frente à porta, onde estava a placa.

Rosária abriu a porta. Arthur se deparou novamente com aquele ambiente de muito luxo. Uma moça estava sentada atrás de uma mesa decorada com um vaso de flores frescas. Não era a mesma recepcionista da vez anterior. Rosária, sorrindo, disse:

— Olá, Vera, este é o Fred, vai trabalhar conosco.

Ela olhou para Arthur e ficou encantada com a bela figura de homem que estava à sua frente. Disse:

— Muito prazer e seja bem-vindo!

Ela se encantou e realmente tinha razão para isso, ele se tornou um belo rapaz. Mais velho e encorpado, estava longe daquele garoto com o rosto cheio de espinhas. Ele apenas sorriu.

Rosária continuou andando, virou à direita e entrou em um corredor comprido. Arthur notou que havia várias salas e que pessoas trabalhavam nelas. Ia olhando tudo e seguia Rosária. Percebeu que as pessoas sabiam que eles estavam ali, mas que não olhavam. No corredor, um rapaz se aproximou:

— Boa tarde, dona Rosária.

— Boa tarde, Gilberto. Este é o Fred e ele vai trabalhar ao seu lado, quero que o ajude em tudo que precisar.

— Fico contente. Seja bem-vindo, Fred. Estarei a seu dispor, pode pedir tudo o que precisar.

Rosária disse:

— Fred, este é o Gilberto. Ele faz tudo aqui e entende alguma coisa de computador.

Arthur sorriu:

— Olá, Gilberto, espero que possamos nos dar bem.

— Se depender de mim, nos daremos sim.

— Podem começar agora mesmo. Gilberto, acompanhe o Fred até a sala dos computadores. Mostre todos a ele. Estarei em minha sala.

— Sim, senhora. Venha, Fred.

Arthur o acompanhou, entrou em uma sala onde havia vários computadores, todos estavam ligados e mostravam muitos números. Perguntou:

— Que números são esses?

— Não sei, não tenho acesso a eles.

— Mas a dona Rosária disse que você entende alguma coisa.

— Entendo de folha de pagamento, contas a pagar e a receber, mas isso aí, não entendo, não.

— Gostaria de ver do que se trata.

— Sente e fique à vontade. Vou para minha sala, aquela segunda à esquerda, se precisar, basta me chamar.

— Obrigado.

Gilberto saiu. Arthur sentou em frente ao computador e começou a estudar. Olhou, olhou, sabia algumas coisas, mas, para entender aquilo, precisava de mais. Foi até a sala de Rosária e disse:

— Rosária, estive vendo o programa, acredito que possa entrar nele e descobrir como foi feito, mas para isso preciso de alguns livros. Posso ir até uma livraria e pesquisar qual seria o melhor livro para comprar?

— Pode ir e comprar o que precisar.

— Posso levar o Gilberto comigo?

— Claro que sim. Ele é um bom rapaz.

Arthur saiu da sala e foi para a de Gilberto. Contou a ele o que precisava e os dois saíram juntos.

Daquele dia em diante, uma amizade grande começou entre os dois. Trabalhavam, almoçavam e tomavam o lanche juntos. Em menos de um mês, descobriram como operar o programa. Tinham agora todo o controle de como a droga chegava ao país e como era distribuída. Muitos nomes apareceram, Arthur sabia que eram fictícios, mas aquilo não lhe importava. Queria mesmo era que Rosária ficasse feliz com o seu trabalho. Aprendeu a se controlar em relação às drogas. Tendo sempre o que queria, não havia mais ansiedade. Só as usava nas festas de Rosária e nos fins de semana, algumas vezes, durante a noite.

Sua vida agora estava perfeita. Tinha dinheiro, drogas e um amigo com quem podia conversar. Gilberto era um pouco mais velho que ele, mas isso não fazia diferença. Os dois tinham os mesmos gostos, mas Gilberto não usava drogas e dizia:

— Fred, você tem que parar, isso não vai levar você...

— Vou parar, um dia...

Gilberto logo percebeu que esse dia nunca chegaria, mas gostava de Arthur. A vida foi continuando. Sempre que Arthur se lembrava da família, mandava um cartão, dizendo:

Estou bem, não se preocupem. Amo todos vocês.

Cada vez que esse cartão chegava era motivo de tristeza e de felicidade. Álvaro lia e dizia:

— Por que isto está acontecendo?

Odete respondia:

— Não sei qual é o motivo, mas, segundo a minha mãe, tudo está sempre certo, ao menos sabemos que ele está vivo.

Foi inútil a tentativa do detetive para descobrir o paradeiro de Arthur. Investigou de todas as maneiras que conhecia, visitou favelas, consultou pessoas, mas não adiantou. Certa manhã, telefonou para Álvaro:

— Sinto muito, doutor, mas não consegui encontrar o seu filho. Ele não está em nenhum ponto conhecido.

— Onde estará?

— Não sei o que lhe dizer, mas, de acordo com a minha experiência, ele deve estar sendo protegido por alguém poderoso.

— Como assim?

— Não sei lhe dizer, mas correm boatos de que existem homens e mulheres que ajudam garotos em troca de favores.

Álvaro estremeceu:

— O que está dizendo? Acredita que o meu filho pode ter se tornado um garoto desses?

— Não sei, mas o desaparecimento dele pode significar isso.

— Meu Deus, não pode ser...

— Sinto muito, mas vou continuar procurando.

— Faça isso e não se preocupe com o dinheiro.

— Continuarei procurando, pois se tornou uma questão de honra, e o senhor não precisa pagar. O dinheiro que me deu foi o suficiente. Farei o possível. Até qualquer dia. Espero retornar com boas notícias.

Álvaro colocou o telefone de volta ao gancho e ficou com os olhos perdidos no passado. Lembrou-se da sua infância, de quanto havia trabalhado para que nunca faltasse nada à sua família.

Do que adiantou eu ter planejado a minha vida?

Não contou a Odete o que o detetive havia dito, sabia que ela sofreria ainda mais.

Aos poucos, a vida foi voltando ao normal. Odete continuou dando aulas, agora prestava mais atenção aos alunos, e a qualquer mudança, chamava os pais e os alertava. Rosinha foi operada várias vezes, agora já estava andando quase perfeitamente. Para ajudar com o tratamento, Álvaro alugou uma casa perto do hospital e dava uma pensão mensal para que sua mãe pudesse levá-la para fazer fisioterapia. Não faltava dinheiro para isso. Ele, que já tinha bons clientes, agora conseguira muitos mais. Leandro continuava estudando, não queria nem saber de drogas, embora, muitas vezes, lhe oferecessem. Todas as noites, ao seu modo, conversava com Deus, pedindo que Arthur voltasse para casa.

Após muita insistência de Noélia, Odete e Álvaro começaram a ler alguns livros que falavam sobre a espiritualidade. A princípio, Álvaro se recusou. Ele sempre acreditou só no seu trabalho, mas, com tudo o que havia acontecido, e após ler alguma coisa, começou a acreditar que havia algo além daquilo que pensava.

Começaram a frequentar o centro aonde Noélia ia. Os cartões de Arthur davam-lhes a tranquilidade para continuar. Novamente, naquela casa, existia uma relativa paz.

Arthur e Gilberto continuavam com a amizade, mas ela se restringia ao escritório. Ele foi proibido por Rosária de contar a qualquer pessoa, até mesmo a Gilberto, que morava com ela e que conhecia pessoalmente muitos dos nomes que apareciam no programa.

O tempo passou como sempre. Arthur ia completar vinte anos. Fazia quase quatro anos que havia saído de casa. Rosária estava feliz com o seu trabalho e a sua companhia. Por isso, programou uma grande festa. Arthur estava contente, pois sabia que ela iria lhe dar um apartamento, como pagamento pelo êxito do programa. Agora, Rosária tinha tudo sob controle. Embora Arthur estivesse em um caminho não muito bom, estava feliz, sem se preocupar com milhares de jovens que, como ele, entraram nas drogas. O que lhe interessava era só o dinheiro que estava ganhando com aquilo. Seguia ajudando Rosária a ter cada vez mais dinheiro. Gilberto continuava ao seu lado. Um dia, enquanto estavam os dois na sala, trabalhando no computador, Gilberto disse:

— Sabe, Fred, conheci uma moça. Ela é muito bonita e inteligente. Estou pensando em ficar noivo e me casar.

— Casar?! Para quê?

— Para que as pessoas casam? Lógico que é para estarem juntas e ter filhos…

— Filhos?! Jamais terei um filho!

— Por quê?!

— Não quero que aconteça comigo o mesmo que aconteceu com meus pais. Eles me criaram com tanto carinho e dedicação, no fim foi essa a paga que lhes dei, tornei-me um "drogado".

— Sempre pode voltar a ser como era antes.

— No princípio, pensei muito sobre isso. Hoje, não penso mais, estou vivendo muito bem e fazendo o que gosto. Trabalho no computador e uso a droga que quiser, sempre que sentir vontade. Vou reclamar do quê?

— Sabe que a droga só o conduzirá a um fim triste. Hoje, tem a dona Rosária, mas se ela faltar? Não está preparado para a vida. Não estudou.

— Nem quero pensar nisso, além do mais, o que aprendi, sozinho, no computador, com certeza me dará um bom trabalho, que será suficiente para manter a droga de que preciso.

— Não sei, mas acredito que não estejamos nesta vida somente para viver. Acredito que todos nós tenhamos algo mais para fazer. Uma missão, sei lá...

— De onde tirou essas ideias?

— De alguns livros que estou lendo. A moça que conheci me emprestou.

— Esses livros falam sobre o quê?

— Da vida aqui na Terra e após a morte.

— Vida depois da morte? Está louco?! Depois da morte, não existe nada!

— Será mesmo? Será que Deus nos colocou aqui na Terra, nos diferenciou dos animais, nos deu inteligência para aprendermos tanta coisa e, no final, vai nos destruir sem mais nem menos? Não acredito nisso. Acho que Ele quer que cresçamos espiritualmente...

Arthur começou a rir:

— Que Deus?! Aquele mesmo que inventou as drogas? Que permite todas essas mazelas no mundo? Toda essa pobreza? Não! Sinto muito, meu amigo, mas esse Deus não existe! O que existe são só as oportunidades, que podem levar qualquer um até o mais alto grau de riqueza. Sem essas oportunidades, não há chance, não!

— Não estou falando de riquezas, mas de algo muito além, da eternidade...

— Não sei se ela existe. O que sei é o que estou vivendo aqui e agora. Isto eu sei que existe verdadeiramente, o resto é tudo história. Ninguém voltou para contar.

— Pois eu acredito que haja algo mais.

— Então, espere! Eu continuarei vivendo a minha vida do modo como está. Tive uma oportunidade, aproveitei e aqui estou, rico e feliz.

— Se você acredita ser feliz, quem sou eu para contrariá-lo?

Arthur não respondeu. Continuou olhando para o computador.

Na espiritualidade

Uma moça subia correndo uma escadaria. No alto, havia uma porta grande feita de madeira entalhada. Ela entrou pela porta. Atrás desta, havia uma sala grande muito bem decorada. Na sala, havia muitas portas. Ela se dirigiu a uma delas. Bateu com suavidade e abriu. Colocou a cabeça pela porta dizendo:

— Posso entrar?

Esta sala também era grande. Atrás de uma mesa, sentado, estava um homem de cabelos grisalhos, olhos brilhantes e um sorriso bonito. Respondeu:

— Letícia! Claro que pode entrar!

Ela entrou, aproximou-se:

— Olá, André! Preciso conversar com você!

— Claro que pode, estava esperando-a. Sente-se.

Ela, enquanto se sentava, dizia:

— Como o planejado, está se aproximando o tempo em que devo renascer na Terra.

— Não gosta de viver aqui?

— Sim, aqui vivo bem, sei que estou protegida, mas estou ansiosa para me encontrar com o Miguel.

— Só por isso que quer ir para lá?

— Sim.

— Já não vai mais ser necessário.

— Como não? Por quê?

— Ele vai regressar.

— Mas ainda não cumpriu o tempo! Não cumpriu sua missão!

— Infelizmente, não, mas está se desviando do caminho, deixou-se novamente se envolver pelo vício.

Letícia arregalou os olhos. Disse, quase chorando:

— Não pode ser, não de novo...

— Estou tão triste quanto você, mas não posso fazer nada. Para seu próprio bem, ele terá que voltar para cá.

— Não diga isso, precisa esperar mais um pouco... foi tudo planejado... ele tem uma missão importante...

— Sei disso. Lembra-se de quando, todos juntos, aqui nesta mesma sala, planejamos como seria a encarnação dele?

— Sim, claro que lembro. Estou todo este tempo esperando a hora para estar ao seu lado.

— Sei disso, minha filha, sei também que está muito triste, mas sabe que precisa ser assim. O livre-arbítrio é a maior bondade de Deus para com todos nós. Com ele, deixa-nos escolher e percorrer o nosso caminho. A única coisa que deseja é o nosso aprimoramento.

— Tem certeza de que não há mais nada que se possa fazer?

— Sempre existe a chance de se retornar, mas para isso é preciso muita força de vontade, e neste momento, isso é o que ele menos tem.

— Não! Não posso aceitar! Temos de encontrar uma maneira! Poderia ir agora até onde ele está?

— Deseja mesmo? Não se importa com o que vai encontrar?

— Sim, desejo, talvez possa fazer com que mude de ideia...

— Está bem, esse também é o meu desejo. Vamos.

Em poucos segundos, estavam no quarto de Arthur. Anoitecia. Ele estava se drogando pela veia. Colocava a agulha sem muito cuidado.

Letícia, ao ver aquilo, desesperou-se, tentou evitar, mas foi contida por André.

— Não pode fazer isso, se tocar nele, a sua energia poderá lhe ser fatal. Ele está usando do seu livre-arbítrio, não podemos interferir.

Ela se afastou. Ficou olhando para Arthur com os olhos cheios de lágrimas. Não queria acreditar no que estava vendo. André, condoído, disse:

— Posso imaginar o que você está sentindo. Mas, quando ele retornou, sabíamos que poderia se deixar envolver novamente pelo vício.

— Sei disso, mas ele prometeu! Ele disse que conseguiria se forte! Fizemos tantos planos… para vivermos no céu!

— Infelizmente, ele não está pronto para a missão que devia cumprir, muito menos para ir para o céu.

— Isso não pode acontecer! Esta é a última chance que teremos para nos encontrar, para sermos felizes e juntos escalarmos para um plano mais alto.

— Você já está pronta, poderá ir quando quiser.

— Não irei sem ele! Acredita que conseguiria ficar bem, sabendo que ele não está?

— Você também pode exercer o seu livre-arbítrio, pode escolher.

— Sei disso, por isso mesmo estou dizendo que não irei sem ele.

— Está bem, mas sabe o risco que está correndo. Aqui está bem, podendo exercer um trabalho edificante. Voltando para a Terra, poderá ser envolvida pelos problemas dele e sofrer com isso, mas se quer mesmo, vamos tentar mais uma vez.

Estendeu a mão em direção a Arthur. De seus dedos, saíram luzes prateadas, que o envolveram por inteiro. Ele abriu os olhos, como se tivesse despertado. Caminhou em direção a um canto do quarto, sentou. Com os olhos parados, começou a relembrar do seu passado, desde o dia em que, na festa, fumou o primeiro cigarro de maconha. Letícia podia ver seus pensamentos, acompanhava tudo com atenção. Arthur chegou no momento exato em que Álvaro acusava Iracema pelo roubo do colar e ele, calado, assistia a tudo. André olhou para um lado do quarto, segurou no braço de Letícia. Com um sinal, fez que ela olhasse também. Lá estavam duas moças e três rapazes, que também assistiam a tudo. Sorriram ao vê-los chegar. André correspondeu ao sorriso. Perguntou:

— Como estão as coisas?

Um dos rapazes respondeu:

— Infelizmente, não estão muito bem. Estivemos, hoje, o tempo todo ao seu lado, alertando-o, fazendo com que pensasse. Tentamos fazer que retornasse ao caminho, mas parece que ele não nos ouve. Estava dominado pelo vício e com medo de que o descubram.

André, com uma sombra de tristeza em seus olhos, não disse nada.

Letícia, emocionada, não se conteve, correu para abraçá-lo. Mas não conseguiu, uma espécie de nuvem densa a impediu. Ela olhou para André, que sorriu.

— Esqueceu que estamos em outra faixa? Esqueceu que ele agora possui um corpo humano?

— Sim, esqueci, mas o que ele está fazendo? Por que o Nestor está gritando, e a Amélia, chorando?

— Vejo que os está reconhecendo.

— Claro que sim! Somos companheiros de várias encarnações! Juntos vencemos várias etapas.

— Sim, é verdade. Desta vez, todos vieram só com um objetivo, que é ajudar o Miguel. O Nestor e a Amélia vieram como pais de Miguel para lhe dar segurança e apoio. Sabíamos que esse encontro seria inevitável, seria a oportunidade de se perdoarem, se ajudarem e, juntos, fazerem um grande trabalho em favor da humanidade.

— Lembro-me muito bem de quando tudo isso foi decidido, mas por que não deu certo? Também não me respondeu, por que o Nestor está gritando? Por que a Amélia está chorando?

— Você sabe que, entre todos, o Miguel era e é o que mais precisava de ajuda, pois na realidade a missão era e é dele. Os outros só lhe dariam apoio e segurança para que isso acontecesse. Naquele dia, ele estava se desviando do caminho e tinha mais uma chance para retornar. Essa foi a hora. Você precisa saber o que ele fez.

Letícia prestou atenção no que estava passando. Aos poucos, foi entendendo o que havia acontecido. Olhava para Arthur com intensidade e, em pensamento, dizia:

Miguel, meu amor! Por que não contou a verdade? Por que não defendeu a empregada? Por que não aproveitou essa chance de retornar ao caminho? Ao nosso caminho! Precisa voltar ao caminho para poder, assim, cumprir a sua missão! Retorne para que eu possa voltar e ficar ao seu lado...

Arthur continuou relembrando. Naquele dia, sentiu vontade de contar toda a verdade ao seu pai, mas não teve coragem, ficou calado. Quando Álvaro saiu para a delegacia, levando consigo Iracema, André olhou para Letícia e os jovens que ali estavam. Disse:

— Infelizmente, naquele momento, calando-se, ele perdeu a chance.

Letícia, desesperada, disse:

— André, por favor, permita que eu continue ao lado dele. Permita que eu tente ajudá-lo nem que seja só para intuí-lo...

— Ele agora vai adormecer. Quando isso acontecer, vamos levá-lo conosco. Assim, poderemos conversar e tentar ajudar.

Letícia sorriu, olhou para Arthur, que continuava encostado no canto da parede, relembrando. Com os olhos marejados, olhou para André. Este entendeu o que ela queria, disse:

— Está bem, pode ficar com ele. Eu e os jovens daremos um passe para que se lembre de tudo e consiga entender o que está passando. Já sabemos tudo o que aconteceu naquele dia. Você estava se preparando para renascer, por isso não acompanhou todo o processo. Permaneça ao seu lado e saberá.

Ela sorriu:

— Obrigada, André. Sinto que encontrarei uma maneira de ajudá-lo, ao menos farei o possível.

— Está bem.

Após dizer isso, junto com os jovens, deu um passe em Arthur, depois saíram. Arthur sentiu muito sono, levantou, foi para a cama e deitou-se. Ele estava com os pensamentos confusos. Letícia sabia que não podia se aproximar. Um pouco distante, disse:

— Miguel, meu amor, estou aqui. Sei que conseguirá vencer. Sei que conseguiremos nos encontrar e seremos felizes, desta vez para sempre.

Arthur, sentiu um bem-estar enorme. Ela se aproximou, começou a jogar sobre ele muita luz branca, que o foi envolvendo. Ele, aos poucos, adormeceu.

Ela ouviu uma risada que vinha de trás, de suas costas. Voltou-se, era um homem que ria muito. Ao vê-lo, ela arregalou os olhos:

— Hélio?! O que está fazendo aqui?!

Com um tom de voz irônico, disse:

— Linda Letícia! Está novamente tentando ajudar esse perdedor?

— Sim, estou aqui tentando ajudar, não um perdedor, mas o meu amor.

Ele continuou. Havia em seu rosto um ar de deboche. Sorrindo com o canto dos lábios, disse:

— Amor… amor… amor… O que é isso? Sabe que não adianta! Isso de amor é só uma desculpa para se continuar errando.

— Por que está dizendo isso? Por que continua com tanto ódio e rancor?

— Você me pergunta isso? Logo você?

— Sabe que sempre quis a sua felicidade. Sabe que sempre estive ao seu lado… e que sempre fui sua amiga…

Ele, raivoso, disse:

— Não venha com essa conversa de santa querendo me enganar! Sabe que não acredito em você, nem em toda essa baboseira de amor e perdão! Estou aqui e vou ficar até que consiga fazer que ele volte, e novamente derrotado.

— Sabe que ele tem uma missão importante! Não pode continuar fazendo isso! Não pode continuar prejudicando-o!

— Prejudicando? Eu? Prejudicando? Como pode dizer isso? Logo você, que sabe muito bem o que ele me fez?

— Foi em outro tempo, em outra vida! Ele agora se arrependeu, está tendo uma nova oportunidade. Você, ao invés de prejudicá-lo, deveria ajudar para que ele vença! Sabe que, se o ajudar, também será ajudado! Também poderá voltar para a Terra! Evoluir para a luz!

Ele, sorrindo com ar de deboche, disse:

— Retornar? Que luz? Ainda acredita nisso?

— Claro que sim! Todos temos a oportunidade de evoluir!

— Você é muito ingênua. Acredita mesmo em toda essa baboseira? Eu, de minha parte, só acredito no ódio que estou sentindo e no meu desejo de vingança!

— Só está fazendo mal para você mesmo! Enquanto não encontrar o perdão e o amor, continuará assim, envolto nessa nuvem negra que o impede de usufruir de toda beleza que Deus nos dá.

— Não quero ouvir nada disso! Você é como tantos outros, só fica sonhando com algo que não existe!

— Claro que existe! Enquanto você está aqui tentando se vingar, está deixando de aprender, está deixando de encontrar as pessoas que o amam e sofrem por sua casa.

— A única coisa que me interessa é me vingar dele e de você! Foram os responsáveis por eu estar assim!

— Não fomos os responsáveis! Você não aceitou o nosso amor! A nossa união!

— Não vou aceitar nunca! Só vou ficar bem quando conseguir destruir os dois para sempre!

— Não diga isso... pense em tudo o que está perdendo...

— Só quero pensar nisso! Não pensarei em outra coisa! Nunca! Também não quero mais ficar aqui ouvindo você! Vou embora! Voltarei quando ele acordar e vocês não estiverem mais aqui!

— Não vai conseguir, ficarei ao lado dele o tempo todo.

— Pode ficar quanto quiser! Ele não notará a sua presença! Ele atrai a minha energia, não a sua!

Sem se despedir e antes que ela dissesse qualquer coisa, ele desapareceu. Letícia olhou para Arthur. Embora o corpo dele estivesse dormindo, seu espírito, entorpecido pela droga, estava fora do corpo, mas desesperado. Queria sair do quarto, porém não conseguia, ficava andando de um lado para outro. Aflito, retornou ao corpo e despertou. Levantou, foi para a gaveta onde estava a droga, pegou uma seringa e aplicou em sua veia. Com lágrimas, Letícia o acompanhou. Enquanto ele aplicava a droga, ela dizia:

— Só você, meu amor, poderá encontrar a sua paz... está em suas mãos o seu destino... ficarei ao seu lado, todo o tempo que me for permitido. Lute, meu amor... lute...

Após terminar de aplicar a droga, ele ficou ali relembrando. Letícia percebeu que, sob o efeito da droga, não conseguiria atingi-lo com seus pensamentos. De longe, jogava sobre ele luzes que o envolviam. Ele continuava pensando e, assim, Letícia ia tomando conhecimento de tudo. Ele se lembrou do que fez quando Álvaro levou Iracema para a delegacia, do dia em que foi preso e das palavras do delegado, aconselhando-o a deixar aquela vida. Lembrou-se do desespero de seus pais, quando tomaram conhecimento; da mulher bêbada, que lhe deu dinheiro para que pudesse voltar para casa; do garçom, que lhe deu um copo de leite; lembrou-se até do Careca, que, a princípio, também o aconselhou. As imagens iam passando por seus pensamentos. Letícia, chorando, acompanhava tudo. Sentia-se impotente, amava Arthur. Atingira um estágio de desenvolvimento espiritual pelo qual poderia ficar sem reencarnar e ir a um plano mais alto. Mas não quis nem queria seguir sem ele. Por isso estava ali. Lutaria para fazer que ele retornasse.

Sem que ela pudesse fazer qualquer coisa, ele se levantou e se encaminhou para o jardim. Ela ficou ali parada. Um dos rapazes da equipe entrou. Ela disse:

— Ele está indo para a rua!

— Não se preocupe, eu vou acompanhá-lo, agora só precisa de espaço para andar. Andarei com ele.

— Não vai deixá-lo sozinho?

— Claro que não. Estarei protegendo-o de assédios indesejáveis, agora ele só vai sentir o efeito que a droga lhe causa. Logo mais voltará e dormirá.

— Está bem, vou falar com o André para ver se posso permanecer aqui.

Ela deu uma olhada em Arthur, que estava abrindo o portão e saindo para a rua. O rapaz correu para alcançá-lo. Ela sorriu tristemente e foi em busca de André.

Entrou na sala, André conversava com Osmar, o responsável pela equipe que lá se encontrava. Ela se aproximou e, em silêncio, ficou ouvindo. André perguntou:

— Como ele está?

Letícia respondeu:

— Não está bem, aplicou a droga e saiu acompanhado pelo Inácio.

— Está em boa companhia.

— O Hélio estava lá no quarto dele.

— O Hélio?

Ela fez sim com a cabeça. Osmar disse:

— Ele está ao lado dele desde o início. Tentamos afastá-lo, mas Miguel não permite. Sua energia de tristeza, medo e insegurança o atrai. O Hélio aproveita e o domina. Ele tem muito ódio!

André tinha agora uma sombra de tristeza em seus olhos. Disse:

— Infelizmente, o Hélio não conseguiu perdoar, por isso sofre e faz sofrer.

Letícia disse:

— Não podemos fazer nada quanto a isso?

— Receio que não, ao menos por enquanto. O Miguel terá que reagir e não permitir que ele se aproxime.

— Ele não fará isso, não tem condições. Está totalmente dominado.

André voltou os olhos para Osmar:

— O que lhe parece? Acredita que ele vai conseguir reagir?

— Não sei, estamos tentando, mas todos aqui sabemos como isso é difícil. Todos nós já passamos por isso.

— Sei, todos da equipe também foram viciados, por isso tentam ajudar as pessoas que estão no mesmo problema. Estão conseguindo algum êxito?

— Sim. Graças a Deus, sempre há um ou outro que consegue se livrar do vício. É mais fácil quando os amigos intercedem em seu favor. Se todas as famílias e os amigos soubessem como é importante a oração, tudo se tornaria um pouco mais fácil.

— Você sabe que sempre demora um pouco, mas, no final, a única esperança que resta é orar. E isso todos acabam fazendo.

— Este é o nosso trabalho, inspirar familiares e amigos para isso. Mas, algumas vezes, após muitos ou pequenos crimes, idas e vindas da prisão, brigas e ofensas, casas roubadas e destruídas, alguns pais, inconscientemente, desejam que seus filhos morram para que eles próprios tenham paz.

— Sim, isso acontece muitas vezes, e eles sofrem por terem esses pensamentos.

— Para isso estamos aqui. A nossa equipe é formada pela quantidade de pessoas que estão envolvidas. Cada um fica ao lado de uma pessoa envolvida. Por isso, somos cinco, pois temos cinco irmãos envolvidos.

Letícia interrompeu:

— Quer dizer que se a família fosse maior ou menor a equipe também seria diferente?

— Sim. Aqui temos um pai, uma mãe, um irmão e uma empregada.

— Ela não faz parte da família!

André sorriu:

— Ela não faz parte da família terrena, mas da espiritual, sim, e é um membro importante. Você não se lembra dela? Não a está reconhecendo?

— Não! Reconheci o Nestor, a Amélia e o Mário que está ainda em um corpo de criança, mas ela não. Não sei quem é.

— É a Marilu.

— A Marilu?! Não pode ser, está muito diferente!

— Sim, mas é ela mesma. Não lembra de como foi decidida a volta do Miguel? Não lembra de que ela também estava naquela reunião?

— Sim, eu lembro, só que não a reconheci.

— Ela, desta vez, retornou no corpo de uma mulher pobre, tendo que criar sozinha vários filhos. O encontro dela com Miguel estava programado. Eles teriam a oportunidade de se perdoarem e se ajudarem mutuamente.

— Estou entendendo, mas parece que não deu certo.

— Sim, mas não por culpa dela, que tentou conversar com ele, alertá-lo. Ele não quis ser ajudado, ele exerceu seu livre-arbítrio. Tinha esse direito.

— Agora, precisamos voltar. Não temos mais nada para fazer aqui, ao menos por enquanto.

— André, queria lhe fazer um pedido.

— Já sei, quer ficar aqui, mas sabe que não pode.

— Por quê?

— Você tem seus próprios compromissos e trabalho, não pode simplesmente abandonar tudo. Para isso, existem as equipes. Já percebeu que eles estão fazendo tudo para ajudar a todos.

— Sei disso, mas o Hélio disse que iria embora e que só voltaria quando fôssemos embora. Se eu ficar, ele não vai mais se aproximar.

— Sabe que não estava dizendo a verdade, sabe que o próprio Miguel o atrairá. Você não poderá fazer nada.

— Se ao menos eu pudesse conversar com ele! Se ele me visse e ouvisse, poderia se lembrar de tudo! Poderia entender que o que está fazendo não está prejudicando só a ele, mas a todos nós! Se continuar assim, vai impedir que eu volte! Sua missão não será cumprida e ele desencarnará antes do tempo! Preciso conversar com ele! Por favor, André! Permita! Sei que pode!

André se aproximou. Abraçou-a, dizendo:

— Minha filha... sei que está tentando tudo, mas sabe que isso não é possível... ele, sozinho, tem que decidir o que fazer... se você aparecer para ele e contar tudo, ele, com certeza, se lembrará do amor e dos compromissos que existiam entre vocês dois, talvez até retorne ao caminho, mas qual seria o seu mérito? O que ele aprenderia? Continuaria para sempre sendo um espírito inseguro, covarde, sem condições de fazer suas escolhas.

— Desculpe, estou desesperada.

— Pois não devia ficar assim, já aprendeu o bastante para saber que tudo está certo de acordo com a Lei maior. Nada está errado. Não poderei fazer que ele a veja, mas posso fazer que pense que sonhou. Já sei o que faremos. Hoje à noite, quando todos estiverem dormindo, nós os levaremos para a minha sala e lá poderemos recordar os compromissos assumidos. Poderemos fazer que o Miguel se lembre da missão que tem que cumprir. Está bem assim?

Letícia e Osmar sorriram, sabiam que seria uma boa oportunidade. Ela, humildemente, disse:

— Obrigada, André, sabia que tentaria tudo o que estivesse ao seu alcance.

— Vamos nos reunir e, após isso, teremos que tomar uma decisão.

— Está bem. Queira Deus que consigamos ajudá-lo. Posso lhe perguntar algo que está me incomodando?

— Claro que sim, o que é?

— Por que Deus permite que exista droga no mundo? Por que alguns a usam e outros não?

André começou a rir. Respondeu:

— Essa é uma pergunta que muitos fazem, principalmente aqueles que estão diretamente envolvidos, não só com as drogas, mas com a bebida. Ela também prejudica muitos espíritos, fazendo que estacionem, percam sua encarnação e, por isso, sejam obrigados a renascer novamente. Na sua maioria, essas reencarnações são acompanhadas de muita dor e sofrimento, porém necessárias para o aprimoramento do espírito.

— Mas por que existem os vícios?

— Se olhar agora para o alto, verá o firmamento. Daqui de onde estamos, pode ver as estrelas e a lua, que hoje está na sua fase crescente. Se fosse durante o dia, veria um céu azul, com nuvens e o sol brilhando. Sabe que, além desse sistema, existem muitos outros planetas, luas e sóis. De qualquer planeta em que estiver, verá esse mesmo firmamento, com toda sua beleza. Tudo isso foi criação de uma força maior. Tudo no firmamento está em perfeita ordem e sob uma lei que comanda tudo, evitando que haja choque entre planetas, estrelas, luas e sóis. Espiritualmente dizendo, existem planetas mais ou menos evoluídos que este, ao qual chamamos de Terra. Também, no princípio, a Natureza foi criada perfeita. Aqui há terra, água e ar, indispensáveis à sobrevivência do ser humano. A certa altura, espíritos revoltados e que precisavam de aprendizado foram enviados para cá. Não tinham o que vestir, onde morar ou o que comer, porém sabiam que teriam de sobreviver. Embora nessa situação, nunca estiveram sós. Encontravam-se sob proteção maior. Assim como os adultos de hoje ensinam as crianças a comer, falar, andar etc., mas, sobretudo, lhes dão proteção. O espírito precisava evoluir, porém isso só seria conseguido se aprendesse a lutar contra seus medos, ódios e desejos de vingança. Tinham, agora, a chance de recomeçar e reparar os erros passados. Não tinham lembrança do passado, mas sabiam que precisavam sobreviver. Por isso tiveram que aprender a caçar, lutar contra todos os animais que existiam. Moravam em cavernas, aprenderam a caçar e a beber água. Eram espíritos embrutecidos, trouxeram com eles muito ódio e rancor. Começaram a se juntar em pequenos grupos e a fazer suas próprias leis. Os mais fortes fisicamente se tornaram os líderes e descobriram o poder. Isso fez com que começassem a guerrear entre si. Eles não conheciam nada sobre espiritualidade, mas sabiam que existia algo além, por isso adoravam os elementos da natureza, inclusive os animais. Precisavam evoluir ainda mais. Embora tenham sido mandados para cá, deixaram atrás de si outros espíritos amigos e companheiros de jornada. Estes, assim como você está tentando fazer agora, não se conformavam em ficar bem sabendo que seus amigos não estavam. Por isso vieram para ajudá-los. Renasceram naquele ambiente hostil somente para ajudar seus amigos. Assim foi descoberto o fogo, a roda e tudo o mais, que foi facilitando a vida para eles. Sempre houve aqueles que inventaram isso ou aquilo.

Letícia interrompeu-o:

— O que tudo isso tem a ver com as drogas e o vício?

— Já chego lá. Eles foram evoluindo, conseguindo apetrechos para facilitar sua vida, mas quando ficavam doentes ou se acidentavam, não tinham anestesia e sofriam muito. Foram descobrindo que muitas plantas lhes proporcionavam uma espécie de anestesia e que, com elas, conseguiam evitar um pouco a dor física. A Ciência evoluiu e surgiu a primeira droga que serviria como anestésico. A essa altura, eles já haviam descoberto que o dinheiro lhes dava poder. Outras drogas foram surgindo. Por isso, aos poucos, essas drogas que, a princípio, deviam ajudar, transformaram-se em uma fonte rica de dinheiro e poder. Para o bem da humanidade, elas não poderiam desaparecer. O espírito teria que conviver e vencer todas elas. Só quando conseguisse isso, estaria em condições de se elevar.

— Está dizendo que elas não serão exterminadas? Que continuarão destruindo vidas?

— Sim, uma parte da Ciência continuará se dedicando à luta para encontrar cura para as doenças, e para isso elas são necessárias. Outra parte se especializará em tornar as drogas cada vez mais potentes.

— Assim vai ser difícil combatê-las...

— Sim, é difícil, mas é uma batalha que cada um terá que travar. Para isso temos o nosso livre-arbítrio. O espírito só estará pronto quando conseguir se libertar de todos os vícios.

— Só os espíritos menos evoluídos aceitam o vício?

— Não. A sua maioria, assim como está acontecendo com o Miguel, traz consigo uma missão importante, não só para a elevação de seu próprio espírito, mas para a humanidade.

— Se não conseguirem? Se deixarem se dominar pelo vício?

— Será ruim para eles mesmos, ou para outros, como está acontecendo agora, com você e o Miguel. Por ele ter se deixado envolver pela droga, não está só perdendo uma oportunidade de evoluir nesta encarnação, está fazendo que tudo o que foi planejado por vocês dois seja adiado. Mas outros virão para cumprir a missão que eles deixaram em aberto. A humanidade não pode parar de evoluir, muitas descobertas terão que ser feitas.

Osmar, que ouvia tudo em silêncio, disse:

— Mas existem pessoas que não têm vício algum e, mesmo assim, praticam atrocidades.

Com a calma de sempre, novamente André, sorrindo, respondeu:

— O vício não se limita só às drogas. Existem outros, como o ódio, a ganância, a revolta, a inveja, a vingança, o rancor e o poder. Estes são iguais ou mais nocivos que a própria droga química. Muitas vezes, é mais difícil se livrar de um deles do que da droga.

— Então, não podemos fazer nada para impedir?

— Não, tudo depende do livre-arbítrio de cada espírito. Mas, como você mesmo disse, estando ao lado deles e intuindo, um ou outro consegue se libertar e retornar ao caminho antes planejado.

Letícia, embora tenha aceitado aquela resposta, inquieta, disse:

— Tudo isso que disse tem coerência, mas muitas crianças estão sendo iniciadas nas drogas, até com nove ou dez anos. Como poderão exercer o livre-arbítrio?

— Tem razão, muitas estão sendo iniciadas, mas outras tantas não. Ou, se tentadas, reagem. Se pensarmos pelo lado espiritual, sabemos que o espírito, apesar de estar em um corpo de criança, é muito velho. Esse espírito que se deixa usar talvez esteja precisando passar por essa experiência e aprenda a resistir.

— E aquelas que vivem em um lar pobre ou destruído, onde não encontram segurança?

— O espírito só passa pelas experiências que precisar. Lembre-se de que cada um é responsável por si. Eu não posso viver as suas experiências, assim como você não pode viver as minhas.

Ficaram em silêncio, apenas pensando e analisando tudo o que ouviram.

Durante o sono

Inácio entrou na sala, dizendo:
— O Miguel deu algumas voltas pelo quarteirão e retornou. Está agora deitado.

André, sorrindo, disse:
— Em breve, ele e os outros estarão dormindo. Durante o sono, faremos com que nos acompanhem. Com todos reunidos, poderemos conversar sobre tudo o que estão passando e talvez possamos encontrar uma forma de ajudar Miguel e todos.

Concordaram com a cabeça. Letícia, mais calma, porém ainda um pouco inquieta, perguntou:
— O que pretende fazer?
— Durante o sono, como você sabe, o espírito se liberta do corpo, podendo assim visitar vários lugares. Vamos fazer com que eles se encontrem.

Osmar perguntou:
— Acredita que ele, com isso, poderá mudar?
— Não sei, mas sempre será uma oportunidade rica de aprendizado. Agora, cada um de vocês deve ir em busca dos outros, eu e a Letícia conduziremos o Miguel. Esperaremos vocês na minha sala.

Osmar concordou, dizendo:

— Está bem, agora mesmo reunirei a equipe e faremos isso. Até logo.

— Estaremos os esperando.

Osmar saiu. Letícia e André foram para junto de Arthur, que andava de um lado para outro do quarto. Ele não entendia o que estava lhe acontecendo, durante aqueles quase quatro anos, vivera bem. Estava feliz com o trabalho que fazia, tinha dinheiro a toda droga de que precisava. Embora estivesse sob o efeito da droga, pensava.

Por que agora estou sentindo isso? Por que agora estou sentindo essa tristeza? Por que sinto que falta algo, que não sei o que é?

André, ao vê-lo daquela forma, sorriu, enquanto dizia:

— Está vendo, Letícia, como Deus é maravilhoso?

— Não estou entendendo. O que quer dizer?

— Agora, Deus está lhe dando mais uma chance para que ele retorne ao caminho e possa cumprir a missão para a qual foi enviada.

— Como assim?

— Ele estava muito bem, gostava da vida que estava tendo, mas o seu espírito reagiu, sabe que não é este o caminho, por isso se revolta, causando nele esses sentimentos de desconforto.

— Acredita que ele ainda poderá voltar?

— Estou estranhando essa pergunta.

— Por quê?

— Desde que você tomou conhecimento da situação dele, está dizendo que ele vai voltar, que tem uma missão para cumprir, que juntos serão felizes, que quer ajudá-lo em tudo o que for possível. Por que essa dúvida?

— Desculpe, como sempre, tem razão. Talvez eu esteja inquieta por estar envolvida na questão.

— É isso mesmo o que está acontecendo. Quando estamos envolvidos em algo, temos dificuldades de enxergar e acompanhar. Fique tranquila, o Miguel terá todas as chances.

Letícia sorriu. Arthur estava sob o efeito da droga, após andar muito de um lado para outro, resolveu se deitar e, em poucos minutos, estava dormindo. André disse:

— Precisamos esperar um pouco, até que adormeça profundamente, em seguida o conduziremos.

Ela não respondeu, apenas fechou os olhos e começou a orar, pedindo para que Arthur pudesse se relembrar dela e de seus compromissos.

Osmar chegou à casa de Álvaro. Odete, enquanto cobria Leandro, o beijava e dizia:

— Durma bem, meu filho. Sonhe com os anjos.

Leandro olhou com ternura para ela:

— Sabe, mamãe. Estou pensando muito no Arthur. Já passou tanto tempo, onde ele estará?

Uma sombra passou pelos olhos de Odete. Respondeu:

— Não sei, meu filho. Desde aquele dia em que ele saiu de casa, nunca mais o vimos, a única coisa que me conforta é saber que ele está vivo, pois seus cartões continuam chegando. Ainda bem que ele tem essa preocupação. Desde que comecei a frequentar o centro aonde sua avó me levou e ler a respeito do assunto, sinto uma esperança enorme de que ele um dia voltará.

— Parece que o papai também pensa assim.

— Ele também mudou muito, já não é o mesmo de antes. Embora tenha sido sempre um homem bom para a família, era um pouco prepotente, sentia-se aquele que sabia tudo e julgava ter tudo e todos sob controle. Hoje, aprendeu que não é bem assim, que nada está sob nosso controle.

— Gostaria muito de encontrar o Arthur. Sempre penso nele e na Iracema, onde ela estará?

— Sabe que seu pai fez tudo para encontrá-la, mas foi inútil. Por tudo que aprendi, sei que um dia a encontraremos, precisamos confiar na bondade e na justiça de Deus, pois Ele é quem sabe tudo. Agora, vamos dormir, amanhã será um novo dia e temos muito para fazer. Boa noite, meu filho.

— Boa noite, mamãe.

Ela o beijou, apagou a luz e saiu. Foi para seu quarto. Álvaro já havia se despedido do filho e estava recostado na cama, lendo um livro. Assim que Odete entrou, disse:

— Ele já dormiu?

— Está pronto para isso.

— É um bom menino, espero que continue assim.

— Por que está dizendo isso?

— Não sei, mas estou pensando no Arthur com muita força.

— Sempre penso nele!

— Sei disso, eu também penso nele todos os dias, mas hoje está intenso, não estou conseguindo me concentrar na leitura. Seu rosto vem ao meu pensamento a todo instante.

— O Leandro me disse a mesma coisa, e confesso que também passei o dia todo pensando nele. Meu Deus!

— O que foi?

— Será que ele está em perigo?

Álvaro sentou na cama e, com voz preocupada, disse:

— O que está querendo dizer?

Com os olhos marejados, ela respondeu:

— Não sei, mas tenho medo que algo muito grave esteja acontecendo, será que ele morreu ou vai morrer?

Álvaro levantou rápido:

— Não! Não pense assim! Ele está bem, mandou ainda na semana passada um de seus cartões!

— Sei disso, mas não sei o porquê desse pressentimento.

Enquanto falava, ela estava se vestindo para dormir. Ele se aproximou, abraçou-a e sem que ela esperasse e começou a chorar. Ela se assustou:

— Que é isso? Por que está chorando?

Ele não respondeu, apenas chorava. Ela percebeu e, em silêncio, agradeceu a Deus por aquele desabafo, pois desde que tudo havia acontecido, ele nunca chorara daquela maneira. Por alguns minutos, eles ficaram abraçados, ele chorando com soluços profundos, ela apenas o envolvendo em seus braços.

Finalmente, ele se acalmou, dizendo:

— Não sei o que aconteceu...

— Esteve durante este tempo todo se fazendo de forte, mas é um ser humano como todos nós.

— Estou me sentindo muito melhor. Estas lágrimas me fizeram muito bem. Por um momento, vi meu filho morto e isso me causou uma dor profunda. Não consegui me controlar.

— Já vi essa cena muitas vezes, já vi meu filho morto das mais diferentes formas, e já chorei muitas vezes, assim como você está fazendo agora. Mas sempre, no final, eu dizia: *Meu Deus... que seja feita a Vossa vontade*. Acho que é isso o que tem que fazer também, verá como se sentirá bem.

Ainda abraçado a ela, disse:

— Que seja feita a Vossa vontade...

Odete sorriu. Ela sabia que o marido estava aceitando a Nova Doutrina que ela estava seguindo, mas agora ela tinha a certeza de que ele a estava entendendo. Seu marido, aquele a quem ela tanto amava, estava tornando-se mais humano.

Em seguida, deitaram-se. Adormeceram.

Osmar estava ao lado deles. Ao vê-los dormindo, disse ao seu companheiro:

— Logo estarão prontos.

Efetivamente, logo depois estavam todos na sala de André. Arthur chegou, sendo quase carregado por Letícia e André. Sob efeito da droga, não conseguia entender o que estava acontecendo. André sentou na cadeira da cabeceira da mesa. Letícia sentou ao seu lado e com carinho fez com que Arthur também sentasse ao seu lado. Em seguida, acompanhados por Osmar, chegaram Álvaro, Odete e Leandro. Estavam meio dormindo e meio acordados, por isso também não entendiam o que estava acontecendo. André sorriu, dirigiu suas mãos a eles, de onde saíram pequenos raios de luz branca, que os envolveu. Aos poucos, foram despertando completamente. Álvaro, ao ver André, disse:

— André! Meu amigo! Que bom vê-lo novamente!

— Olá, Nestor. Também estou feliz por te rever. Está muito bem.

Álvaro ia responder, quando olhou para o lado e viu Arthur, que fazia um esforço enorme para ficar com os olhos abertos. Levantou da cadeira em que estava sentado, abraçou-o, dizendo:

— Arthur, meu filho! Por onde andou?

Arthur abriu os olhos, olhou-o e sorriu tristemente, mas não respondeu. Odete e Leandro também se levantaram, quiseram abraçá-lo e falar com ele, mas André disse:

— Não adianta querer falar com ele agora, pois ainda não está completamente desperto, está ainda sob o efeito da droga. Mas logo estará bem.

Os três, tristes, voltaram a sentar. Olharam para Letícia que acompanhava a cena, com lágrimas nos olhos. Odete foi a primeira quem falou:

— Letícia! Você também está aqui? Que pergunta boba é essa que estou fazendo... claro que estaria, nunca deixaria o Miguel sozinho!

André a interrompeu:

— Vejo que já está se lembrando de tudo.

— Sim, estou... estamos juntos novamente, mas onde está o Rui?

— Ele tem uma missão importante para ser executada amanhã. Não sabe ainda, mas terá também que tomar uma decisão da qual depende a sua vida terrena e o seu futuro espiritual. Mesmo não sabendo dessa decisão está ansioso e, por isso, não está conseguindo dormir. Por isso, nós também não conseguimos trazê-lo. Mas a presença dele aqui não é muito importante. Ele assistiu à última reunião.

— Você não se lembra da última reunião que tivemos aqui?

Ela fechou os olhos como se quisesse se lembrar de algo. Após alguns minutos, disse:

— Lembro… foi um pouco antes de o Nestor renascer, logo em seguida, eu e os outros iríamos.

— Foi isso mesmo, e vocês estão lembrando?

Álvaro e Leandro disseram que sim com a cabeça. André continuou:

— Estamos aqui, porque os planos daquele dia estão tomando um rumo diferente. O Miguel está se afastando deles, precisamos tentar fazer algo para que ele retorne.

Álvaro começou a chorar:

— Sei disso e o culpado fui eu, não soube educá-lo, não soube ser um bom pai.

André continuou:

— Não diga isso. Você fez o que achou ser o certo. Ele, ao seu lado, teve toda a segurança para bem cumprir a sua missão. Foi ele quem falhou novamente. Mas isso agora não tem importância, precisamos encontrar uma solução. Ficar lastimando o que foi ou não feito não vai adiantar.

Álvaro baixou a cabeça. Odete disse:

— E os outros? Também virão?

— O Hélio deve estar chegando, vamos esperar mais um pouco. Enquanto isso faremos uma prece, agradecendo por mais esta oportunidade.

Foi o que fizeram. Estavam terminando a oração, quando ouviram uma voz raivosa que, com ironia, dizia:

— Olá! Os santos estão reunidos?

Terminaram de fazer a oração. Depois André, calmamente, disse:

— Seja bem-vindo, Hélio. Estávamos à sua espera…

— Para quê? Vejo que também o perdedor está aqui! Estão tentando salvá-lo?

— Vejo que continua inteligente, mas desta vez errou. Não estamos tentando salvá-lo, mas sim a você…

Hélio começou a rir mais alto:

— Estão tentando me salvar?! Eu não preciso de salvação, tudo isso é balela! Só preciso de vingança! Estou conseguindo! Estou me vingando de todos! Onde está a Marilu? Ela foi a primeira!

— Ela chegará em seguida, mas sente-se...

— Não quero me sentar, vou embora daqui!

Agora, com voz firme, André disse:

— Sinto muito, mas você não pode ir embora, tem que se sentar e ouvir o que temos para dizer.

— Não quero ouvir nada! Estou feliz por ver esse covarde derrotado da maneira como está!

Letícia chorava e, em oração, pedia ajuda. André fez um sinal ao rapaz que trouxe Hélio. Este fez com que ele sentasse. Muito nervoso, olhou para todos e disse:

— Estão mesmo todos aqui! Até você, Mário, que se dizia meu amigo! Está também do lado deles?

Leandro, agora com outro corpo e rosto, sorriu tristemente:

— Estou sim, e não era seu amigo, eu sou, mas também do Miguel.

Antes que Hélio dissesse alguma coisa, entraram na sala duas jovens que conduziam Iracema. Ao ver todos reunidos, olhou para Arthur e disse:

— Eu tentei! Fiz a minha parte...

André sorriu:

— Olá, Marilu! Sabemos disso, mas é importante que hoje esteja aqui, pode sentar...

Ela, olhando nos olhos de cada um, sentou.

O *passado*

Arthur já estava completamente bem, olhava para eles e, aos poucos, ia reconhecendo-os. Olhou para o lado e seus olhos se encontraram com os de Letícia, que chorava. Por uns instantes, ele ficou olhando. De repente, deu um grito:

— Letícia! É você mesma? Letícia!

Sem perceber, os dois foram se levantando e, em poucos segundos, um estava abraçado ao outro, chorando. Beijavam-se e abraçavam-se, não conseguiam dizer nada, apenas queriam ficar daquela maneira, sentindo todo o carinho e o amor que um sentia pelo outro.

Os demais acompanhavam aquela cena e também não disseram uma palavra. Eles conheciam a história, sabiam o porquê de tantas lágrimas.

O encontro foi emocionante. Ficaram assim por muito tempo, até que Hélio, irritado, disse:

— Até quando vai durar essa palhaçada? Vou embora, não tenho nada para fazer aqui.

Ia levantando para sair, quando André disse:

— Você não vai para lugar algum. Estamos aqui para conversar e esclarecer alguns pontos que ficaram obscuros.

— Não preciso esclarecer nada! Sei tudo o que aconteceu e nada me está obscuro!

André apenas olhou com severidade e disse:

— Sente-se.

Hélio sabia que não poderia lutar contra ele. Embora estivesse aborrecido com o encontro de Letícia e Arthur, foi obrigado a sentar e ficar calado.

André continuou dizendo:

— Letícia, Miguel, sentem-se.

Eles obedeceram e sentaram-se.

— Estamos aqui para tentar fazer com que tudo volte aos seus lugares e, assim, cumprir a missão que um dia planejamos.

Arthur olhava ora um, ora outro. Foi reconhecendo um a um. Eles apareciam aos seus olhos como amigos de outros tempos. Estavam diferentes em seus rostos e suas roupas, mas ele reconheceu a cada um. Disse, olhando para André:

— Estou feliz por estar aqui e por tê-los encontrado, mas não sei o que está acontecendo nem por que estamos reunidos.

André, com sua calma conhecida, respondeu:

— Sabemos disso, mas estamos reunidos para apenas nos relembrar daquele dia em que, pela última vez, nos reunimos e discutimos o planejado naquela ocasião. Todos estávamos aqui, menos o Hélio.

Arthur fechou os olhos, tentando se lembrar.

André disse-lhe:

— Não tente se lembrar, a sua mente está um pouco entorpecida pela droga, olhe para aquela tela.

No fundo da sala, uma grande tela apareceu. Arthur e os outros olharam para ela. Viram enorme prédio, parecia ser de um hospital ou uma faculdade. Dois rapazes caminhavam apressados. O que parecia ser o mais velho, disse:

— Miguel, estamos atrasados. O professor de Latim vai ficar bravo.

Miguel soltou uma gargalhada:

— Não se preocupe, ele já está velho, nem vai notar quando entrarmos na sala de aula. Sabe que ele não enxerga muito bem.

O outro riu, mas, mesmo assim, apressaram o passo. Chegaram à sala de aula, alguns minutos antes de o professor entrar. Assim que ele entrou, todos os alunos se levantaram. Ele, com a mão, fez com que sentassem. Assim que todos sentaram, ele iniciou a aula, dizendo:

— Sei que alguns dos senhores não gostam da minha aula, mas sei também que pretendem, um dia, se tornar advogados. Para isso é necessário que aprendam bem o Português e, para isso, precisam aprender o Latim, pois foi dele que muitas palavras surgiram.

A classe permaneceu em silêncio, não se atreviam nem a respirar. Após a aula, reuniram-se no pátio da escola. Miguel e Hélio estavam conversando, quando se aproximou outro rapaz:

— Olá! Estou entregando este convite para alguns de meus amigos.

Miguel recebeu o convite e, após lê-lo, disse:

— Vai ser a festa da sua irmã?

— Sim, a Letícia vai completar quinze anos, e os meus pais resolveram dar uma festa para ela. Espero que compareçam.

Miguel olhou para o outro rapaz que também lia o convite. Disse:

— Hélio, você vai?

Hélio levantou os olhos do convite, olhou para ele e respondeu:

— Só irei se você for.

Miguel respondeu com a voz triste:

— Sabe que não posso comparecer a uma festa como essa…

Mário, o rapaz que havia entregado os convites, perguntou:

— Por que não pode?

Miguel olhou para Hélio, depois para Mário. Respondeu:

— Os dois sabem que só frequento esta escola por ter recebido uma bolsa de estudos, mas meu pai não tem posses como os seus. Sabem que, assim que sair daqui, preciso ir até o cartório trabalhar. Não tenho roupa para me apresentar em uma festa como essa…

Hélio começou a rir:

— Ora, meu amigo! Isso não é problema, tenho muitas, e temos o mesmo corpo, poderá escolher aquela que mais lhe agradar.

Mário, com entusiasmo, disse:

— Também tenho roupas, isso não será desculpa para não ir à minha festa.

Miguel percebeu que não poderia se recusar. Ia responder, quando ouviram alguém chamando. Olharam para a direção de onde a voz vinha, sorriram. Um rapaz se aproximou, ofegante:

— Ainda bem que os encontrei, estava na biblioteca lendo um livro, sabem como vou mal em literatura.

Os outros riram. Miguel, passando a mão sobre a cabeça do outro, disse em tom de deboche:

— Sabemos que vai mal em literatura, mas com as mulheres não tem problema algum.

— Tem razão, agora mesmo lá na biblioteca estive olhando para uma. Estava em uma foto de um livro.

Todos começaram rir, pois Nestor só falava em mulher o tempo todo. Na realidade, nunca havia namorado, assim como todos eles. Eram jovens estudantes, estavam todos praticamente com a mesma idade, em torno dos dezenove anos. As moças ficavam a maior parte do tempo em suas casas, sob a proteção dos pais e dos irmãos. A maioria não estudava, mas algumas tinham professores que davam aula em casa. Só saíam acompanhadas. Isso dificultava os encontros.

Os rapazes estavam cursando o primeiro ano de faculdade, todos queriam ser advogados e pretendiam, assim que terminassem a faculdade, montar juntos um escritório. Todos eram filhos de família abastada, menos Miguel, pois seu pai era apenas um funcionário de cartório. Era ele quem transcrevia as certidões, usava para isso letras góticas, das quais muito se orgulhava. Sua caligrafia era perfeita. Trabalhando ali, conseguiu que Miguel também trabalhasse e com prazer lhe ensinava a sua profissão. Ele era muito conhecido na cidade. Através de seus conhecimentos, descobriu que a faculdade tinha um certo número de bolsistas. Descobriu o dia em que seriam feitos os testes para essas bolsas. Miguel, com alegria, participou desse teste e foi aceito.

Assim que começaram as aulas, ele fez amizade com Hélio e, em seguida, com Nestor e Mário. Eles sabiam de sua origem, mas não se importavam, tornaram-se amigos inseparáveis. Estudavam e saíam juntos para todo lugar. Um ajudava o outro nas matérias em que houvesse dificuldade. Estava quase terminando o ano letivo e todos estavam bem. Suas notas eram louváveis. Embora participasse do grupo, Miguel nunca havia frequentado suas casas, não por falta de convites, mas por sentir-se diminuído diante deles. Sabia que não tinha roupas para isso. Desta vez, parecia que não haveria escapatória, teria que ir.

Mário entregou o convite para Nestor. Este, ao recebê-lo, começou a rir, enquanto dizia:

— Uma festa? Claro que irei, poderei assim ver novamente a sua irmã, ela é linda!

Mário também sorrindo disse:

— Qual delas?

— A Amélia, é claro. A outra é ainda uma pirralha.

Hélio com um ar de superioridade e rindo disse:

— Uma pirralha, mas linda!

Mário, fingindo estar irritado, disse:

— Esperem aí! Estão falando das minhas irmãs! Olhe o respeito!

— Não estamos faltando com o respeito. Quem manda você ter irmãs tão bonitas?

— Sabe, Hélio, você tem razão, elas são bonitas mesmo, mas moças de respeito.

— Disso nunca duvidei.

Miguel acompanhava a conversa, mas estava tentando encontrar uma desculpa para não comparecer à festa. Ele não se sentia bem naquele ambiente. Gostava dos amigos, mas sabia que não pertencia ao mundo deles.

Hélio, percebendo o ar de preocupação do amigo, disse:

— Sabe, Nestor, o Miguel não está querendo ir à festa.

— Por quê?

— Diz que não tem roupa adequada...

— Que é isso, Miguel! Sabe que tenho muitas roupas, poderá usar aquela que quiser!

— Eu e o Mário dissemos isso a ele, mas parece não estar convencido.

Nestor falou furioso:

— Miguel! Já foi convidado para muitas festas e nunca aceitou, mas desta vez não terá desculpa, terá que ir.

Miguel percebeu que não haveria desculpas mesmo. Disse:

— Está bem, irei.

Todos riram e voltaram para sala de aula.

Assim que as aulas terminaram, Miguel se despediu dos amigos e saiu apressado. Precisava ir para o cartório, só trabalhava à tarde. Tinha tempo de chegar em casa, trocar de roupa e comer alguma coisa.

Naquele dia, fez o mesmo de sempre, mas não conseguia esquecer o convite. Estava realmente preocupado. Assim que chegou ao cartório, foi, como sempre, para a sala onde seu pai trabalhava. Ao entrar, viu o pai cercado por papéis, escrevendo. Ao vê-lo entrar, o pai perguntou:

— Ainda bem que chegou, tem muito para fazer, precisa carimbar estes papéis.

Miguel não respondeu, pegou os papéis e ia saindo quando o pai disse:

— Miguel, espere.

Ele parou e se voltou:

— Pois não?

— Está acontecendo alguma coisa? Está com problemas na faculdade?

— Não, papai, está tudo bem, o senhor sabe que não tenho problemas quanto ao meu estudo.

— Então, por que está com essa cara?

— Que cara?

— De preocupação, está preocupado com o quê?

— Como sabe que estou preocupado?

— Conheço você há quase vinte anos. Quando chega aqui, entra contando como foi a aula, sempre tem algo para falar sobre seus amigos e, hoje, entrou calado, sem dizer uma palavra...

Miguel sorriu:

— O senhor presta atenção em tudo, mesmo.

— Se não prestasse atenção em tudo, não poderia exercer a minha profissão. O que está acontecendo?

— Realmente, estou com um problema. Um dos meus amigos me convidou para a festa de aniversário de sua irmã.

— Isso é muito bom, não estou vendo onde está o problema.

— O problema é que não posso ir.

— Não pode ir, por quê?

— Não tenho roupa adequada. Precisaria de um fraque, uma camisa de seda e uma cartola. Isso é muito caro, sabe que não temos dinheiro.

— Mas seus amigos conhecem sua situação financeira, se o convidaram é porque não se importam com isso.

— Sei disso, até me ofereceram as roupas deles, mas eu não me sinto bem.

— Sabe, meu filho, você precisa aprender que não é o hábito que faz o monge. Eles gostam de você, assim como é. São seus amigos...

Miguel ficou pensativo. O pai continuou:

— Sou um homem feliz, tenho a melhor família do mundo. Você e seus irmãos me trazem toda a felicidade do mundo, só fico triste por não poder dar um conforto melhor para todos.

Miguel percebeu que o pai estava realmente triste. Disse:

— O senhor é o melhor pai do mundo. E acredito que tenha razão, vou aceitar a roupa e irei a essa festa.

— Estive pensando. Sabe que conheço muitas pessoas, vou falar com o Augusto, da loja de tecidos, e com o Matias, que é alfaiate. Depois falarei com o Aguinaldo, da chapelaria. Você terá a sua roupa e pagarei aos poucos.

Miguel admirou-se:

— Não, papai! O senhor não pode fazer isso! Sabe muito bem que todo o dinheiro que ganhamos, eu e o senhor, dá apenas para manter a nossa casa!

— Não se preocupe com isso, sei o que estou dizendo, você irá a essa festa com a sua própria roupa, assim não se sentirá diminuído perante seus amigos. Terá muito tempo para aprender o verdadeiro sentido da palavra amizade. Agora, vá cuidar do seu trabalho.

Miguel saiu da sala. No íntimo, estava feliz por ter a sua própria roupa e cada vez mais gostava de seu pai. Ele sempre fora dedicado à família, ficou e estava feliz por seu filho estar frequentando uma faculdade tradicional e estava orgulhoso do filho que tinha.

Os dias foram passando, Miguel estava feliz, seu pai cumpriu o que dissera, falou com as pessoas envolvidas e, em poucos dias, ele já estava com o seu fraque, a sua camisa de seda e a sua bela cartola. Poderia comparecer à festa sem se sentir humilhado. Os amigos também ficaram felizes, principalmente Hélio, que se julgava ser o melhor amigo de todos.

O dia da festa chegou. Como haviam combinado, Hélio passaria pela casa de Miguel e o levaria em sua carruagem. Na hora marcada, estava lá. Sob os olhos orgulhosos de sua família, Miguel subiu na carruagem e foi para a festa tão esperada.

Ele nunca havia ido à casa de Mário, por isso ficou maravilhado com o seu tamanho, calculou que deveria ter muitos quartos, diferente da sua que só tinha dois. Foram recebidos por um negro, que recolheu suas capas e indicou o caminho que teriam que seguir. Ao entrar na sala, Miguel teve que respirar fundo, nunca havia visto uma sala como aquela. Só conseguiu ver um lustre enorme que pendia do teto. Ele tinha muitas velas, que iluminavam a sala toda, além de outras penduradas nas paredes. Tudo era luxo e riqueza. Estava admirando, quando ouviu a voz de Mário.

— Miguel! Ainda bem que veio! Pensei que desistiria na última hora!

— Confesso que quase fiz isso, mas acredito que me arrependeria, isto aqui é muito bonito.

— Está mais bonito porque todos os meus amigos estão aqui. Venha, vou lhe apresentar meus pais.

Estavam indo em direção aos pais de Mário que recebiam os convidados, quando, ofegante, Nestor chegou.

— Pensei que chegaria atrasado. Sabe como é, fiquei conversando com uma moça.

Os três riram, sabiam que ele estava mais uma vez contando lorota. Mário os conduziu até seus pais, que os receberam com alegria e um sorriso nos lábios. Assim que Miguel foi apresentado, os quatro se dirigiram a um canto do salão e ficaram conversando. Uma moça se aproximou. Ao vê-la, Mário disse para Miguel:

— Essa que está se aproximando é a minha irmã, Amélia.

Miguel olhou para ela e ficou abismado com tanta beleza. Com cabelos castanhos-claros, presos na nuca, olhos cor de mel, vestido azul, realmente era linda. Nestor, ao vê-la se aproximando, disse:

— Eis a mulher da minha vida.

Mário, fingindo estar bravo, disse:

— Cuidado, Nestor! Ela é a minha irmã!

— Sei disso, estou dizendo a verdade, não é linda mesmo?

— Nem tanto, é apenas bonita.

— Você diz isso porque é sua irmã, mas eu vou me casar com ela.

Não houve tempo para Mário responder, pois Amélia se aproximou. Mário a recebeu:

— Amélia, estes são meus amigos Nestor e Hélio, que você já conhece, e este é o Miguel. É a primeira vez que ele vem aqui.

Ela, sorrindo, estendeu a mão aos três que, delicadamente, a beijaram. Miguel ficou encantado com a beleza da moça. Conversaram amenidades por um tempo. Depois, ela se afastou, sob os olhos embevecidos de Nestor. Os três olhavam-se, rindo dele, que com os olhos a acompanhou, até desaparecer no meio dos convidados. Assim que ela desapareceu, ele disse:

— Realmente, esta é e será a mulher da minha vida.

Os três riram e saíram andando. Uma música suave era tocada por um violonista. Miguel caminhava entre as pessoas, cada vez mais se admirava com o que estava vendo. De repente, a música parou, e o pai de Mário disse:

— Peço a atenção de todos, a aniversariante vai descer aquela escada.

Todos se voltaram para o alto da escadaria forrada com um tapete vermelho. Em poucos instantes, uma moça começou a descer por ela. Miguel ficou estático, seu coração começou a disparar. Ele, nunca em sua vida, havia visto beleza igual àquela. Loura, os cabelos cacheados, e sobre eles um pequeno casquete de flores azuis, no mesmo tom de seu vestido, que era um pouco mais claro que o de Amélia e que combinava com seus olhos, também azuis. Ela foi descendo suavemente e sorrindo. Atrás dela, outras moças também desceram. Tinham o vestido igual ao da Amélia. Ao pé da escada, o pai de Mário, orgulhoso, recebeu a filha. Atrás dele, vinham os rapazes, entre eles, Mário, Hélio e Nestor, segurando em suas mãos pequenas velas acesas, que receberam as outras moças e as conduziram ao centro da sala. Todos fizeram uma roda em volta de Letícia, que foi apagando velas. Uma valsa se fez ouvir e todos saíram dançando. Miguel estava extasiado com tudo o que estava vendo, e muito mais com a beleza de Letícia. A valsa terminou. Ele, que há poucos instantes, havia, junto com os outros, brincado por causa da maneira como Nestor olhava para Amélia, agora estava da mesma maneira. Não conseguia desviar os olhos de Letícia. Seu coração parecia que ia explodir. Após o término da valsa, Mário, acompanhado por Letícia, se aproximou dele, dizendo:

— Miguel, esta é a aniversariante. Não está linda?

Miguel, a princípio, não conseguiu responder. A emoção que sentia fez com que ficasse calado. Em seguida, sem tirar os olhos dos dela, respondeu:

— Ela está linda, sim. Muito prazer, senhorita.

Ela apenas sorriu e lhe estendeu a mão. Ele fechou os olhos antes de beijá-la. Em seguida, ela, sorrindo, se afastou. Miguel, assim como Nestor havia feito, ficou seguindo-a, até que desaparecesse no meio dos convidados. Mário seguiu atrás dela e não notou como Miguel havia ficado. Estava assim pensando, quando foi interrompido por uma voz.

— Você conheceu a Letícia?

Era Hélio quem perguntava. Miguel só conseguiu dizer:

— Sim, ela é muito bonita.

— Também acho. Sabia que nossos pais estão conversando a respeito do nosso casamento? Sabe como é, unir os nomes e fortunas das famílias, confesso que essa ideia me agrada.

Miguel respirou fundo. Aquelas palavras o trouxeram de volta à realidade. Apenas disse:

— Você é um homem de sorte, ela realmente é linda.

— Não contei a nenhum de nossos amigos. Sei que, se contar, serei alvo de brincadeiras, assim como o Nestor. Mas vou confiar em você. Estou perdidamente apaixonado por ela e farei qualquer coisa para tê-la como esposa.

Novamente, Miguel demorou a responder. Finalmente, disse:

— Formam um belo par, acredito que serão felizes.

— Também acho.

Estavam ali, quando uma moça acompanhada por um rapaz se aproximou. Enquanto estendia a mão para Hélio, dizia:

— Olá, Hélio! Como está?

— Olá, Marilu! Estou muito bem, e você?

— Adorando a festa, está tudo perfeito! Quem é o seu amigo?

— Desculpe, este é o Miguel, nosso colega de faculdade e também um amigo muito querido.

Miguel, sorrindo, beijou a mão que ela estendia e disse:

— Muito prazer, senhorita.

— O Hélio já conhece, mas o senhor ainda não, este é o meu irmão, Rui.

Miguel cumprimentou Rui e ficaram conversando por alguns minutos. Depois que se afastaram, Hélio disse:

— Eles são primos de Mário, seus pais possuem uma grande fortuna, moram aqui na cidade, ele estuda medicina e ela não sei o que faz, mas, como as outras, deve bordar e tocar piano. São agradáveis, embora os ache um pouco pedantes, principalmente a Marilu.

— Não notei isso.

— Porque falou com ela por pouco tempo. Terá oportunidade de vê-la outras vezes e, assim, notará.

Os pares rodopiavam no centro da sala. Nestor e Amélia ficaram o tempo todo dançando. Miguel sorriu ao vê-los, percebeu que entre eles começava a acontecer algo. Estava assim, observando, quando viu Letícia que caminhava em sua direção. Mais uma vez seu coração começou a bater descompassado. Sentiu até uma certa dificuldade para respirar. Ela se aproximou e, sorrindo, disse:

— Desculpe eu não ter lhe dado muita atenção no início da festa, mas foi porque estava um pouco nervosa e tendo que cumprimentar muitas pessoas. O senhor é amigo do meu irmão, não é?

Ele, um pouco nervoso, respondeu:

— Sim, estudamos juntos. Meu nome é Miguel.

— O meu, como já deve saber, é Letícia. O senhor não dança?

— Confesso que não sei dançar...

— Não se preocupe, eu o ensinarei.

— Não sei se será razoável...

— Claro que será. Venha!

Sem que ele pudesse fazer um gesto, ela o levou até o centro da sala e começaram a dançar. Para espanto deles, ele logo aprendeu os passos da valsa e, em poucos minutos, rodopiavam ao som da música. Dançaram muitas vezes seguidas, o que chamou a atenção de Hélio e Marilu.

Marilu se aproximou de Hélio, dizendo, com sarcasmo:

— Parece que seu amigo encantou a minha prima.

— Estão apenas dançando.

— Da maneira como estão fazendo, nem parece que só estão dançando...

— Que maneira?

— Não percebeu que, de vez em quando, os olhares se cruzam?

— Não percebi nada, além do mais, nossos pais já estão providenciando o nosso casamento.

— Não sei, não...

Assim dizendo e com um sorriso no canto da boca, ela se afastou, deixando Hélio preocupado. Olhou para os pares que dançavam, viu Letícia e Miguel dançando, percebeu que Marilu havia dito a verdade, a atitude deles era realmente estranha. De tempos em tempos se olhavam com um ar apaixonado. Preocupado, pensou:

Será que a Marilu disse a verdade? Estarão mesmo interessados um no outro? A Letícia, hoje, como sempre, me tratou bem, mas não lembro de ela ter me dado um sorriso como esse que está dando ao Miguel. Dançou algumas vezes comigo, mas já faz um bom tempo que só dança com ele.

Realmente, Marilu tinha razão. Entre Miguel e Letícia, algo estava surgindo. Ambos sentiam-se as pessoas mais felizes do mundo. Miguel, embora a segurasse com suavidade, apertava sua cintura e suas mãos com carinho. Ela correspondia, apertando a mão dele. Em dado momento, ela disse:

— Nas férias de fim de ano, eu e a minha família iremos para o Rio de Janeiro, temos uma casa na montanha. Você não gostaria de ir e passar alguns dias lá?

Aquela pergunta fez com que ele voltasse à realidade. Como poderia passar dias sem trabalhar no cartório? Com que roupa poderia se apresentar todos os dias? Sem saber o que responder, apenas disse:

— Vou pensar e lhe darei uma resposta.

A música parou. Os músicos precisavam descansar por alguns minutos. Amélia aproximou-se.

— Letícia, venha comigo, precisamos conversar.

A contragosto, ela a acompanhou. Foram para o quarto de Amélia, onde Marilu as esperava. Assim que entraram, Marilu disse, curiosa:

— Então, Letícia! Está gostando do amigo do Mário?

Letícia pensou um pouco. Em seguida, respondeu:

— Ele é agradável e um belo rapaz. Confesso que estou interessada.

Amélia a interrompeu:

— Você não pode fazer isso! Sabe que papai está conversando com os pais do Hélio a respeito do seu casamento. Sabe também como ele é intransigente quando decide algo, ainda mais se envolve dinheiro.

— Não posso me casar com o Hélio, gosto dele como um amigo, mas não quero passar o resto da minha vida ao seu lado.

— Espero que mude de ideia, papai não vai aceitar uma desobediência, sabe disso!

— Não sei o que farei, mas com o Hélio não me casarei.

Marilu disse com o olhar maroto:

— Ainda bem, pois eu estou apaixonada por ele, e me casarei com muito prazer.

Letícia riu, levantou e se dirigiu novamente para a sala. As duas a seguiram. Na sala, procurou por Miguel, mas não o encontrou. Chamou Mário, perguntou:

— Onde está o Miguel?

— Ele se despediu faz alguns minutos e saiu com o Hélio. Por quê?

— Por nada, só para saber.

Afastou-se e Mário a seguiu com os olhos. Estava preocupado com a atitude dela. Não queria nem imaginar se o que estava pensando era verdade. Como todos em sua família, sabia que Letícia já estava prometida para Hélio.

Quando os músicos pararam para descansar e Letícia saiu acompanhada da irmã, Hélio aproximou-se de Miguel, dizendo:

— Parece que está gostando da festa.

— Estou, sim, e muito, mas acredito que está na hora de eu ir embora.

— Por quê? Que aconteceu?

— Nada, só estou cansado...

Um garçom passou por eles, carregando uma bandeja com champanhe. Hélio pegou uma taça de champanhe e a ofereceu a Miguel. Percebendo que ele estava nervoso, disse:

— Aconteceu alguma coisa que o aborreceu?

Tomando a champanhe, Miguel respondeu:

— Não aconteceu nada, mas este não é o meu mundo. Preciso ir embora e retornar àquilo que sempre fui, um pobre.

Hélio percebeu a amargura que o amigo estava sentindo. Disse:

— Não sei qual é o motivo dessa revolta, mas acredito que não deve sentir isso, somos todos seus amigos e gostamos de você da forma que é. Nunca nos preocupamos com a sua classe social.

— Sei disso e agradeço a todos, mas eu quero ir embora, vou alugar uma carruagem.

— De maneira alguma, eu o trouxe e vou levá-lo de volta.

Antes que Miguel dissesse algo, Hélio segurou em seu braço e o conduziu para fora. Já na carruagem, disse:

— Você dançou muito com a Letícia, o que acha dela?

— Uma linda moça e agradável também.

— Ela disse algo que o magoou?

— Por que faz essa pergunta?

— Porque vocês pareciam tão felizes dançando. De repente, você quis ir embora!

— Não, ela é adorável. Só fiquei cansado, nada além disso.

— Ainda bem que gostou dela, sabe que pretendemos nos casar e ficarei feliz se você comparecer ao casamento.

Com a voz embargada, Miguel disse:

— Irei... claro que irei...

A carruagem parou em frente à casa de Miguel. Ele desceu, dizendo:

— Obrigado por tudo, foi uma linda noite.

Hélio apenas sorriu e ordenou ao cocheiro que seguisse.

Miguel entrou em casa. Não era ainda meia-noite. Seu pai estava sentado na sala, lendo um livro. Assim que viu o filho entrando, perguntou:

— Como foi a festa? Se divertiu?

Miguel, sentando ao seu lado, respondeu:

— A festa foi maravilhosa, nunca imaginei que pudesse existir um lugar como aquele.

— Por que diz isso?

— A casa é luxuosa, e as pessoas que estavam lá também são ricas e estavam muito bem-vestidas.

— Você também está bem-vestido!

Miguel começou rir:

— Sei disso! O senhor comprou pra mim esta roupa, não fiquei devendo nada a ninguém, mas como o senhor mesmo disse: O hábito não faz o monge.

— Por que está dizendo isso?

— Embora eu estivesse vestido como eles, eu não pertenço àquele mundo. Nunca poderei pertencer.

— Encontrou alguma moça que o agradou?

Ele olhou assustado para o pai. Perguntou:

— De onde tirou essa ideia?

— Até agora nunca se importou com quem era. Sempre estudou para ser um bom advogado e, assim, conseguir uma vida mais confortável. De repente, vem com essa conversa de diferença social. Deve ter encontrado uma moça de nível social diferente.

— O senhor talvez tenha razão. Meus amigos pertencem a uma classe social diferente, mas nunca fizeram qualquer coisa para que eu me lembrasse disso, a não ser agora com essa festa. Conheci uma moça, sim, ela é linda, mas pertence a uma das famílias mais ricas desta cidade. Nunca poderei almejar o seu amor.

— Por que não? Para o verdadeiro amor, não existe diferença alguma. As pessoas se amam, simplesmente.

— Não é tão fácil assim, existem entre eles, certos códigos e acertos. Os pais dela e do Hélio, que também pertence a uma família rica, estão agora conversando sobre a possibilidade de que haja um casamento, para que o dinheiro das famílias se una. Como vê, não é tão fácil assim.

— Os jovens se amam?

— Ela, eu não sei, mas o Hélio com certeza a ama e muito.

— Para que um casamento seja perfeito, é necessário que haja amor entre as duas partes.

— Também pensava assim, mas diante do que está acontecendo com eles, acredito que amor seja o que menos importa. Mesmo se não houvesse esse acordo entre seus pais e se a minha condição social não existisse, nunca poderia haver nada entre nós.

— Por quê?

— O Hélio é o meu melhor amigo. Jamais faria algo que o desagradasse.

— Mesmo deixando de lado a sua própria felicidade?

Miguel ficou olhando para o infinito, enquanto respondia.

— Mesmo assim. Não voltarei mais àquela casa, nunca mais a verei. Não é o meu mundo.

— Você é quem sabe, mas volto a lhe dizer que a pessoa não deve ser medida pelo que tem, mas, sim, pelo que é.

— Pode ser em teoria, mas na prática é diferente. Ontem foi assim, hoje é, e amanhã com certeza será também. Existem dois mundos: o dos ricos e o dos pobres.

— Você está muito deprimido. Nunca pensei que uma festa poderia deixá-lo dessa maneira! Eu me esforcei tanto para que participasse dela...

— Não diga isso! Estou feliz por ter ido. O senhor foi maravilhoso, sei que se esforçou muito. Foi bom, porque tive a certeza de que aquele é um outro mundo. Sei que jamais pertencerei a ele. Mas isso não me preocupa, sou feliz por ter um pai como o senhor. Agora, vamos dormir? Amanhã será domingo, mas, mesmo assim, quero levantar cedo, preciso estudar. Sabe que como trabalho durante a semana, não me sobra muito tempo.

— Sei disso, mas o que ganho não é o suficiente para o nosso sustento...

— Não estou reclamando, só preciso estudar.

— Está bem, vá dormir. Estou terminando de ler este livro, irei em seguida.

Miguel foi para o seu quarto. Vestiu o pijama, deitou e tentou dormir. Tentou, mas não conseguiu, o rosto e o sorriso de Letícia não saíam de sua mente. Virou de um lado para outro, até que resolveu levantar e ir à sala para pegar uma bebida. Não estava acostumado a beber, mas naquele momento pensou que seria uma solução. Dentro de uma cristaleira, havia algumas garrafas de bom vinho e copos de cristal. As garrafas estavam ali só como enfeite, pois nem ele nem seu pai bebiam. Pegou uma garrafa, tirou a rolha, colocou em um dos copos e aos poucos foi bebendo. A imagem de Letícia ficava cada vez mais forte, ele bebia mais. Sem perceber, bebeu a garrafa toda. Cambaleando, foi para o seu quarto e, dessa vez, adormeceu.

Hélio, após deixar Miguel em casa, ordenou ao cocheiro que o levasse de volta à festa. Assim que entrou, viu Letícia que desfilava entre os convidados, só que percebeu que, agora, ela já não estava tão feliz como no início da festa. Dirigiu-se a ela, tocou em seu braço, enquanto dizia:

— Letícia, poderia me conceder esta dança.

Ela, sorrindo, abriu os braços. Começaram a dançar. Durante a dança, ela perguntou:

— Onde você estava? Procurei-o e não o encontrei.

— Sentiu a minha falta?

— Sim, sua e do Miguel também.

— Saí exatamente com ele, quis ir para casa e eu o acompanhei.

— Por que ele quis ir embora?

— Não sei, pensei que você soubesse.

— Por que diz isso?

— Dançaram muitas vezes seguidas, acreditei que houvesse acontecido algo desagradável entre vocês.

Ela fez uma expressão de espanto:

— Não aconteceu nada! Eu não notei nada de errado.

— Sobre o que conversaram?

— Sobre muitas coisas, ele é muito agradável. Convidei-o para que, nas férias, fosse conosco para o Rio de Janeiro. Disse a ele que todos iriam, até você.

Hélio entendeu o que havia acontecido. Novamente, a insegurança de Miguel. Ele conhecia sua origem, sabia o que sentia em relação a sua condição social. Entendeu, mas não disse nada a esse respeito, apenas comentou:

— Ele é um pouco estranho, mas é meu amigo. Parece que você se interessou por ele.

— Sim, é falante e educado. É uma pena ele ter se comportado dessa maneira. Mas não faltará ocasião para nos encontrarmos novamente. Quero conhecê-lo melhor.

— Por quê? Acredito que não seja correto.

— O que há de mal nisso?

— Sabe muito bem que nossos pais estão conversando a respeito do nosso casamento.

— Sei disso, mas não quero me casar com você. Quero que você seja meu amigo para sempre, mas não meu esposo. Sonho encontrar o meu verdadeiro amor e com ele passar o resto da minha vida. E, decididamente, não é você. Quero, sim, a sua amizade.

— Quando nos casarmos, farei tudo para que comece a me amar. Eu amo você por nós dois. Não acredita nisso?

Letícia ia responder, mas a música parou. Amélia se aproximou, dizendo:

— Letícia, está na hora de cortar o bolo, venha!

Letícia, em pensamento, agradeceu sua irmã por ter interrompido aquela conversa que estava se tornando desagradável. Sorrindo, disse:

— Vamos, sim, estou com muita vontade de comer bolo.

Olhou para Hélio, dizendo:

— Venha! Este é o momento mais esperado de qualquer aniversário!

Foram para o lado da mesa. O bolo foi cortado no meio de muita alegria. Após isso, os convidados foram se despedindo. Marilu também fez o mesmo. Quando chegou perto de Hélio, disse:

— Não esqueça, quero que me visite.

Ele, sem muito entusiasmo, disse:

— Irei, sim, irei.

Ela percebeu que ele não iria, mas pensou:

Você ainda será meu.

Todos os convidados se retiraram. Letícia, cansada, despediu-se dos pais e foi para o seu quarto. Deitada em sua cama, pensava em Miguel:

Ele é tão bonito... por que me senti tão feliz em seus braços? Como eu queria que a música não terminasse para poder ficar ali com ele me enlaçando. Preciso encontrar uma maneira para que ele volte aqui em casa.

Assim pensando, adormeceu.

Marilu acompanhada dos pais e do irmão, também chegou em casa. Em seu quarto, pensava na festa e em tudo o que havia acontecido naquela noite:

O Hélio quase nem me olhou! Só tem olhos para a Letícia, sei que seus pais estão planejando o casamento, mas não permitirei. Ele será o meu marido! Só meu!

Hélio também chegou em casa e estava em seu quarto, pensando:

Sei que ela não me ama, mas isso não importa. Nossos pais decidirão nosso futuro. Quando ela for minha esposa, farei que me ame, sei que seremos felizes...

Insegurança

Na manhã seguinte, Miguel acordou, não sabia o horário, mas sentiu que já era tarde. Pegou o relógio de bolso que estava em seu criado-mudo, assustou-se, pois já passava das dez horas. Levantou, mas foi obrigado a deitar novamente, pois sua cabeça doía terrivelmente. Logo entendeu que isso estava acontecendo por ter bebido muito na noite anterior. Após alguns minutos, com muito esforço, conseguiu levantar. Saiu do quarto e foi em direção à sala. Seu pai estava sentado em uma cadeira. Estava com o cotovelo sobre uma mesa e, nas mãos, segurava um livro que parecia ler. Parecia, mas na realidade não estava conseguindo, pois assim que levantou, viu, sobre a mesa, uma garrafa de vinho vazia e um copo. Percebeu quando Miguel levantou durante a noite. Não quis ir até a sala e perguntar por que ele não havia dormido. Após a conversa que tiveram, sabia que ele estava com problemas, esperaria o momento certo para perguntar, ou que ele próprio resolvesse lhe contar o que realmente havia acontecido na festa. Assim que viu o filho entrar, disse:

— Bom dia, meu filho. Não dormiu bem?

— Bom dia, papai, não dormi mesmo, mas como sabe?

— Estava ainda acordado quando você levantou e, hoje pela manhã, encontrei essa garrafa e esse copo. Por que bebeu tanto?

Um pouco envergonhado, Miguel respondeu:

— Desculpe, papai, mas não conseguia dormir, então levantei e comecei a beber. Não percebi quanto, até ver a garrafa vazia.

— Isso é muito mal…

— Por que diz isso?

— Se bebeu sem perceber, é preciso ficar longe da bebida. Ela é muito perigosa…

— Que é isso, papai? Está pensando que vou me tornar um alcoólatra?

— Se não percebeu quanto estava bebendo, é um sério candidato…

— Nem pense nisso! Estava preocupado, não conseguia dormir! Foi só isso que aconteceu! Além do mais, hoje é domingo, eu não precisava levantar cedo nem ir para a faculdade!

— Quero acreditar que seja só isso mesmo. Deve aceitar que eu esteja preocupado, pois nunca o vi bebendo antes.

— E não verá nunca mais, pode ficar tranquilo.

— Espero que esta seja a primeira e última vez. Não gostaria de ter um filho viciado! Agora, vou até o mercado comprar frutas, verduras e um frango para o almoço. O café está pronto.

— Está bem, papai, vou tomar café e depois preciso estudar.

Sem dizer nada, o pai saiu. Miguel percebeu a revolta, o sofrimento e a decepção que seu pai estava sentindo. Sabia que ele não merecia, e naquele momento jurou que aquela cena nunca mais aconteceria.

Foi para a cozinha, sua cabeça continuava doendo, não quis comentar com seu pai, pois sabia que ele ficaria preocupado, e isso ele não queria. Sabia quanto o pai o amava e quanto esperava dele. Tomou café e voltou para o seu quarto. Pegou um livro de Latim e começou a ler. Começou, mas não conseguiu. A imagem de Letícia surgiu em seu pensamento. Seu rosto, seus cabelos, seus olhos e, principalmente, seu sorriso. Tentou afastar o pensamento, mas não conseguiu. Levantou, saiu para a rua. O dia estava lindo, não havia nuvens escuras e o sol brilhava com intensidade. Olhou para os dois lados da rua, seguiu à esquerda. Caminhou alguns quarteirões. Enquanto caminhava, ia se lembrando da festa e da casa de Letícia:

A casa é imensa, já na sala pode-se ver o tamanho da fortuna de seus pais. Não consigo esquecê-la, mas isso não pode continuar. Ela é filha de uma das mais importantes famílias desta cidade! Eu sou apenas o filho de um escrivão de cartório! Ela está muito distante, além de ser muito rica, é a prometida de Hélio. Que vou fazer? Preciso esquecê-la.

Tentou se interessar pela paisagem, mas não adiantou. Parou em frente de um bar, onde costumava tomar lanche junto com seus amigos, por isso o garçom o conhecia. Assim que entrou, ele o recebeu com um sorriso:

— Olá, Miguel, o que está fazendo aqui? Hoje é domingo!

— Olá, Jeremias! Acordei e fiquei com vontade de andar. Quando me dei conta, estava aqui. Estou precisando esquecer, para isso quero um copo de vinho.

O garçom admirou-se:

— Vinho?! Nunca o vi beber!

— Mas hoje estou precisando esquecer. Sei que só o vinho poderá fazer isso...

— Tem certeza disso?

Miguel falou irritado:

— Você vai ou não me vender o vinho?

Sem responder, o garçom encheu o copo. Miguel bebeu quase de uma vez. Assim que terminou, bebeu outro e mais outro. Quando percebeu que não estava bem, disse ao garçom:

— Jeremias, agora vou embora. Meu pai está me esperando para o almoço.

O garçom apenas abanou a mão. Cambaleando, Miguel foi para casa. Assim que entrou, seu pai percebeu que ele estava bêbado. Não conseguia acreditar nem entender o que estava acontecendo com seu filho.

Miguel quase caiu e foi apoiado por seu pai, que disse:

— Venha, meu filho, vamos para o seu quarto. O que está acontecendo?

— Ela é linda, papai! Linda!

— Agora você vai dormir, quando acordar, conversaremos. Venha.

Ajudou Miguel a se deitar. Preocupado, ficou olhando e pensando:

Meu Deus... o que está acontecendo com meu filho? O que posso fazer para ajudá-lo? Foi sempre um bom filho e responsável, nunca me deu trabalho algum. Que posso fazer?

Deixou Miguel dormindo e voltou para sala. Seu coração estava apertado. Miguel era seu filho único. Sempre fora um bom menino, carinhoso, estudioso e sempre dizia que um dia seria um advogado e teria muito dinheiro. Muitas vezes, ele havia dito ao filho:

— *Meu filho, o dinheiro é importante, mas não deve ser o principal motivo a levá-lo a ser um advogado. Essa profissão é uma das maiores conquistas da humanidade, com ela poderá ajudar muitas pessoas. Você terá em suas mãos a defesa de inocentes.*

Quando ele dizia isso, Miguel ria e dizia:

— *De criminosos também!*

O pai respondia:

— *Sim, mas eles, também, merecem defesa.*

— *Papai, às vezes penso que o senhor não é deste mundo! Fica sempre procurando algo de bom em todas as pessoas.*

— *Porque todas as pessoas têm sempre algo de bom. A vida pode levá-las a fazer maldade, mas, no íntimo, sempre existe o bem.*

— *O senhor pode continuar pensando assim, mas eu só vou atender a quem possa me pagar. É para isso que estou estudando.*

Ele estava ali pensando em tudo o que havia conversado com Miguel. Naquele momento, aquele filho que sempre fora seguro e sabia o que queria da vida, estava embriagado e perdendo suas referências. Seus olhos ficaram marejados, uma lágrima quis se formar, mas ele logo a afastou, pensando:

Assim que ele acordar, conversarei com ele. Precisa me contar o que está realmente acontecendo. Quem será essa moça?

Letícia, também naquela manhã, acordou, mas, diferente de Miguel, estava feliz com a festa que havia tido e principalmente por tê-lo conhecido. Estava abrindo os olhos, quando Amélia entrou, dizendo:

— Bom dia, minha irmã! Como está nesta manhã?

Letícia, com os olhos brilhantes, sentou na cama. Pegou um travesseiro, colocou-o sobre os joelhos e seus cotovelos sobre ele. Respondeu:

— Estou muito feliz, a festa foi linda!

— Foi mesmo! Você estava linda!

— Também achei. E você, como está?

— Feliz, muito feliz!

— Por causa do Nestor?

Amélia corou ao responder:

— Você notou algo?

Letícia riu:

— Claro que sim! Todos perceberam, vocês ficaram o tempo todo juntos, dançaram quase a noite toda. E o brilho dos olhos? Mesmo que quisessem esconder, ele não deixaria. Pareciam quatro faróis.

— Você também dançou muito com aquele rapaz amigo do Mário!

Agora foram os olhos de Letícia que brilharam ao dizer:

— Foi mesmo! Ele não é lindo?

— Para ser sincera, não notei, mas a que família ele pertence?

— Não sei! Não perguntei, mas se estuda na Faculdade de Direito do Largo São Francisco, deve pertencer a uma família ilustre.

— Deve mesmo, mas você sabe que não pode ficar tão empolgada.

— Por que não?

— Papai já deixou claro que você vai se casar com o Hélio.

Uma sombra passou pelos olhos de Letícia:

— Não vou me casar com ele! Não o amo...

— Sabe que, para nós, mulheres, isso de amor não importa. Não somos donas de nossas vidas. Pertencemos a nossos pais. Eles decidem o nosso destino.

Letícia, disse, irritada:

— Isso não está certo! Não posso viver o resto da minha vida com quem não amo!

— Sinto muito, irmãzinha, mas tem que ser assim. Agora, levante, a Marilu chegará em breve. Vai passar o dia conosco.

— Ela é alegre e uma amiga sincera.

— É sim, gosto muito dela. Agora vou sair, preciso cumprimentar nossos pais. Eles devem estar se dirigindo para a mesa do café. Você vem?

— Irei em seguida. Vou me preparar.

Amélia saiu. Letícia continuou na cama, pensando em Miguel:

Ele é lindo! A que família pertencerá? Tomara que a uma família com recursos, assim papai não se oporá ao nosso amor. Sim, porque eu o estou amando!

Levantou, vestiu-se e em poucos minutos estava sentada à mesa do café. Seus pais e seus irmãos comentaram sobre a festa. Estavam felizes, pois tudo havia dado certo. Letícia os ouvia falando, mas não prestava atenção. Seu pensamento estava todo voltado para Miguel. Ele realmente a impressionara muito.

Meia hora antes do almoço, Marilu chegou. Ela também era uma linda moça. Um pouco mais velha que Letícia, tinha os cabelos negros e caídos sobre os ombros, em cachos delicados, dentes perfeitos, olhos castanhos-escuros. Ao chegar, Amélia e Letícia a levaram para o jardim, queriam comentar sobre a festa. Já no jardim, Amélia perguntou:

— Que achou da festa?

— Gostei muito. Você parece que gostou mais do que eu!

— Por que está dizendo isso?

— Ficou quase a noite toda nos braços do Nestor.

Corada, Amélia perguntou:

— Também notou?

Marilu riu, enquanto respondia:

— Eu e todas as pessoas que estavam na festa.

As três riram. Marilu olhou para Letícia, dizendo:

— Você também dançou muito com aquele rapaz, amigo do Mário e dos outros. Quem é ele? A que família pertence?

Letícia, com o rosto de Miguel no pensamento, suspirou antes de responder:

— Não sei quem ele é nem a que família pertence, mas gostei muito dele.

Marilu segurou em suas mãos, enquanto dizia com a voz pausada:

— Não pode dizer isso, sabe que está quase prometida ao Hélio...

Novamente irritada, respondeu:

— Não vou me casar com ele! Não vou!

Marilu pensou:

Não vai mesmo! Não permitirei!

Disse:

— Sabe que não poderá decidir isso.

— Sei que devo obediência aos meus pais, mas isso não é justo!

— Também acho que não é justo, mas é assim e nunca mudará...

— Tem que mudar! Precisa mudar!

Foram chamadas para o almoço.

Miguel acordou. Lembrou-se do que havia acontecido. Envergonhado, continuou na cama, não sabia o que iria dizer ao pai. Sabia que ele o estava esperando acordar para pedir explicações. Pensava:

Não sei o que dizer! Não posso lhe dizer que estou envergonhado da minha situação social! Não posso dizer que estou apaixonado por uma moça como a Letícia! Ele não entenderá!

Seu pai entrou no quarto. Ao vê-lo acordado, disse:

— Finalmente acordou, já vim aqui muitas vezes, você dormia profundamente. Como está?

— Estou bem, e quero lhe pedir mais uma vez que me desculpe. Prometo que isso não se repetirá...

— Você já disse isso e foi hoje pela manhã. Estou preocupado, se continuar assim, não conseguirá seguir e terminar a faculdade, não será aquele advogado que sempre sonhou ser.

— Sei disso, mas estou com um problema e preciso encontrar uma solução.

— Acredita que ela está na bebida?

— Claro que não, mas com ela consigo esquecer...

— Esquecer, não! Dormir! Assim que acorda, tudo volta. Não quer me contar do que se trata?

Quis contar, mas pensou:

Ele ficará triste se souber o que estou pensando. Não posso dizer que estou envergonhado de minha condição social. Ele poderá pensar que tenho vergonha dele, e isso não é a verdade. Eu o adoro, só preferia ter nascido em outra casa, em uma família com posses. Se isso tivesse acontecido, agora não estaria com problema algum. Poderia falar com o pai de Letícia, casar com ela e ser feliz. Poderia? E o Hélio?

Pensou isso, mas respondeu:

— Não se preocupe, papai, o problema é meu e vou resolvê-lo. Só quero que saiba que eu gosto muito do senhor e que não farei nada que lhe cause tristeza. Nunca mais tocarei em um copo de bebida. Vou ser aquele advogado sonhado por nós dois!

— Está bem, meu filho, quero e preciso acreditar nisso, ficaria triste se fosse ao contrário. Venha, vamos comer alguma coisa.

— Não estou com fome.

— Sei disso, mas precisa se alimentar.

Juntos e abraçados foram em direção à cozinha.

As jovens almoçaram, passaram o resto da tarde conversando sobre a festa e os rapazes. Amélia falava sobre Nestor, e Letícia sobre Miguel, a única que não falava sobre rapaz algum era Marilu. Em dado momento, Letícia perguntou:

— Marilu, você não se interessou por rapaz algum?

Ela, calmamente, respondeu:

— Não, ainda não encontrei o meu príncipe encantado. Mas o encontrarei!

Elas riram e continuaram conversando. Estava quase anoitecendo quando chegou a carruagem que vinha buscar Marilu. Ela se despediu de todos com abraços e beijos e foi para casa. Enquanto a carruagem seguia, ela, acompanhada por sua mucama, ia pensando:

Preciso encontrar uma maneira de fazer com que Letícia se encontre com o Miguel. Preciso fortalecer esse início de romance, só assim o Hélio vai esquecê-la e poderei conquistá-lo. Mas como farei? Quem será ele? A que família pertencerá?

Assim pensando, chegou em casa. Seu irmão estava na biblioteca, lendo. Ela perguntou por ele, foi até lá. Entrou, beijou o irmão, dizendo:

— Preciso falar com você.

Rui, desviando os olhos do livro que estava lendo, perguntou:

— Sobre o quê?

— Sobre o Miguel, que estava na festa... ele é amigo do Mário e dos rapazes.

— Não o conheço muito bem, sei que estuda na Faculdade de Direito e que é amigo deles, mas, como sabe, estudo em outra faculdade. Vejo-os de vez em quando, mas minhas amizades são outras.

— Sei disso, mas preciso saber quem ele é e a que família pertence.

— Por que o interesse? Está gostando dele?

Ela começou a rir:

— Não! Eu não, mas uma minha amiga está e pediu que eu descobrisse tudo sobre ele.

— Está bem, farei algumas perguntas. Assim que souber algo, conto tudo. Está bem assim?

— Está ótimo, mas não demore, tenho urgência.

— Amanhã mesmo investigarei. Assim que voltar da faculdade, terei uma resposta. Agora saia, me deixe estudar.

Ela deu um beijo em sua testa e saiu.

A descoberta

Na manhã seguinte, Marilu esperou ansiosa pela chegada do irmão da faculdade. Sabia que ele lhe traria uma resposta. Sempre fora assim, eles eram só os dois. Ele era seis anos mais velho que ela. Enquanto esperava, pensava:

Ele sempre fez tudo o que lhe pedi. Sempre me tratou como se eu fosse uma criança. Por isso sei que me trará uma resposta. Hoje mesmo saberei quem é o Miguel. Depois disso, terei que encontrar uma maneira para que se encontre com a Letícia. Preciso que haja um romance entre eles, assim o Hélio se decepcionará e me dará atenção.

De fato, isso aconteceu. Assim que ela viu a carruagem parando em frente à sua casa, correu para encontrar Rui que a recebeu com um sorriso:

— Sei que está ansiosa. Pode ficar calma, tenho toda a informação que quer, mas, antes, preciso saber para quê.

Enquanto entravam, ela, com a mão no braço dele, respondia:

— Sabe que gosto do Hélio, mas ele está cego de amor pela Letícia. Ela, por sua vez, não gosta dele, conheceu o Miguel e agora está interessada nele.

Ele começou a rir:

— Está pretendendo ser o cupido?

— Não, quero o Hélio.

— Mas o que lhe garante que, se ela ficar com o Miguel, ele a notará como mulher? Sabe muito bem que ele só gosta de você como amiga!

— Sei disso, mas pode mudar. Depois que se decepcionar com a Letícia, ficará triste e carente. Então, eu entro na história.

— Sinto muito, mas acredito que isso não será fácil...

— Por quê?

— O Miguel não pertence a nossa classe social.

— Que está dizendo?

— Isso mesmo, não é de boa família. Não tem fortuna nem posses. Ele e seu pai trabalham no cartório. Seu pai é escrivão, e ele faz pequenos trabalhos.

— Não posso acreditar no que está dizendo! Deve estar brincando! Ele estuda na melhor faculdade do país!

— Não estou brincando, irmãzinha, tudo o que lhe contei é a mais absoluta verdade. Ele conseguiu uma bolsa de estudos. Como vê, um romance entre os dois é impossível. Os pais da Letícia nunca o aceitarão.

Ela ficou pensando, estava preocupada, pois aquilo nunca havia passado por sua cabeça. Disse:

— Isso muda tudo, vou ter que encontrar uma outra maneira.

— Sei que encontrará. Conheço você o bastante para dizer isso.

Ela sorriu e foi para o seu quarto. Precisava pensar. Queria o amor de Hélio e o conseguiria. Durante o resto do dia, ficou pensando a respeito da situação. À noite, já havia tomado uma decisão.

Contarei tudo para Letícia, mas preciso convencê-la de que a diferença de nível social não poderá interferir no amor deles. Saberei como falar, vou induzi-la para que vá procurá-lo no cartório.

Tinha tudo planejado, só precisava encontrar uma maneira de colocar o plano em ação. Como fazer para levar Letícia até o cartório? Se lhe contasse antes, talvez ela não quisesse mais saber de Miguel, teria que ser uma surpresa.

Pensou muito durante aquela noite. Na manhã seguinte, ao acordar, já tinha uma solução. Logo depois da manhã, disse a sua mãe:

— Mamãe, a Letícia pediu que eu fosse até a casa dela para almoçar. À tarde, eu, ela e a Amélia iremos ao centro da cidade, pois elas precisam fazer compras. Posso ir?

— Se levar a sua mucama junto, não terá problema, mas precisamos falar com seu pai.

— Deixe que eu falo. Ele nunca me negou um pedido.

A mãe sorriu:

— Desde que você era pequena, foi sempre assim. Conseguiu sempre o que quis.

Marilu sorriu:

— É isso mesmo, foi sempre assim. Sou muito feliz pela família maravilhosa que tenho. Obrigada, mamãe.

Sob o olhar amoroso de sua mãe, ela se retirou e voltou para o seu quarto. Precisava ensaiar bem as palavras e o que dizer. Letícia não saía muito de casa e, quando isso acontecia, estava sempre acompanhada por um dos irmãos. Marilu sabia que precisava convencer Amélia a ir junto. Após o almoço, com o consentimento do pai e acompanhada da mucama, ela foi à casa de Letícia. Tinha tudo planejado, nada daria errado.

A carruagem parou em frente à casa de Letícia. Logo um dos escravos veio abrir a portão. Ela entrou altiva e rapidamente, não tinha muito tempo. Assim que a viu entrar, Letícia, que estava bordando, se levantou alegre:

— Marilu! Que bom que veio!

— Vim porque preciso da sua ajuda.

— Minha ajuda?! Para quê?

— Papai quer dar um presente para mamãe, no mês que vem vai ser o aniversário de casamento deles. Ele quer lhe dar uma joia, pediu que eu escolhesse. Não gostaria de fazer isso sozinha, tenho medo de não escolher bem, por isso precisava que você e a Amélia fossem junto comigo.

— Hoje?!

— Sim, precisa ser hoje. Na semana que vem, papai vai viajar e quer que a joia já esteja comprada.

— A Amélia deve estar em seu quarto lendo. Vamos até lá?

Entraram no quarto. De fato, Amélia estava recostada na cama, lendo. Ao vê-las, admirou-se. Marilu contou o seu problema, ela se prontificou a ajudar. Foram juntas conversar com a mãe e pedir permissão. A mãe foi até o escritório para falar com seu marido. Após alguns minutos, voltou com a permissão. As três saíram na carruagem de Marilu, acompanhadas por sua mucama.

No centro da cidade, entraram em algumas lojas. Em dado momento, Marilu, sob os olhos admirados das duas, entrou no cartório. Elas a acompanharam. Assim que entraram, Letícia ficou parada, branca como cera. Seu coração quase parou. Marilu a segurou para que não caísse. No meio do salão, estava Miguel, carregando uma caixa com muitos documentos. Amélia também o viu e, como Letícia, ficou sem saber o que fazer. Como que atraído pelo olhar delas, ele se voltou e as viu. Assim como elas, ficou petrificado. A caixa quase caiu de suas mãos, não sabia o que dizer ou fazer. A única que estava sob controle era Marilu, que fez um sinal com as mãos para que ele se aproximasse. Ele, cambaleando, obedeceu. Assim que se aproximou, Marilu, fingindo surpresa, disse:

— Miguel, boa tarde! Não sabia que você trabalhava aqui!

Ele, gaguejando e sem coragem de olhar para Letícia, respondeu:

— Boa tarde, trabalho aqui, sim, ajudo o meu pai. Mas o que fazem aqui?

— Estávamos passeando. Letícia, você se lembra do Miguel? Ele estava na sua festa!

Ela, trêmula e com a voz baixa, respondeu:

— Lembro, sim. Como vai, Miguel?

— Estou bem.

Letícia conseguiu superar o susto. Amélia, assim como a irmã, estava intrigada. Jamais poderia imaginar que aquele rapaz elegante e educado não pertencia à mesma classe social que a sua. Estavam sem saber como continuar a conversa, quando Marilu disse:

— Miguel, falta muito tempo para terminar o expediente?

Ele olhou para o relógio que estava na parede e, ainda com a voz trêmula, respondeu:

— Quarenta minutos. Por quê?

— Poderemos esperar você. Depois, iremos até a confeitaria e lá tomamos um chá. Que acham da minha ideia?

As moças concordaram, mas ele ficou em dúvida, pois teria que pagar a conta e não tinha dinheiro para isso. Mas, mesmo assim, disse:

— Está bem. Assim que terminar o expediente, vou encontrá-las na confeitaria.

Disse aquilo, mas não sabia como faria. Assim que elas saíram, ele foi para a sala onde seu pai trabalhava. Em poucos minutos, contou o acontecido e disse que precisava de dinheiro. Seu pai respondeu:

— Sabe que não temos dinheiro para essas extravagâncias, mas como parece ser importante para você, aqui está o dinheiro.

Ele agradeceu ao pai. Ainda confuso, saiu da sala. Não sabia o que dizer. Mas, enfim, as cartas estavam jogadas. Havia se impressionado com Letícia, sabia que ela pertencia a outro mundo. Tinha medo que ela o rechaçasse, mas agora havia chegado a hora. Não teria como evitar.

Assim que o expediente terminou, ele se despediu do pai e foi para a confeitaria. As moças já estavam sentadas, esperando-o. Letícia, desde que saiu do cartório, não dissera uma palavra. Desde a noite da festa, não conseguiu esquecê-lo, sabia que seria difícil convencer seu pai para que não a obrigasse a se casar com Hélio, mas agora tinha certeza de que ele nunca permitiria que ela se casasse com Miguel.

Amélia também pensava a mesma coisa. Marilu era a única que estava controlada e feliz, pois seu plano estava dando certo. Bastava, agora, apenas convencer os dois de que a diferença social não deveria interferir no amor deles.

Miguel chegou, cumprimentou-as e sentou em uma cadeira que, propositadamente, Marilu deixara vaga ao lado de Letícia. Ficaram alguns minutos calados. Marilu iniciou a conversa:

— Então, Miguel! Foi uma surpresa encontrarmos você trabalhando no cartório!

Ele, ainda desconcertado, disse:

— Também fiquei surpreso ao vê-las. E preciso que me desculpem, pois eu, na festa, não quis passar por aquilo que não era. O Mário e os outros me conhecem e sabem da minha origem.

Marilu continuou:

— Assim como isso não deve ter importância para eles, para nós também não tem, não é, meninas?

Elas apenas balançaram a cabeça. Ficaram ali, tomando chá e conversando amenidades. Marilu, com um sinal, fez que Amélia a acompanhasse até o banheiro, deixando Miguel e Letícia a sós. Ela, intrigada, perguntou:

— Por que saiu da festa sem se despedir?

— Peço que me desculpe, mas senti que estava gostando de você e sabia que seria impossível. Achei melhor me afastar.

— Por que não me disse o que estava sentindo?

— Pensei que só eu estivesse sentindo aquilo. Como vê, sou de uma origem pobre, e sei que está prometida para o Hélio, que é meu amigo.

— Nada disso importa. Não ligo para dinheiro nem para origem. Quanto ao Hélio, ele sabe que não o amo e que não quero me casar com ele.

— Do modo como fala, parece que tudo é fácil.

— E é! Se gostar realmente de alguém, nada disso será empecilho!

— Você é ainda uma criança, não sabe o que está dizendo.

— Você não é muito mais velho que eu! Sei muito bem o que estou dizendo. Também me interessei por você e fiquei muito triste quando foi embora.

— Acredita mesmo que poderá haver algo entre nós?
— Tenho certeza disso!
— Poderemos nos ver?
— Isso vai ser um pouco difícil, sabe que não posso sair sozinha de casa, mas darei um jeito. Se realmente quiser me ver, arrumarei uma forma.
— Claro que quero vê-la!
— Então, vamos marcar, na próxima semana, neste dia, aqui neste lugar. Está bem assim?
— Claro que está. Tem certeza que poderá vir?
— Se não vier, foi porque não consegui, mas estarei com você em meus pensamentos.

Ele ia dizer algo, quando Marilu e Amélia se aproximaram. Esta disse:
— Letícia, está na hora de irmos embora. Se pretende sair outras vezes, é melhor não nos atrasarmos.
— Tem razão. Miguel, foi um prazer encontrá-lo. Não esqueça o que combinamos.

Ele se levantou e, sorrindo, disse:
— O prazer foi todo meu. Espero vê-las novamente.

Acompanhou-as até a carruagem que, em seguida, sob seu olhar, se afastou.

No caminho de volta, Letícia contou o que havia conversado com ele enquanto elas estavam no banheiro e pediu ajuda para continuar encontrando-o. Elas disseram que ajudariam.

Miguel também chegou feliz em casa e contou ao pai o acontecido. Após ouvi-lo, o pai disse:
— Sei que está feliz, meu filho. Isso me alegra muito, espero que tudo dê certo.
— Dará, papai! Dará!

Jantaram e foram para os seus quartos.

Daquele dia em diante, começaram a se encontrar uma vez por mês. O amor entre os dois foi crescendo cada vez mais. Letícia saía sempre acompanhada por Amélia e Marilu, que não cabia em si de felicidade, pois sabia que Hélio, não tendo mais Letícia, seria dela.

Embora nunca mais Miguel tornasse a beber como das primeiras vezes, continuava bebendo um pouco menos.

Fazia quase um ano que estavam se encontrando uma vez por semana. Eles resolveram que não contariam a ninguém. As únicas pessoas que sabiam eram Amélia e Marilu, que juraram segredo. Miguel, quando conversava com Hélio, não comentava. Amava Letícia e faria o possível para continuar com ela. Estava se aproximando o aniversário dela. Ela combinou com Miguel que, neste dia, o apresentaria oficialmente aos seus pais. Quando ela lhe disse isso, ele se assustou e perguntou:

— Tem certeza de que será uma boa hora? Não acha que é ainda muito cedo? Falta muito tempo para eu me formar.

— A hora é esta, farei dezesseis anos. Sabe que nesta idade as moças costumam firmar compromissos de noivado. Temo que meu pai queira fazer isso comigo e com o Hélio. Preciso me antecipar.

— Você é quem sabe. Farei tudo para vê-la feliz.

Naquela tarde, chegou feliz em casa. À noite, na hora do jantar, contaria tudo o que estava acontecendo. Conversou com Amélia e convidou Marilu pra o jantar.

— Preciso da presença das duas. Sei que me ajudarão!

Elas riram Marilu disse:

— Não se preocupe, dará tudo certo, sabemos quanto se amam.

Enquanto jantavam, Letícia ia pensando nas palavras que diria. Precisava tomar cuidado, pois seu pai, embora amasse os filhos, era rígido em suas decisões e exigia total obediência.

Assim que terminaram de jantar, quando ela ia começar a falar, o pai a interrompeu, dizendo:

— Letícia, preciso fazer um comunicado a todos e, principalmente, a você. Conversei longamente com o pai do Hélio, e decidimos que a festa do seu aniversário será uma ótima ocasião para anunciarmos o seu noivado com o Hélio.

Ela sentiu como se tivessem jogado um balde de água fria sobre ela. Olhou para Amélia e Marilu, que, assim como ela, estavam abismadas com o que tinham acabado de ouvir. Tomou coragem, disse, chorando:

— Não quero me casar com o Hélio! Eu não o amo!

O pai a olhou secamente.

— Sempre soube que estávamos tratando disso. Não aceito desobediência, fará como estou dizendo.

Antes que ela ou alguém dissesse alguma coisa, ele se levantou e saiu da sala de jantar. Letícia chorava, inconsolável. Marilu também estava nervosa, pois sentia que os seus planos não haviam adiantado nada. Se houvesse aquele casamento, perderia o Hélio para sempre.

A mãe de Letícia disse:

— Sei, minha filha, o que está sentindo, pois passei por isso. Quando me casei, não amava seu pai. Meu casamento foi também um acerto entre o pai dele e o meu, mas hoje não me arrependo, aprendi a gostar dele e ele me deu vocês três. Você também aprenderá a gostar do Hélio, ele me parece ser um bom rapaz.

— Não gostarei dele nunca! Sei que é um bom rapaz e um bom amigo também, mas não o quero por marido!

— Sinto muito, minha filha, sabe que terá de ser assim, seu pai já deu a palavra ao pai do Hélio, não mudará de opinião.

— Não posso me casar com ele! Não posso!

Saiu da mesa e da sala em disparada, foi para o seu quarto. Amélia e Marilu a seguiram. Já no quarto, jogou-se, chorando, sobre a cama. Amélia não sabia o que dizer, pois a mãe tinha dito a verdade, seu pai não mudaria de ideia. Estava certa, porém, de quanto Letícia e Miguel se amavam. Marilu estava desesperada, sentia que seu amor lhe fugia pelos dedos. Mas, naquele momento, não soube o que dizer. Apenas tentou fazer Letícia parar de chorar.

— Letícia, não fique assim, encontraremos uma solução. Você não se casará com o Hélio. Posso até lhe jurar, se for preciso. Fique calma, pensarei em alguma coisa.

— Sei que não haverá solução, meu pai já se decidiu.

Então, Letícia deu um pulo da cama, quase gritando:

— Hoje é sexta-feira! Não terei como contar ao Miguel o que está acontecendo!

— É, minha irmã, isso é verdade. Ele terá de saber pela boca do Hélio, que, com certeza, contará a todos na segunda-feira, durante a aula.

— Que farei? Que farei?

Marilu fez que ela se voltasse para cama, enquanto dizia:

— Por enquanto não pode fazer nada, mas encontrarei uma solução. Agora, fique calma.

Com as presenças das famílias de Hélio e de Marilu, o almoço transcorreu normalmente, a não ser por Letícia que, embora estivesse bem-vestida, estava pálida e com os olhos inchados de chorar.

Assim que o almoço terminou, todos foram conduzidos à sala onde seria servido o licor e o café. Quando todos se acomodaram, o pai de Hélio disse:

— Como todos sabem, estou aqui para pedir oficialmente a mão de Letícia para o meu filho Hélio.

O pai de Letícia, sorrindo e feliz, disse:

— É com prazer que aceito o pedido. O casamento se dará dentro de um ano.

Todos se levantaram para cumprimentar os noivos. Letícia, sem muito entusiasmo, recebeu os cumprimentos, enquanto Hélio não cabia em si de tanta felicidade. Finalmente estava realizando o sonho de sua vida. Hélio tinha três irmãs e dois irmãos. Os rapazes foram para a sala de jogos. As moças ficaram conversando entre si sobre os vestidos que usariam no casamento. A mãe de Letícia, junto com as senhoras, discutia os quitutes que seriam servidos. Marilu olhava tudo, desesperada. Não havia ainda encontrado uma solução.

Mais ou menos uma hora depois, Letícia se aproximou de Hélio e o convidou para que fossem ao jardim, queria conversar com ele. Prazerosamente, ele aceitou. Assim que chegaram ao jardim, ela sentou em um banco e pediu a ele que sentasse também. Quando ele sentou, ela disse:

— Hélio, você é o único que pode impedir essa loucura!

— Por que está dizendo isso?

— Não posso me casar com você! Não o amo! Você pode dizer ao seu pai que não me quer como esposa!

— Sabe muito bem que não posso fazer isso, assim como o seu pai, o meu também decidiu. Sabe que eles têm total domínio sobre a nossa vida.

— Sei disso, mas com homem é sempre diferente! Se conversar com ele, talvez lhe dê atenção!

— Poderia até tentar, mas não quero.

— Por que não?

— Porque amo você e muito, estou feliz por tê-la como esposa.

— Eu não o amo! Sabe muito bem que não seremos felizes!

— Mas eu a amo o suficiente por nós dois, sei que, com a convivência, farei com que aprenda a me amar.

— Isso não acontecerá, nunca! Gosto de você apenas como um amigo, nada além disso.

— Pagarei para ver. Garanto-lhe que, em menos de um ano de casados, estará totalmente apaixonada.

— Isso é loucura! Está em suas mãos nos livrar de uma vida inteira de sofrimentos!

— Você, como uma boa moça romântica, está sofrendo sem motivo. Verá como seremos felizes.

Assim dizendo, pegou em sua mão, a fez levantar e a conduziu de volta para dentro da casa.

Letícia o seguiu, sem discutir. Sabia que o seu destino estava nas mãos dele.

Estava anoitecendo quando os convidados começaram a se despedir. No quarto de Letícia, as três conversavam. Letícia, inconsolável, dizia:

— Que farei? O Miguel não pode ficar sabendo através de outra pessoa. Preciso falar com ele, mas como? Meus pais não me deixarão sair a esta hora da noite. Além do mais, não sei onde ele mora!

Marilu foi até a uma cômoda, abriu uma gaveta e de dentro tirou um álbum que continha folhas de cartas perfumadas. Ela sabia que estavam ali, pois fora ela mesma quem trouxera de presente para Letícia de uma das vezes em que havia ido à Europa. Entregou o álbum para Letícia:

— Escreva uma carta contando tudo. O Rui sabe onde ele mora. Pedirei ao cocheiro da minha carruagem que vá até a casa dele para lhe entregar.

— Fará isso? Seu pai concordará que o cocheiro se ausente?

— Não se preocupe. Pedirei ao Rui que me ajude. Direi que a carta é de extrema importância e que o Miguel precisa receber ainda hoje. Meu pai não se importará e deixará que use a carruagem.

Letícia tirou de dentro do álbum uma folha e escreveu.

> Querido Miguel,
>
> Infelizmente, os nossos planos não poderão ser concretizados. Meu pai comunicou hoje o meu noivado com o Hélio e o casamento para daqui a um ano.
>
> Não preciso lhe dizer quanto estou desolada, mas nada há que eu possa fazer. Embora continue amando você, e sei que este amor será para toda eternidade, não poderei mais encontrá-lo. Sou agora uma mulher comprometida e não posso trair o meu noivo. Mas nada poderá impedir que eu continue pensando em você e amando-o. Com carinho e já com saudades.
>
> Letícia

Assim que terminou de escrever, beijou o papel, colocou em um envelope e entregou-o para Marilu.

Marilu planeja

Marilu, assim que chegou em casa, desceu da carruagem acompanhada dos pais e de Rui. Seguiu com ele em direção ao interior da casa. Disse:

— Vamos para o meu quarto, preciso conversar com você.

Ele não se admirou, pois sabia que quando a irmã falava daquele jeito significava que ela estava tentando fazer algo não muito certo e que precisava de sua ajuda.

Entraram no quarto de Marilu. Ela, aflita, disse:

— Preciso que me ajude!

Rui sabia que se tratava de algo parecido:

— O que é desta vez?

Ela contou tudo o que havia acontecido, desde o dia em que ele descobriu quem era o Miguel. Agora, precisava fazer Miguel descobrir sobre o casamento pelas palavras de Letícia. Assim, sendo, restaria uma esperança e ela teria tempo de pensar em uma maneira para afastar Hélio da Letícia.

Rui ouviu tudo em silêncio. Quando ela terminou, disse, espantado:

— A Letícia com o Miguel? Mas ele é um dos melhores amigos do Hélio!

— Sei disso, mas ela não quer se casar, está sendo obrigada pelo pai.
— O Hélio sabe sobre o Miguel?
— Não! E nem pode saber! Só preciso que entregue esta carta para ele. Deixe o resto por minha conta.
— Como farei isso?
— Sabe muito bem que, como homem, pode usar a carruagem quando quiser. Eu não poderei sair à noite. Só quero que leve esta carta para o Miguel!
— Não estou entendendo. Se quer tanto ficar com o Hélio! Entregando esta carta, fará com que o amor de Letícia e Miguel termine, assim o Hélio poderá ficar com ela sem problema algum...
Ela gritou:
— Nunca! Ele se casará comigo! Só preciso ter um tempo para planejar. A princípio, parecerá que tudo está acabado, mas assim que o Hélio deixar a Letícia, encontrarei uma maneira para que fiquem juntos. Dará tudo certo! Eu ficarei com o Hélio, e ela, com o Miguel! Agora, faça o que lhe pedi.
— Está bem, irmãzinha. Estou indo pedir a carruagem ao papai.
Com um sorriso, saiu do quarto.
Miguel estava estudando, sozinho, em casa. Seu pai ganhara dois convites para assistir a uma peça de teatro, convidou-o, mas ele não aceitou, pois realmente precisava estudar. Estava distraído com a leitura, quando ouviu alguém batendo palmas em seu portão. Não esperava ninguém, ainda menos àquela hora. Saiu para ver do que se tratava. Ficou mais admirado ainda quando viu Rui. Não o conhecia muito bem. Havia o encontrado algumas vezes, quando saiu em companhia do Mário, do Nestor e do Hélio, mas, como estudavam em faculdades diferentes, quase nunca se viam. Ao vê-lo, disse:
— Rui! Que está fazendo aqui?
— Boa noite, Miguel. Estou aqui cumprindo uma missão.
— Boa noite! Quer entrar?
— Não, obrigado, só vim mesmo para lhe entregar esta carta.

— Carta?! De quem é?

— Não sei, mas assim que ler, saberá.

Entregou a carta, Miguel a segurou em suas mãos. Ao pegá-la, sentiu o perfume. Sorrindo, disse:

— Parece ser de mulher. Quem lhe deu essa incumbência?

— Não posso dizer, mas assim que ler, entenderá. Bem, missão cumprida. Até mais.

Com a carta nas mãos, Miguel correspondeu ao sorriso, dizendo:

— Embora não saiba o conteúdo da carta, agradeço-o pelo trabalho. Até mais.

A carruagem foi embora, Miguel voltou para dentro da sala. Antes de abri-la, cheirou a carta. O perfume era suave e um tanto adocicado. Curioso, mas com cuidado, ele abriu o envelope. Começou a ler. Seu rosto foi se modificando. Quando terminou de ler, lágrimas caíam. Ficou com a carta em sua mão, parado, sem saber o que fazer. Desesperado, pensou:

Sempre soube que isto iria acontecer, mas sempre tive uma esperança... que farei da minha vida? Como viverei sem ela?

Olhou para a cristaleira, lá estava a solução para os seus problemas. Pegou uma garrafa de vinho e começou a beber.

Seu pai, ao chegar, o encontrou com a cabeça sobre a mesa e a carta amassada em sua mão. Com cuidado tirou a carta e leu. Pôde logo perceber por que seu filho estava daquela maneira. Ajudou-o a levantar, conduziu-o para o quarto e o deitou. Miguel, ao perceber a presença do pai, começou a chorar:

— Papai... eu a perdi para sempre! Ela vai se casar com o Hélio! Não sei como viverei sem ela!

— Eu sei, meu filho, mas agora precisa dormir. Quando acordar, conversaremos.

— Não quero dormir! Quero morrer!

O pai não lhe respondeu, apenas o deitou. Em seguida, saiu do quarto. Embora não chorasse, seu rosto estava crispado, demonstrando o grande sofrimento que estava passando ao ver o filho daquela maneira. Sabia que seu filho se tornara um alcoólatra e que qualquer motivo era o suficiente para que ele bebesse. Desesperado, pensou:

Meu filho! Que posso fazer para ajudá-lo? Não sei, não sei... apenas rezar e pedir a Deus que o ajude...

Miguel acordou somente na manhã seguinte e na hora de ir para a faculdade. Assim que abriu os olhos, lembrou-se de tudo o que havia se passado. Sabia que seu pai deveria estar na sala lendo, como fazia todas as manhãs. Sentiu que seu corpo exalava bebida e a cabeça doía. Mas nada daquilo o incomodava, a única coisa que lhe importava era Letícia e agora ela estava perdida para sempre. Lágrimas começaram a se formar em seus olhos.

Levantou e foi ter com o pai. Estranhou, pois, ao entrar na sala, não o encontrara lendo, como sempre fazia. Foi em direção à cozinha. Seu pai estava sentado, tomando um café. Ao ver o filho entrar, disse:

— Bom dia. Vejo que acordou, mas parece que não está bem.

— Bom dia, papai. Sinto muito por mais uma vez ter me excedido na bebida. O senhor leu a carta de Letícia?

— Li e entendi. E agora, o que pretende fazer? Continuar se embriagando?

— Não sei... não sei.

— Com essa carta, ela demonstrou ser uma moça honesta e sensata, sabe que será obrigada a obedecer ao pai, e que também honrará o marido e o seu casamento. Você, agora, só tem dois caminhos para seguir. Aceitar a situação e continuar estudando para ser um bom advogado e conquistar tudo o que sonhou, ou se entregar à bebida e se tornar um alcoólatra. Você é meu filho muito querido. Não sei o que fazer para ajudá-lo, mas o que fizer estarei ao seu lado. Pense bem, a sua vida está em suas mãos. Não comprarei mais bebida alguma, se quiser beber, terá que ser fora de casa. Só posso lhe dizer que a bebida não é solução para nada.

Levantou da cadeira em que estava sentado, saiu da cozinha, dizendo:
— Estou indo para o cartório, preciso chegar mais cedo, tenho muito trabalho. Fiz um chá de losna para que tome, sei que não deve estar bem do estômago. Até mais tarde.

Saiu, Miguel sabia que ele estava mentindo e que não iria para o cartório naquela hora. Sentiu que seu pai não queria conversar com ele, sabia qual era o motivo, ele estava magoado e triste por tê-lo encontrado embriagado.

Realmente, aquilo era verdade. Seu pai saiu de casa. Pensando, foi caminhando sem destino.

É ainda muito cedo para ir ao cartório, mas não sei o que dizer a ele. Entendo seu sofrimento, mas não sei como ajudá-lo, só ele poderá decidir a sua vida...

Miguel tomou o chá, preparou-se e saiu em direção à faculdade. Imaginava o que encontraria lá. E realmente encontrou. Hélio estava feliz e contando para os colegas de seu noivado e futuro casamento. Foi cumprimentado por todos e também por Miguel, que fez o máximo possível para não demonstrar o seu sofrimento.

Letícia, por sua vez, também sofria muito. Sozinha em seu quarto, chorava enquanto pensava:

Sei que não terei como evitar esse casamento, tenho que obedecer ao meu pai. Preciso esquecer o Miguel, mas sei que nunca conseguirei e o amarei para sempre, até a eternidade. Porém, mesmo contra minha vontade, deverei honrar o meu marido.

Desde então, os seus olhos nunca mais brilharam como antes, e quase sempre estavam vermelhos e inchados de chorar.

O tempo foi passando. Miguel não conseguia ficar longe da bebida. Passava todos os finais de semana embriagado, para desespero de seu pai. Suas notas decaíram, com muito custo, conseguiu mantê-las para ser aprovado.

Já havia algum tempo, corriam rumores de que a Abolição dos escravos seria proclamada. Os estudantes estavam alvoroçados. Alguns tinham de fato o sentimento de lutar pelos negros. Outros apenas acompanhavam os colegas, pois eram ricos, possuíam escravos e gostavam de ser atendidos por eles. Miguel nunca quis participar dessa luta, pois em uma ocasião que havia comentado com o pai, este lhe disse:

— Cuidado, meu filho. Essa luta é contra o Império, portanto contra os poderosos.

— Mas, papai, quase todos os meus colegas da faculdade estão envolvidos nela!

— Não esqueça que eles pertencem a famílias ricas e também poderosas. Se forem presos, seus pais terão dinheiro para contratar bons advogados e logo serão libertados, mas conosco é diferente, se você for preso, não terei como ajudá-lo.

Simpatizante da causa, desejava mesmo que os escravos fossem libertos. Todavia, sabia que o pai tinha razão no que dizia, por isso até então não havia participado. Mas desde que recebeu a carta de Letícia e nunca mais a viu, só desejava morrer. Não havia mais motivo para que continuasse sua vida. Seus sonhos estavam desfeitos para sempre. Mário, Nestor e Hélio participavam ativamente. Ele começou a acompanhá-los às reuniões. Não lhe importava mais o que pudesse lhe acontecer. Sempre que os estudantes iam a essas reuniões, alguns deles levavam consigo armas para se protegerem, caso houvesse um ataque da guarda Imperial.

O tempo foi passando. A data do casamento estava se aproximando. As duas famílias uniram-se e compraram uma bela casa, onde Letícia e Hélio viveriam. Letícia não se esquecia de Miguel, mas estava conformada, sabia que aquele amor era impossível. Marilu, por sua vez, não se conformava, não aceitava a ideia de ver Hélio casado com outra que não fosse ela. Durante todo o tempo, tentou convencer Letícia:

— Você não pode aceitar isso sem lutar! Vocês se amam!

Com lágrimas, Letícia respondia:

— Sei que o amo, mas não posso desobedecer a meu pai nem trair o Hélio. Ele sabe que não o amo, mas mesmo assim insiste no casamento.

Marilu, irritada, disse:

— Nunca pensei que você fosse tão fraca! Pensei que gostasse do Miguel sinceramente!

— Eu gosto, e muito, mas sei que não adianta. Não posso desobedecer a meu pai! Se fosse no seu caso, o que faria?

Marilu ficou pensando antes de responder:

— Não sei. Assim como você, fui criada para obedecer, mas não acho isso justo! Só por sermos mulheres não somos diferentes! Temos os nossos sentimentos da mesma maneira que os homens! Virá o dia em que seremos iguais! Poderemos, nós mesmas, decidir a nossa vida!

— Acredita mesmo nisso?

— Não sei, mas gostaria muito que fosse assim.

Letícia também queria que fosse assim, mas, no momento, não era. Sabia que devia obediência ao seu pai e que, após o casamento, essa obediência seria transferida para o Hélio.

Marilu estava desesperada. Pensou muito em uma maneira de separar Hélio de Letícia para sempre. Para isso, precisaria da ajuda de Rui, seu irmão. Foi o que fez.

— Rui, preciso que me ajude.

— No quê?

— O casamento do Hélio com a Letícia está se aproximando. Preciso impedir!

Contou a ele o seu plano:

— Quero que você convide o Miguel para um encontro e o leve até um hotel barato. Farei com que Letícia também vá. Quando os dois estiverem lá conversando, você terá que encontrar uma forma para que o Hélio descubra e vá encontrá-los.

— Isso é loucura! Não sabe o que pode acontecer!

— Não vai acontecer nada! O Hélio só vai tomar conhecimento do amor que existe entre os dois. Sentindo-se traído, abandonará a Letícia e assim eu terei chance com ele!

— Como farei para convencer o Miguel a ir para esse hotel?

— Você mesmo me disse que ele está gostando de beber. Basta só lhe oferecer uma bebida e, assim que estiver embriagado, leve-o até lá.

— Não sei se vai dar certo.

— Claro que vai dar. O importante é que o Hélio e a Letícia nunca descubram que estamos envolvidos nisso.

— Como farei isso?

— Após deixar o Miguel dormindo no hotel, você contrata um rapaz ou menino para levar uma mensagem ao Hélio. Nessa mensagem deverá dizer que no hotel haverá um encontro de estudantes. Eu falarei com a Letícia e a convencerei a ir até lá.

— Acredita que vai dar certo mesmo?

— Vai! O Hélio não suportará ser traído e a abandonará!

— Está bem, vou fazer como você quer. Quando será isso?

— Planejarei tudo direito para que não haja erro. Assim que estiver tudo certo, comunicarei a você.

— Ficarei aguardando, agora preciso estudar.

Rui saiu e ela ficou imaginando a melhor forma para colocar seu plano em ação. Era a última cartada, por isso nada poderia dar errado.

Durante alguns dias, ficou pensando, até que, finalmente, com tudo meticulosamente planejado, foi novamente falar com Rui:

— Está tudo pronto. Você deve fazer do modo como vou lhe dizer. Amanhã à tarde, na hora em que o Miguel costuma sair do cartório, assim, disfarçadamente, você deve encontrá-lo como se fosse por acaso. Convide-o para tomarem alguma coisa e conversem. Dê uma bebida a ele, e depois outra. Assim que estiver embriagado, deve levá-lo a este hotel. Quando ele estiver deitado e dormindo, você deve sair imediatamente. Fique em uma esquina perto do hotel. Assim que vir a Letícia entrar, mande alguém dizer para o Hélio ir até lá para um encontro com outros estudantes.

— Se ele não for?

— Ele irá. O resto ficará por minha conta.

Ele ouviu com atenção. Disse:

— Tem certeza de que tudo dará certo?

— Claro que sim, agora não se preocupe com isso. Faça da maneira como lhe disse.

Na tarde seguinte, como o planejado, Rui estava andando pela rua do cartório, quando viu Miguel saindo. Aproximou-se dele, dizendo:

— Miguel, que bom encontrá-lo! Como vai?

Miguel, também surpreso, respondeu:

— Rui! É uma surpresa, mas o que está fazendo por aqui?

— Estou vendo se encontro uma cartola. Mas vamos conversar?

— Claro que sim. Só preciso avisar o meu pai, senão ele ficará preocupado.

Voltou para dentro do cartório e disse ao pai:

— Estou saindo com um amigo, mas não me demorarei.

O pai, um pouco preocupado, perguntou:

— Algum amigo da faculdade?

— Não, ele estuda na Faculdade de Medicina. É amigo do Hélio e dos outros.

— Você não está indo para uma daquelas reuniões, está?

— Não, papai, não se preocupe. Logo mais estarei em casa.

O pai sorriu e ele saiu. Rui estava nervoso, esperando-o. Seguiram em direção ao bar que Miguel costumava ir. Miguel não queria beber, mas, diante da insistência de Rui, não teve como evitar. Bebeu o primeiro copo, depois outros. Logo estava completamente embriagado. Rui, levantando, disse:

— Parece que não está bem. Vou levá-lo para casa.

Miguel ainda tentou argumentar, mas percebeu que naquela situação em que estava não conseguiria chegar em casa. Deixou-se levar.

De acordo com o combinado com Marilu, Rui levou Miguel até um hotel. Assim que chegaram, Miguel percebeu que não estava em seu quarto, mas não conseguiu argumentar. Com a ajuda de Rui, deitou e adormeceu.

Assim que Rui que viu Miguel dormindo, rapidamente saiu dali. Encontrou um rapaz com o qual já havia combinado. Deu a ele um envelope e o endereço de Hélio, dizendo:

— Vá a este endereço. Lá, pergunte pelo Hélio e entregue este envelope em mãos.

— Se ele não estiver em casa?

— Ele estará, já me certifiquei disso, mas não diga quem lhe pediu para que fizesse isso.

O rapaz sorriu e saiu apressado.

Dentro do envelope, havia um pequeno papel, no qual estava escrito:

Hélio,

Você precisa vir até a este endereço. Estamos esperando você para uma reunião de emergência.

Estava escrito somente isso, não havia assinatura, mas Hélio sabia se tratar de uma reunião que alguns estudantes costumavam fazer para discutir alguma estratégia a respeito da abolição. Assim que leu, disse:

— Estou indo agora mesmo.

Foi o que fez, pegou a carruagem e pediu ao cocheiro que o levasse até o endereço.

Enquanto isso, Marilu estava escondida na carruagem, em uma rua perto dali. Rui foi encontrá-la para dizer que tudo estava certo. Assim que tomou conhecimento de que Miguel estava dormindo no hotel, ela pediu ao cocheiro que a levasse até a casa de Letícia.

Assim que a carruagem parou em frente à casa de Letícia, ela desceu apressada. Letícia se admirou por ela estar ali àquela hora.

Marilu aproximou-se, dizendo com a voz aflita:

— Você precisa vir comigo. O Miguel está em condições péssimas!

Ela, assustada, perguntou:

— Que condições?

— Está bêbado em um hotel de quinta categoria!

— Como sabe disso?

— O Rui disse que o Miguel está armado e que se você não for até lá o Miguel vai se suicidar!

— Não posso sair! A Amélia saiu com a mamãe! Estou sozinha em casa!

— Não podemos perder tempo! Quando tudo estiver resolvido, você volta e, se necessário, conte o acontecido, todos entenderão!

Enquanto falava, empurrava Letícia para fora da casa. Ela, assustada e querendo ajudar Miguel, se deixou levar.

Assim que chegaram ao hotel, Marilu perguntou a um homem que estava atrás de um balcão:

— Em que quarto está um moço que chegou acompanhado por um outro?

— Aquele que chegou bêbado?

— Ele mesmo!

— Está lá em cima, no quarto vinte e cinco.

Ela seguiu na frente levando Letícia pela mão.

Entraram no quarto, Miguel estava ali dormindo. Ao vê-lo daquela maneira, Letícia não resistiu. Correu em direção dele e o abraçou dizendo chorando:

— Miguel, meu amor! O que você está fazendo com a sua vida?

Sem perceber que Marilu havia saído, ela começou beijar o rosto de Miguel, que com muito custo conseguiu abrir os olhos. Ao vê-la, julgou estar sonhando, abraçou-a dizendo:

— Letícia, meu amor! Você está aqui ou estarei sonhando? Se for um sonho, não quero nunca mais acordar. Eu te amo!

Estavam assim abraçados, quando Hélio chegou. Ao ver aquela cena, não se conteve e, tomado de ódio, tirou da cintura um revólver que carregava sempre que ia a uma das reuniões. Letícia ao vê-lo se levantou, tentou contar a ele o que havia acontecido, mas não teve tempo. Hélio apontou o revólver em direção de Miguel e atirou. Em seguida levou a arma até ao próprio ouvido e atirou também. Letícia começou gritar sem parar. Em poucos instantes, o homem da recepção entrou no quarto. Ao ver os dois corpos ensanguentados, entendeu o que havia acontecido. Letícia continuava gritando desesperada. Marilu, assim que entrou com Letícia no quarto, e vendo que ela se abraçou em Miguel, saiu disfarçadamente. Na rua, pegou a carruagem e, acompanhada por Rui que já estava nela, seguiu para sua casa.

Na sala de André

Todos na sala de André assistiam e relembravam aquela história em que todos estiveram envolvidos. Hélio, embora inquieto, pois julgava conhecer a história, ficou o tempo todo querendo ir embora, sendo impedido por André:

— Você precisa ficar até o fim.

— Não quero ficar! Sei da maneira que fui traído pela mulher que amava e pelo meu melhor amigo.

— Fique até o fim, depois poderá ir embora.

Sem alternativa, ele permaneceu ali. Quando chegou nesse ponto, ele gritou raivoso para Marilu:

— Foi você quem tramou tudo? A Letícia e o Miguel nunca me traíram?

Marilu não conseguiu falar. André, tranquilo, foi quem respondeu:

— Como viu, não, nunca foi traído. Letícia, embora sofresse, resolveu respeitar você. E Miguel também.

— Todos sabiam! Por que não me contaram?

— Porque, naquele dia, depois do assassinato de Miguel e de seu suicídio, você saiu em desabalada carreira. Em seguida, foi perseguido por irmãos das trevas. No primeiro instante, sofreu muito, mas logo se aliou a eles e desapareceu. Nunca conseguimos encontrá-lo.

Hélio, com as mãos na cabeça, repetia, sem parar:

— Eu não sabia! Eu não sabia...

— Sei disso, agora já tomou conhecimento de tudo. Esta reunião foi feita por sua causa. Já podemos apagar a tela e lhe contarei o resto.

— Preciso saber.

— É para você saber por que estamos aqui reunidos. O recepcionista do hotel, ao comprovar a morte dos dois, retirou Letícia do quarto antes de chamar a polícia. Não a conhecia, mas, por suas roupas e educação, percebeu que ela pertencia a uma família rica e, o mais importante, era ainda uma menina. Ela continuava chorando, não queria sair do quarto, mas ele insistiu, até que ela o acompanhou. Antes que a polícia chegasse, ele pediu a Letícia que dissesse quem era e onde morava, pois não queria que ela permanecesse ali. A princípio, ela resistiu, mas, depois, percebeu que aquela seria a melhor solução para o momento. Deu o endereço a ele, que chamou uma carruagem de aluguel e disse o endereço ao cocheiro, pedindo que a levasse para casa. Assim que ela se afastou, ele chamou a polícia. Os policiais chegaram, e ele disse o que havia acontecido. Omitiu a presença de Letícia e de Marilu. Disse que Miguel estava no quarto e que, em seguida, Hélio chegou. Em seguida, ouviu dois disparos. Ele não sabia o nome verdadeiro de nenhum deles. Vendo que não havia criminoso para ser encontrado, os policiais deram o caso por encerrado. Assim que Letícia chegou em casa, foi obrigada a contar tudo o que havia sucedido, pois estava com as roupas sujas de sangue. Seu pai ficou nervoso por ela ter saído sozinha de casa, ainda mais para encontrar Miguel, alguém que ele nem sabia que existia. Com medo que descobrissem o que havia sucedido e, mais ainda, com medo do escândalo, ele mandou que Letícia fosse para um convento. Ela não se importou, pois, com a morte de Miguel, não havia mais nada na vida que a atraísse. Tornou-se uma irmã de caridade. Dedicou o resto da sua vida a ajudar as pessoas carentes, principalmente as crianças. Trabalhou em hospitais e escolas. Miguel, ainda embriagado, não se dera conta de que havia morrido. Alguns amigos do nosso plano o levaram para um hospital. Quando voltou a si, foi informado de tudo, sofreu, preocupado com o pai, a Letícia e o próprio Hélio. Marilu e Rui não contaram a ninguém que haviam participado disso nem o modo como fizeram. Com essa atitude, atraíram espíritos das trevas que passaram a persegui-los. Com aquele plano, eles mudaram a vida de todos. Miguel seria um ótimo advogado, e mais tarde, um político que ajudaria na criação de leis que auxiliariam muitas pessoas. Depois da Abolição, Hélio também se tornaria político e, junto com Miguel, lutaria a favor da população. Marilu se casou dois anos depois com um homem da sociedade. Ele foi um mau marido, ciumento e tirano. Ela ficou ao lado dele, até que, com quarenta e dois anos, morreu de um ataque cardíaco. Rui continuou lutando a favor da abolição, mas daquele dia em diante nunca mais foi o mesmo. Sentia-se perseguido, e o remorso o levou a se tornar um alcoólatra. Formou-se médico, mas, por beber muito, sua licença foi caçada. Terminou seus dias em um hospital psiquiátrico. O pai de Miguel ficou desesperado com a morte do filho. Ficou algum tempo em casa, não conseguia trabalhar, mas, com a nossa ajuda, ele reagiu. Voltou ao trabalho e, aos poucos, embora sentisse saudade do filho, continuou sua vida anterior. Morreu com cinquenta e quatro anos. Nestor e Amélia casaram-se, tiveram seis filhos e uma vida tranquila, pois se amavam e se amam até hoje.

Quando disse isso, olhou para Odete e Álvaro, que permaneceram o tempo todo de mãos dadas. Continuou:

— Mário foi o único que conseguiu se formar e ser um bom advogado. Nunca quis ser político, mas ajudou muitas pessoas, dando assistência gratuita. Depois de tudo o que aconteceu com a irmã e a sua família, viu seu pai definhar por ver a vida da filha destruída, aprendeu que nada na vida tinha valor, a não ser as boas ações praticadas.

Marilu e Rui ficaram vagando por muito tempo, sempre juntos, um tentando proteger o outro dos assédios que eles próprios atraíam. Tiveram momentos de terror e medo. Ficaram assim, até que um dia, entenderam o grande mal que haviam praticado contra seus amigos e muito mais contra eles próprios. Pediram perdão e, juntos, foram resgatados e trazidos para cá, onde, aos poucos, foram se recuperando.

Hélio gritou:

— Isso não poderia ter acontecido! Eles não mereciam perdão!

André, com a calma de sempre, disse:

— Somos todos filhos de Deus. Não importa a Ele quanto vai demorar, pois sabe que um dia O encontraremos. Nem que, para isso, seja preciso que nos dê várias oportunidades.

Todos os outros permaneceram calados, só Hélio continuava inquieto e nervoso. Disse:

— Está me dizendo que, apesar de tudo o que aconteceu por causa desses dois, no final ficaram bem?

— Sim, aos poucos todos foram se encontrando e conversando sobre o que havia acontecido. Foram entendendo e se perdoando. Miguel e Letícia permaneceram juntos, aprendendo e se preparando para uma nova reencarnação. O amor entre eles já vinha de muito tempo. Se nada daquilo tivesse acontecido, seria a última encarnação dos dois na Terra.

Hélio olhou para Marilu e, com ódio, disse:

— Você foi a culpada da nossa desgraça! Você foi a culpada por eu ter ficado esse tempo todo vagando, perdido!

Iracema, que fora Marilu, e que como ela havia praticado aquele desatino, apenas chorava. Não tinha como pedir perdão ao homem que amara tanto e ainda amava.

André foi quem continuou falando:

— Fique calmo, Hélio. Ela já pagou muito e ainda hoje paga. Todos aqui se lembram do que foi decidido naquela última reunião antes da reencarnação de todos.

— Eu não estava aqui!

— Já lhe disse que você, tomado pelo ódio, se aproximou e ficou protegido por energias pesadas que impediam que fôssemos ao teu auxílio. Por esse motivo não estava aqui naquele dia e não pôde planejar sua reencarnação, quando teria a oportunidade de recomeçar uma nova etapa para a sua evolução.

— O que decidiram nessa reunião?

— Vocês já estão juntos há muito tempo. Durante muitas encarnações vêm se ajudando, naquela última, na qual tudo aquilo aconteceu, havia sido planejado que, depois dela, não precisariam mais reencarnar na Terra. Poderiam permanecer aqui no plano espiritual, trabalhando e ajudando os que ainda estão na Terra. Como não havia dado certo, e estavam todos preparados para uma nova jornada, nós nos reunimos para decidir o que cada um queria. Miguel reconheceu que havia fracassado por ser inseguro, deixando dominar-se pelo vício, pois, se naquele dia não estivesse embriagado, não teria caído naquela armadilha. Marilu também reconheceu que fracassou por ter sido uma menina rica e mimada, que quando queria algo, não importava o que teria que fazer para conseguir satisfazer seu desejo. Rui reconheceu que havia fracassado por também ser fraco e não conseguir resistir. Mesmo sabendo que cometera um erro, ficou calado, sem dizer para ninguém o que havia realmente acontecido. Juntos decidiram que voltariam pobres, que lutariam muito pela vida e que seriam, também, vítimas da mesma injustiça que eles próprios, um dia, haviam praticado.

Arthur, Álvaro e Odete se entreolharam. Foi ela quem disse:

— O colar! Por isso ela teve que ser acusada de ter roubado o colar?

— Sim, e Rui, hoje seu filho, também foi indiretamente atingido, perdeu o emprego e a chance de estudar. Um dia, indiretamente, ele ajudou no crime. E hoje, indiretamente, está sendo julgado.

Todos ficaram calados e pensando. Álvaro foi quem interrompeu o silêncio:

— Que Lei maravilhosa é essa!

André sorriu.

— Também é daquela que ninguém escapa. A Lei dos homens pode condenar ou absolver, com justiça ou não, mas a Lei Divina não erra nunca e dá a cada um de acordo com a sua obra, seja ela boa ou má.

— É realmente maravilhoso...

— Naquela reunião, ficou claro para todos que Miguel e você, Hélio, foram os mais prejudicados. Procuramos você, mas não conseguimos encontrá-lo. Miguel pediu uma nova chance, foi lhe dada. Letícia, Amélia, Nestor e Mário não precisariam mais voltar, mas se recusaram a deixar Miguel sozinho. Queriam voltar para ajudá-lo a enfrentar o vício que inevitavelmente apareceria em sua vida, pois Miguel teria que lutar contra ele e assim ficar livre para sempre. Correndo todos os riscos, voltaram. Nestor, como Álvaro, e Amélia, como Odete. Com eles, Miguel teria uma vida tranquila, seria criado por pais amorosos e dedicados. Não teria, assim, a desculpa de ser pobre e sem recursos. Mário quis vir como seu irmão para, assim, poder estar ao lado dele o tempo todo.

Hélio, curioso, perguntou:

— E a Letícia? Por que não voltou?

— Hoje, a ciência evoluiu. Existe o computador, Miguel teria a oportunidade de estudar e se dedicar a ele. Através dele, encontraria um programa que ajudaria os cientistas a encontrarem a cura para muitas doenças. Essa seria a sua missão. Letícia só apareceria em sua vida quando ele já tivesse cumprido isso. Caso contrário, ela não voltaria mais para viver ao seu lado. Ele, aos trinta e seis anos, deveria estar com a sua missão cumprida e, então, a encontraria e seriam felizes. Hoje, Arthur está com dezenove anos, seria o momento de Letícia renascer. Quando se encontrassem, ela teria dezoito anos e, nesse momento, recomeçariam.

Hélio insistiu:

— Por que está falando como se fosse algo que não vai mais acontecer?

— Porque novamente o Miguel, hoje no corpo de Arthur, se deixou envolver pelo vício. Para que ele não se complique mais espiritualmente, em breve o traremos de volta. Assim sendo, a Letícia não precisa renascer.

Arthur, desesperado, disse:

— Por favor! Não faça isso! Agora que me lembrei de tudo o que se passou, vou largar a droga e retomar o meu caminho! Não quero ficar longe da Letícia nunca mais! Quero cumprir a minha missão!

— Está dizendo isso, porque está aqui protegido por este ambiente onde as energias são puras. Mas, amanhã, quando acordar, estará sujeito às energias que você mesmo fabricar. Embora tenha muitos amigos ao seu lado, tanto na Terra, como aqui, não podemos interferir no seu livre-arbítrio, só você poderá decidir o que fazer.

— Vou decidir! Deixarei as drogas para sempre!

— Estamos todos desejando que isso seja verdade, mas sabemos que é difícil, só mesmo com muita força de vontade conseguirá isso.

— Vou conseguir! Tenho certeza!

— Está bem, terá o prazo de um mês, se não conseguir, retornará, não mais para cá, mas para outro lugar, distante de todos nós, principalmente da Letícia.

Letícia, que estava quieta, ouviu e disse, chorando:

— Não, André! Por favor, não me separe dele novamente!

— Sinto muito, querida, mas a Lei tem que ser cumprida. Se ele fracassar novamente, terá que recomeçar e, dessa vez, sem amigos por perto.

Ela se voltou para Miguel e disse:

— Por favor, meu amor! Não permita que tenhamos que ficar separados para sempre! Está em suas mãos! Não permita!

Ele também, chorando, segurou em suas mãos, dizendo:

— Fique tranquila, eu vou resistir, por você, mesmo que esqueça tudo o que aconteceu aqui, tenho certeza de que não me esquecerei de teus olhos. Vou resistir e retornar ao meu caminho.

André continuou falando:

— Todos aqui esperamos que realmente consiga. Será uma alegria. De nossa parte, faremos o possível para ajudá-lo. Agora está na hora de retornar. Quando acordarem, não se lembrarão de nada, acreditarão que apenas sonharam.

Hélio ficou calado, olhou para Letícia, que estava com a mão sobre o braço de Miguel. Com lágrimas nos olhos, disse:

— Letícia, também tive a minha parcela de culpa. Sabia que você não me amava, mas, mesmo assim, por capricho, obriguei-a a ficar comigo. Quero lhe pedir perdão.

Ela, com carinho, olhou para ele, dizendo:

— Todos temos os nossos acertos e erros. Estou feliz por, finalmente, você estar ao nosso lado novamente. Não tenho nada para perdoar.

Hélio sorriu e disse, olhando para Miguel:

— Será que algum dia poderá me perdoar, por tê-lo impedido de cumprir sua missão e hoje estar tentando destruí-lo novamente?

Todos olharam para Miguel, esperando sua resposta. Ele pensou um pouco antes de responder. Finalmente, disse:

— Como a Letícia disse, todos temos os nossos acertos e erros. Nada tenho para perdoar. Também não posso condená-lo por se apaixonar por ela. Ela é maravilhosa!

Todos riram, até Hélio. Letícia, corada, beliscou o braço de Miguel.

Em seguida, Arthur olhou para André, colocou a mão sobre a mesa e, em direção da mão dele, que a estendeu. Com lágrimas nos olhos, disse:

— Meu pai, o que mais sinto é tê-lo como pai, ter convivido por muito tempo e não aprendido nada com seus conselhos. Que saudade sinto do tempo em que, juntos, trabalhávamos naquele cartório. Quanto tentou me ensinar, e quanto deixei de aprender. Obrigado, papai.

André, por alguns minutos, deixou aquele ar seguro que até então mantinha. Uma lágrima começou a descer por seu rosto.

— Obrigado, meu filho. Só posso também agradecer por ter tido essa oportunidade. Você, antes e depois do vício, sempre foi muito querido.

Engoliu seco e continuou:

— Agora, precisam retornar ao corpo e acordar. Vamos agradecer a Deus por esta nova oportunidade que está nos dando.

Todos se deram as mãos e André começou a dizer:

— Meu Pai santíssimo, bendita seja a sua Lei, que permite que, em uma noite como esta, possamos estar aqui reunidos na tentativa de dar mais um passo em sua direção. Bendito seja por dar sempre novas oportunidades para os seus filhos que se deixam desviar durante o caminho. Que sua luz bendita nos acompanhe e ilumine para sempre. Ajude-nos a conseguir galgar mais um degrau para que, amanhã, todos juntos, companheiros de jornada, possamos subir a escada. Obrigado, meu Pai.

Assim que ele terminou, todos se despediram e voltaram ao corpo e para seus quartos.

Letícia, com os olhos marejados, viu Miguel ir embora. A única coisa que queria, naquele momento, era que ele conseguisse vencer, pois, assim, ela poderia ir ao seu encontro.

A força da droga

Na manhã seguinte, Arthur abriu os olhos, mas tornou a fechá-los, pensando:

Quero dormir novamente e continuar sonhando. Não lembro o que sonhei, só sei que havia muitas pessoas e uma linda moça. Quero continuar sonhando!

Tentou dormir novamente, mas não conseguiu. Ao lado da cama, Osmar sorriu ao vê-lo daquela maneira. Ele fora instruído por André para que ficasse ao lado de Arthur e observasse tudo o que ele fizesse. Queria, também, que o mantivesse informado. Para Osmar, aquilo era um prazer, pois já estava ao lado de Arthur há muito tempo e aprendera a gostar dele.

Sem conseguir dormir, Arthur levantou-se e foi para o banheiro. Estava terminando de tomar banho, quando Rosária entrou. Parecia nervosa. Ao vê-la, ele se enrolou em uma toalha e disse:

— Bom dia! Parece que está nervosa.

— Estou mesmo! Ontem à noite, quando cheguei, quis conversar com você, mas estava dormindo profundamente e não consegui acordá-lo!

— O que aconteceu?

— Recebi um comunicado dizendo que alguns homens importantes da organização querem se encontrar e escolheram a galeria para isso. Disseram que, por ser uma galeria de arte e pertencer a uma mulher, não despertará suspeita.

— Qual é o problema? Acredito que tenham razão.

— Tenho medo de que algo não dê certo. Gostaria que fosse em outro local.

— Diga, então, que não quer.

— Eles não aceitarão isso.

— Então, aceite. Nunca ninguém desconfiará de nada.

— Acredita mesmo?

Ele a abraçou, dizendo:

— Claro que acredito. Você é livre de qualquer suspeita. Pertence à mais alta sociedade deste país.

Ela começou a rir.

— Não brinque com uma coisa séria como essa!

— Não estou brincando, estou dizendo o que penso. Agora, vamos ao trabalho, estou louco de vontade de ver o meu computador.

Saíram juntos. Cada um em seu carro. Assim que chegou à galeria, Arthur foi procurar por Gilberto. Estava ansioso para lhe contar sobre um programa de computador que revolucionaria o mundo. Assim que entrou na sala de computadores, viu Gilberto sentado em um deles. Disse, alegremente:

— Bom dia, Gilberto! Não sei o que aconteceu, mas estou pensando em um programa de computador que vai revolucionar o mundo. Não sei ainda para que serve nem como fazê-lo, mas acredito que juntos poderemos criá-lo!

Gilberto começou a rir:

— Pelo jeito, andou sonhando! Chega aqui e diz que quer fazer um programa de computador. Mas não sabe qual é nem como fazer! Está drogado logo pela manhã?

Arthur respondeu sério:

— Nada disso! Não estou drogado, aliás, nunca mais usarei droga, estou falando sério! Sei que preciso descobrir um programa novo e vou precisar da sua ajuda.

— Está bem, mas, para isso, a gente precisa estudar. Sabe que tudo o que fazemos é meio na intuição. Você ainda teve estudo, mas eu não. Tudo o que aprendi foi sozinho.

— A Rosária tem muito dinheiro, ela poderá nos financiar e contratar o melhor professor que existir para nos ensinar aquilo que não sabemos!

— Já que é assim, mãos à obra. Fale com ela.

— Agora não posso, precisamos esperar uns quinze dias.

— Por quê?

— Hoje ela está nervosa, disse que, daqui a quinze dias, haverá, aqui, uma reunião de alguns chefões da organização.

Gilberto admirou-se:

— Aqui?! Por quê?

— Eles dizem que, por ser uma galeria e pertencer a uma mulher, não despertará suspeitas.

— Nisso eles têm razão. Está bem, vamos deixar isso de professor para depois que eles forem embora.

O dia transcorreu normalmente. Arthur não sentiu falta da droga em momento algum. À noite, em casa, após o jantar, foi para seu quarto. Rosária não estava em casa, ele a deixou na galeria, preparando a visita dos chefões.

Ele deitou na cama e começou a pensar em sua vida e na sua família. Uma tristeza imensa começou a tomar conta dele. A vontade da droga surgiu. Ele resistiu, mas não por muito tempo. Logo estava abrindo a gaveta e pegando um pacotinho de pó que inspirou prontamente. Em poucos minutos, estava delirando sob o efeito do pó, para desespero de Letícia que, chamada por André, que fora avisado por Osmar, estava ali.

Ela começou a chorar:

— André! Você não pode fazer nada para impedir? Ele, sozinho, não vai conseguir resistir... a droga já tomou conta do seu organismo...

— Sinto muito, minha filha, mas não posso influir no livre-arbítrio dele. Ele, só ele, poderá escolher o caminho que deseja seguir.

Eles ficaram ao lado dele o resto da noite.

Pela manhã, ele acordou enjoado. Estava bravo consigo mesmo por não ter resistido, mais uma vez prometeu a si mesmo:

Nunca mais vou usar! Preciso ficar bem para poder fazer o programa!

Durante aqueles dias, quase não encontrou com Rosária, nem em casa nem na galeria. Ela chegava tarde e saía cedo. Precisava cuidar de tudo para a visita e, o mais importante, precisava de segurança para proteger os visitantes.

Com a desculpa de estar sozinho e carente, Arthur se drogava todas as noites.

Todas as manhãs, Gilberto brigava com ele, pois, assim que se encontravam, percebia que os olhos de Arthur estavam vermelhos, o que significava que ele havia usado droga.

Finalmente, o dia da visita chegou. Rosária saiu apressada de casa. Não eram ainda seis horas da manhã. Na noite anterior, havia dito para Arthur:

— Amanhã às dez horas será o encontro, quero que esteja lá para qualquer coisa.

— Estarei, estarei... não se preocupe.

Pontualmente, às oito horas, ele chegou. Encontrou com Gilberto dizendo:

— Hoje é o grande dia. Depois que tudo terminar, falarei com ela a respeito dos nossos planos.

Gilberto sorriu:

— Estou ansioso. Se isso que está pensando der certo, ficaremos ricos!

Arthur riu gostosamente.

Não eram nove horas quando o primeiro convidado chegou. Arthur e Rosária o receberam no saguão da galeria. Depois dele outros foram chegando e sendo recebidos pelos dois. Arthur notou que todos estavam bem-vestidos e que realmente não despertariam suspeita alguma, pois eram pessoas que com certeza teriam dinheiro para visitar uma galeria e comprar suas obras de arte. Gilberto estava em um canto da galeria. Rosária lhe ordenara que ficasse ali, prestando atenção em tudo o que acontecia, e que se houvesse algo de estranho, ele deveria avisar imediatamente.

Quando haviam chegado dezoito homens e mulheres, Rosária os encaminhou para a sala de reuniões que fica no interior da galeria. Eles entraram e a porta foi fechada. Arthur respirou aliviado e disse para Gilberto:

— Agora poderemos descansar por um tempo. Essa reunião deverá demorar umas três horas.

Gilberto disse:

— Nós poderíamos aproveitar esse tempo para ir lá na lanchonete tomar um café? Acordei atrasado e vim correndo para cá, não tomei café e estou com fome.

Arthur olhou em volta, estava tudo calmo. A recepcionista sorria para ele. Ele lhe disse:

— Vou com o Gilberto até a lanchonete. Se a dona Rosária perguntar, diga onde estou.

Ela sorriu, dizendo:

— Ela não vai perguntar, pois sabe que vocês todos os dias a esta hora vão para lá.

Os dois, sorrindo, saíram. A lanchonete ficava do outro lado da rua, em frente ao prédio onde havia a galeria.

Na lanchonete fizeram seus pedidos ao garçom, o que era desnecessário, pois ele já os conheciam e sabia do que gostavam de comer e tomar.

Enquanto esperavam o café e o lanche, Arthur viu sobre o balcão um jornal. Começou ler sem muito interesse. De repente soltou um grito que assustou Gilberto e garçom. Os dois perguntaram juntos:

— Que foi que aconteceu?

Arthur tremia muito e estava branco como a neve, não conseguia falar, apenas apontou com o dedo para o jornal. Gilberto leu a manchete da primeira página:

FILHO DE CONCEITUADO ADVOGADO
SOFREU UM ASSALTO E RESISTIU

Gilberto abriu o jornal para ler a reportagem completa que dizia:

Leandro, com dezesseis anos, filho do doutor Álvaro, conceituado advogado desta cidade, resistiu ao assalto e foi baleado. Está em estado grave no hospital. Testemunhas relatam, que, enquanto ele era conduzido ao hospital, dizia:

— *Não podia deixar eles levarem o meu tênis, meu pai pensaria que eu estava mentindo.*

Assim que terminou de ler. Gilberto perguntou para Arthur:

— Por que está tão nervoso? Isto acontece quase todos os dias!

Arthur, que agora chorava, disse:

— Ele é o meu irmão...

Gilberto, tomado de surpresa, perguntou:

— Que está dizendo? Você é filho do doutor Álvaro?

— Sou, e o meu irmão resistiu porque um dia eu menti que havia sido assaltado e que os ladrões haviam levado meu par de tênis importado...

Gilberto estava nervoso com aquela situação. Não sabia o que dizer ou fazer. Olhou para o relógio e disse:

— Precisamos voltar para a galeria.

Arthur, ainda chorando, disse:

— Não quero voltar... preciso ir para o hospital... quero ver o que aconteceu com o meu irmão...

Gilberto, muito nervoso, disse:

— Hoje não! O assalto foi ontem, o que acha que seus pais farão quando te virem? Não esqueça que estão nervosos e, com certeza, culpando você por tudo que aconteceu com seu irmão. Vamos entrar logo.

Arthur pensou por um minuto e viu que ele tinha razão. Acompanhou-o de volta para a galeria. Iam atravessando a rua, quando Gilberto olhou novamente para o relógio e disse, quase gritando:

— Corra! Precisamos sair daqui!

Arthur não entendeu o que estava acontecendo, porém Gilberto não lhe deu tempo para pensar. Agarrou-o pelo braço e saiu correndo. Assim que viraram a esquina, ele parou. Arthur, ofegante, perguntou:

— O que aconteceu? Por que me fez correr assim?

Gilberto, também ofegante, ia responder, quando viram viaturas policiais cercando o prédio onde estava a galeria. Uma viatura parou bem em frente a eles, fechando a rua de um lado. Vários policiais desceram e, armados, ficaram parados.

Ao ver aquilo, Arthur percebeu o que estava acontecendo. Disse:

— O prédio está cercado, vão prender todos?

Gilberto, com um sorriso aliviado, respondeu:

— Espero que sim.

— Até a Rosária?

— Sim, ela também. Você não pode negar que ela, embora tenha aquele rosto angelical, é também uma criminosa. Com o seu trabalho, acaba com a vida de muitos jovens e suas famílias, assim como aconteceu com você e a sua família.

— Como pode dizer isso? Como pode dizer isso? Trabalhava lá! Todos confiavam em você. Afinal, quem é você na realidade?

— Agora, já posso lhe dizer. Sou um policial, estou infiltrado na galeria há muito tempo. Sabíamos que a galeria era só uma fachada. Com o programa que, juntos, desenvolvemos, consegui e entreguei ao meu superior nomes e endereços.

— Você é um policial?!

— Sim! Meu desejo era outro, mas a vida me encaminhou para a polícia.

— Por que não nos prenderam antes?

— Sabíamos que eles fazem esse tipo de reunião, como a de hoje. Não queríamos prender só um. Mas também nunca imaginamos que essa reunião seria feita aqui. Parece obra de Deus. No dia em que me contou, imediatamente reportei ao meu superior e tudo foi planejado.

— Você sabia que viriam?

— Claro que sim, por isso o tirei dali. Não queria que, quando chegassem, o encontrassem.

— Por que fez isso?

— Não sei, conheci você, convivemos e me tornei seu amigo. É, talvez tenha sido isso...

— Se eu for até lá, o que acontecerá?

— Será preso junto com os outros, e eu não poderei fazer nada. Além do mais, precisa saber como seu irmão está.

— Você disse que meus pais não me receberiam.

— Disse e acredito, por isso, você agora vai comigo para minha casa. Não poderá voltar para a casa da Rosária, pois a polícia, com certeza, irá até lá. Ficará em minha casa, eu irei até o hospital e descobrirei como ele está.

Arthur achou que aquela seria a melhor solução, mas, no mesmo instante, lembrou-se de que João estava em casa. Disse:

— Preciso telefonar lá para casa da Rosária, o João e o Jerônimo não têm nada a ver com o trabalho dela. Eles precisam sair dali antes que a polícia chegue.

— Tem certeza de que não estão envolvidos?

— Até onde eu sei, tenho certeza que não.

— Está bem, vá até aquele telefone e ligue a cobrar. Não tenho fichas e você não deve ter também.

Foi o que ele fez. Ligou, e João atendeu. Em poucas palavras, contou tudo o que havia acontecido. Assustado, João disse:

— Estamos indo embora agora mesmo, mas não se preocupe, a Rosária não ficará muito tempo presa. Ela tem amigos influentes.

— Tem certeza disso?

— Claro que sim, até um dia.

— Você tem dinheiro para a fuga?

— Sim, não se preocupe. Adeus e, meu filho, saia dessa vida!

— Sairei! Pode ter certeza disso!

Arthur desligou o telefone. Estava com os olhos marejados. Havia se afeiçoado a João. Gilberto perguntou:

— Tudo bem? Eles vão fugir?

— Sim, agora mesmo.

— Pois bem, vamos para minha casa.

Deu sinal a um táxi que passava. Entraram, ele disse o nome de uma rua ao motorista, então seguiram.

Arthur percebeu que o táxi se dirigia a um bairro afastado. Não se preocupou com isso, seu pensamento estava voltado para Leandro e seus pais. Podia imaginar o que eles estavam sentindo naquele momento. Ele próprio já havia lhes dado um desgosto enorme e agora, com isso que estava acontecendo, deveriam estar desesperados. Comentou com Gilberto:

— No jornal estava escrito que o Leandro foi em estado grave para o hospital. Será que ele morreu?

Gilberto, que seguia o tempo todo calado, com o pensamento distante, demorou um pouco para responder. Em seguida, disse:

— Não sei, tomara que não. Assim que deixar você em casa, irei para lá.

— Estou ansioso, poderíamos passar antes pelo hospital.

— Agora não posso, tenho algo importante para resolver. Depois, poderemos fazer o que você quiser.

Arthur percebeu que ele estava preocupado, não sabia do que se tratava, mas achou melhor concordar. De qualquer maneira, não poderia mesmo aparecer diante dos pais, mas precisava saber notícias do Leandro. Só ele poderia ajudá-lo.

O táxi continuou, Gilberto seguia calado, Arthur também não estava com vontade de conversar. Pensava:

Muita coisa aconteceu hoje. No mesmo momento em que descobri que meu irmão está em um hospital... e que ele reagiu ao assalto por minha culpa, sim, não posso negar, se eu não tivesse mentido, a reação dele seria outra. Se ele morrer, nunca me perdoarei. Descobri também que o meu melhor amigo, aliás o único, esteve o tempo todo mentindo para mim, estava só querendo tirar informações. Sei também que a droga me levou a fazer isso, ter causado esse sofrimento para meus pais e Leandro. E, ainda, quase fui preso. Preciso largá-la para sempre. Sinto que tenho de descobrir esse programa. Mas sei também que, sem ajuda, não conseguirei deixar a droga...

Enquanto pensava isso, lágrimas começaram a cair pelo seu rosto.

Gilberto percebeu e perguntou:

— Por que está chorando?

— Estou aqui analisando a minha vida... ela está destruída... por causa da droga, causei sofrimento para muitas pessoas. E agora o meu irmão pode estar morrendo...

— Sempre lhe disse que precisava largar, mas você parecia feliz. A quem causou sofrimentos?

— Primeiro, aos meus pais, sei que eles devem estar sofrendo muito pela minha ausência, ainda mais agora, por tudo que está acontecendo com o Leandro...

— São seus pais, e eles, com certeza, o perdoarão e o ajudarão, se você fizer por merecer. Hoje, talvez não, porque seu irmão está ferido, mas amanhã, quem sabe?

Arthur estava desesperado, não sabia o que fazer. Continuou dizendo:

— Estou pensando. Por que não aceitei a ajuda do meu pai? Desde que descobriu, ele quis que eu fosse para uma clínica, mas eu fiquei com medo. Se tivesse ido naquela época, talvez nada disso estivesse acontecendo...

— Acredito nisso, mas sempre é tempo. Na minha família, estamos todos seguindo uma doutrina, que nos ensina que tudo está sempre certo. Que Deus é um pai amoroso e justo e nunca nos abandona.

— Não conheço muito sobre Deus. Nunca segui uma religião...

— Você pode não conhecê-Lo. Mas Ele, com certeza, conhece você e nunca o deixou só. Sua justiça é divina.

— Acredita mesmo nisso?

— Há algum tempo talvez eu não acreditasse, mas hoje acredito, sim, e, neste momento, estou acreditando mais ainda.

— Por quê?

Gilberto ia responder, mas o motorista do táxi perguntou:

— Onde fica a sua casa?

Gilberto respondeu:

— Ali, no número 46.

Arthur não havia percebido, mas o táxi entrou em uma rua, onde as casas eram todas iguais, modestas, com uma boa aparência. Pensou:

Essas casas devem ter sido construídas por uma companhia. Até que são bonitinhas.

O táxi parou em frente a um portão. Gilberto pagou ao motorista e os dois desceram. Arthur pôde notar que o jardim era bem cuidado e que tinha rosas de várias cores plantadas. Gilberto abriu o portão e fez que ele entrasse.

Uma moça ouviu o barulho do táxi, saiu, queria ver quem havia chegado. Ao ver Gilberto, disse, sorrindo:

— Você a esta hora em casa? Que aconteceu?

— Não aconteceu nada, só preciso resolver um assunto. Este é um amigo meu, ele está precisando de um lugar para ficar, vou ver se a mãe o deixa ficar aqui por alguns dias. Arthur, esta é minha irmã, Narinha.

— Bom dia, Narinha.

— Bom dia. Meu nome, na realidade, é Nara, mas todos me chamam de Narinha. Não sei por que está preocupado. Conhece a mãe, claro que ela vai deixar. Sabe que ajuda todo mundo!

— Nunca se sabe, nunca se sabe...

Arthur calculou que ela deveria ter uns doze anos, e percebeu também que era muito bonita.

Entraram em casa. Na sala simples, embora agradável, Gilberto indicou para Arthur um sofá e fez sinal para que ele sentasse. Depois, perguntou para Narinha:

— A mãe está em casa?

— Claro que não! Se estivesse, teria também ido lá fora para ver quem havia chegado.

— Onde ela está?

— Foi até a venda, disse que precisava comprar mistura para o almoço. Eu quis ir, mas sabe como ela gosta de andar.

— Sei, sim. Arthur, fique à vontade. Você quer um café ou alguma coisa para beber? Chegamos quase na hora do almoço. Minha mãe cozinha muito bem, vai gostar.

— Obrigado, mas não estou com fome. Queria ir logo para o hospital.

— Eu lhe disse que irei sozinho.

— Não, eu vou junto. Fico esperando você do lado de fora!

— Está bem.

Sentado ali, Arthur estava aflito para ir ao hospital. Não entendia por que Gilberto resolvera passar antes em casa. Mas, enfim, estava feito, teria que esperar.

Narinha estava no portão, ansiosa, esperando a volta da mãe. Assim que a viu apontando no início da rua, correu para encontrá-la. Chegou perto dela e, esbaforida, disse:

— Mãe! Meu irmão está lá em casa!

— *Que tem isso, minina?*

— Ele está com um moço bonito!

— *Minina! Que moço?*

— Não sei, disse que ele está precisando de ajuda e vai pedir para a senhora deixá-lo ficar passar um tempo aqui em casa! Deixa, mãe! Deixa!

— *Por que todo esse interesse?*

— Ele é tão bonito!

A mãe começou a rir. Entendia perfeitamente a idade que a filha estava vivendo. Disse:

— *Se continuá falando desse jeito, não vô deixá ele ficá em casa.*

— Deixa, mãe! Não vou falar mais nada, mas que ele é bonito, isso é!

— *Tá bom, vou conversá com o seu irmão e saber qui tá contecendo.*

Entraram em casa. Assim que elas chegaram e entraram na sala, Arthur se levantou e quase desmaiou. O mesmo aconteceu com a senhora, que foi amparada por Gilberto, ou melhor, Jarbas, correndo em sua direção. Narinha não estava entendendo nada. Perguntou:

— Que foi?

Arthur, com muito custo, disse:

— Iracema! Aqui é a sua casa?

Ela também, tremendo muito, respondeu:

— É, sim...

Olhou para o filho. Disse:

— *Jarbas, que tá acontecendo? Você sabe quem ele é?*

— Sei, mãe. Eu o conheço ele já faz algum tempo, mas só fiquei sabendo hoje quem era realmente.

— *E mesmo assim trouxe ele aqui pra dentro da nossa casa?*

— Precisava fazer isso. A senhora sabe quanto o odiei e tentei encontrá-lo, mas hoje tudo é diferente, as coisas mudaram e ele está precisando da nossa ajuda.

— *Nossa ajuda?*

Arthur, chorando, disse:

— Perdão, Iracema, sei que não mereço, mas, mesmo assim, peço-lhe perdão.

— *Não sei se vô consegui te perdoar. Por sua causa, sofri muito. Você não me defendeu e deixou que seu pai me levasse para a delegacia.*

— Sei disso, mas me arrependi muito. Sei que me conheceu desde criança, e sabe que antes da droga eu era outra pessoa.

Ela não respondeu, olhou para Jarbas perguntando:

— *O que acha que vai fazê?*

— Não sei, no primeiro momento, quando descobri quem era ele, a minha intenção foi prendê-lo, mas decidi que a senhora era quem deveria dizer o que ele merecia.

— *Eu?!*

— Sim, pois foi a senhora quem mais sofreu com tudo o que aconteceu. Ficou, e ainda está, doente. Sei que é mais de tristeza do que outra coisa qualquer. Por isso, a senhora é quem vai decidir. Poderemos ajudá-lo ou eu vou prendê-lo, já que toda a quadrilha está presa.

Iracema olhou para Arthur, depois se virou novamente para o filho e perguntou:

— *Por que num prendeu ele logo?*

— Convivi com ele por algum tempo, percebi que era um garoto perdido na droga, mas que era um bom garoto. Gostei dele sinceramente. Posso até dizer que até hoje pela manhã, antes de eu descobrir tudo, era o meu melhor amigo. Por isso o trouxe para cá, a senhora decidirá a vida dele. O que decidir eu farei.

Iracema ficou olhando para Arthur, relembrando de quando ele era pequeno e ficava em sua volta, correndo, brincando com Leandro. Lembrou-se de Odete e Álvaro, que sempre a trataram bem e a ajudaram para que conseguisse criar os filhos. Sabia que eles também haviam sido enganados.

Com lágrimas nos olhos, disse:

— *Sabe, Arthur, naquele tempo foi tudo muito difici. Eu e o Jarbas perdemo o emprego e os outro era tudo pequeno, não podia trabaiá. Eu fiquei duenti, só chorava, não me conformava de você, de pensá que você feiz aquilo. O Jarbas não continuo na faculdade pra ser devogado, mas estudou sozinho e conseguiu entrá na pulicia, hoje é um bom puliciá. As outra criança foi crescendo. Todos começaram a trabaiá e nós conseguimo cumprá esta casa. Quando eu tava bem doente, uma vizinha me levo pra uma religião. Lá eu aprendi que tudo tá sempre certu. Qui nois num devemo julgá ninguém. Vai sabe qui mardade eu num fiz na outra incarnação, num é memo?*

Arthur não estava entendendo nada do que ela estava dizendo em relação àquela religião. Jarbas já havia comentado alguma coisa, mas ele não prestara atenção. Iracema voltou-se para o filho, dizendo:

— *Sabe, meu fio, ocê feiz bem im trazê ele aqui. Vou perdoá ele, e ele podi ficá aqui em casa o tempo que precisá.*

— No fundo, eu sabia que a senhora ia dizer isso, mas ele não pode ficar aqui em casa, pois, se ficar, vai continuar se drogando.

Arthur quase gritou:

— Nunca mais! Não quero me drogar! Vou conseguir deixar, você vai ver!

Jarbas começou a rir e perguntou:

— Quantas vezes você já disse isso? Sabe que, sozinho, não conseguirá. Conheço uma clínica que é muito boa, tem conseguido recuperar muitos dos que levei. Se quiser, sairemos daqui agora mesmo e o levarei até lá.

— Como vou pagar? Sabe que não tenho dinheiro!

— Ela é gratuita para quem não pode pagar. Aqueles que podem pagam. Você quer ir?

Arthur pensou um pouco e respondeu:

— Quero, sim. Você tem razão, sozinho eu não vou conseguir.

Em seguida, voltou-se para Iracema:

— Obrigada, Iracema, embora eu tenha feito aquela maldade, sempre gostei de você. Obrigada por seu perdão.

Iracema abriu os braços, ele se aconchegou a ela. Os dois, chorando, ficaram assim por muito tempo. Depois que se soltaram, ela disse:

— *Só vô ti perdoá di verdade quando deixá essa porcaria di ladu e voltá a sê aqueli Arthu de antis.*

— Voltarei a ser o mesmo, sim, e também vou deixar essa porcaria de lado. Pode ter certeza disso. Não entendi o que disse sobre essa religião, encarnação e tudo mais, mas gostaria de entender.

Jarbas foi quem disse:

— Na clínica, vai ter muito tempo para ler e aprender. Prometo-lhe que não o deixarei sem livros.

Iracema sorriu:

— *Isso memo, meu fio, faiz isso.*

— Farei, mãe, farei. Agora que está tudo resolvido, podemos ir para a clínica.

— Não posso ir agora! Antes preciso passar no hospital e ver como o Leandro está!

Iracema assustou-se:

— *No hospitá? Qui o Leandro tá fazendo lá?*

Jarbas contou tudo o que havia acontecido. Ela disse:

— *Vô junto cum ocês, perciso sabê como ele tá. O meu minino!*

— Acha mesmo que deve ir?

— *Achu, meu fio, e vô.*

— Vai encontrar com o doutor Álvaro e a dona Odete. Eles devem estar lá…

— *Num mi importu. Percisu vê o Leandro!*

— Está bem, se quer assim, vamos. Mas, Arthur, não pense que vou deixá-lo escapar. Ficarei com você do lado de fora, a minha mãe vai entrar e trazer notícias.

— Não vou tentar escapar, aprendi muito. Só quero mesmo saber notícias do Leandro, depois irei com você.

— Então, vamos logo.

Iracema trocou de roupa e foram embora. André, Letícia e, agora, Hélio estavam ali e acompanharam toda conversa. Quando os três saíram, André disse:

— Ele está tendo mais uma chance, espero que agora aproveite.

Letícia, sorrindo, disse:

— Vai aproveitar... tem que aproveitar!

Narinha acompanhou toda a conversa. Quando tudo aconteceu, ela era pequena, mas se lembrava da doença da mãe e sabia que fora o filho da sua patroa quem havia mentido. Durante esse tempo todo, mesmo sem conhecê-lo, sentia muita raiva dele, mas agora, ao tomar conhecimento de tudo, acompanhou-os até o portão. Assim que desapareceram na esquina, ela pensou:

Ele é bonito mesmo!

Acerto de contas

A bala perfurou o intestino de Leandro. Assim que chegou ao hospital, foi imediatamente operado. Álvaro e Odete, avisados por dois soldados da polícia, foram para o hospital o mais rápido possível. Quando eles chegaram, Leandro ainda estava na sala de cirurgia. Estavam desesperados, pois, quando Leandro saiu para ir à aula de Inglês, nunca poderiam imaginar que uma coisa daquela fosse acontecer. Ficaram na sala de espera, aguardando a cirurgia terminar para que pudessem, finalmente, falar com o médico e realmente saber o estado de Leandro. Inevitavelmente, os dois lembraram-se de Arthur e da história que ele havia inventado quando trocou os tênis por droga. Mas nenhum dos dois tocou no assunto. Sua preocupação maior agora era com o estado de Leandro, que sabiam estar grave. Após duas horas ali, o médico entrou na sala e disse, confiante:

— Terminei a cirurgia, tudo o que era possível fazer foi feito. Agora, só vai depender do organismo dele reagir. Mas ele é um garoto saudável, tem tudo para resistir.

Álvaro, emocionado, não conseguia falar. Odete perguntou:
— Podemos vê-lo?

— Por enquanto, não, ele está anestesiado e será enviado para a UTI, ficará lá por quarenta e oito horas. Após isso, se tudo estiver bem, irá para o quarto. Daqui a uns quinze minutos, os senhores poderão vê-lo através do vidro. Depois disso, sugiro que vão para casa e voltem amanhã.

— Não sairemos daqui! Eu e meu marido precisamos de notícias.

— Se quiserem, podem ficar, mas aconselho que não. Amanhã, precisam estar bem. Prometo que assim que ele acordar a enfermeira ligará para dizer como ele está.

— Está bem, doutor, vamos ver o que faremos.

O médico saiu. Ela olhou para Álvaro, que continuava calado. Perguntou:

— O que devemos fazer?

— Não sei, mas ficar aqui nesta sala também não vai resolver. Acredito que o médico tem razão. Vamos para casa. Avise sua mãe e peça para ela vir até nossa casa, juntos faremos uma prece e pediremos ajuda aos médicos espirituais. Aliás, eles já devem estar aqui, e ajudaram na cirurgia.

Odete admirou-se com o que ele disse. Sabia que ele estava lendo muito e, às vezes, até participava de algumas sessões espíritas, mas não imaginava que ele acreditasse tanto. Disse:

— Está bem, faremos isso e amanhã bem cedo retornaremos.

Foram para casa com o coração apertado, pois não sabiam o que aconteceria com Leandro. Assim que chegaram, Odete telefonou para sua mãe e contou o que havia acontecido. Noélia, a princípio, levou um susto, mas, em seguida, disse:

— Minha filha, entregue a vida dele nas mãos de Deus. Ele é quem sabe de tudo, nós não sabemos de nada. Estou indo para aí.

Meia hora depois, ela estava lá. Encontrou os dois abatidos e tristes. Abraçou-os, dizendo:

— Quando voltarão ao hospital?

— Amanhã bem cedo.

— Irei também, tenho certeza de que teremos boas notícias.

Álvaro, ao abraçá-la, começou chorar:

— Dona Noélia… por que Deus está fazendo isso conosco? Já perdemos o Arthur e agora está levando o Leandro…

Ela olhou bem em seus olhos. Respondeu:

— Não diga isso! Vocês não perderam o Arthur! Ele voltará e o Leandro também ficará bem! Só precisamos confiar na bondade e na justiça de Deus!

— A senhora faria uma prece conosco?

— É claro que sim, para isto estou aqui.

Sentaram-se e, juntos, fizeram a prece, pedindo por Leandro. Quando estava quase terminando, Noélia disse:

— Meu Deus, por favor, proteja o Arthur, faça que ele volte ou ao menos nos dê notícias.

Meia hora depois, ela se despediu e combinou que os encontraria pela manhã no hospital.

Naquela noite, nenhum deles conseguiu dormir. Odete foi a primeira a se levantar. Foi para a cozinha preparar o café. Em seguida, Álvaro chegou. Tomaram apenas um café preto e logo saíram. Assim que chegaram ao hospital, foram imediatamente para o andar onde estava a UTI.

A enfermeira lhes disse que Leandro havia passado bem a noite, mas que eles não poderiam entrar. Entenderam, mas ela deixou que eles o vissem pelo vidro. Leandro estava dormindo. Recebia soro e sangue.

Ficaram observando-o através do vidro por muito tempo, até que a enfermeira sorriu enquanto fechava a cortina. Eles ainda permaneceram ali por um bom tempo, depois foram para a sala de espera do andar. Em seguida, Noélia chegou. Assim que os viu, foi encontrá-los. Perguntou como ele estava e foi informada sobre seu estado. Os três sentaram e intimamente fizeram suas preces. Já passava do meio-dia, quando Noélia disse:

— Acredito que deveríamos comer alguma coisa. Precisamos estar bem para poder entrar e ver o Leandro.

Embora Leandro estivesse com problemas graves, eles entenderam que ela tinha razão, e resolveram comer ali mesmo no hospital, pois havia uma lanchonete. Saíram da sala e se dirigiram ao elevador. Assim que a porta do elevador abriu, viram Iracema e Jarbas, que estavam nele e iam saindo.

O coração dos três começou a disparar. Ficaram mudos de surpresa. Noélia foi a primeira que conseguiu falar:

— Iracema! Que bom vê-la! Como está?

— *Tô bem, dona Noélia. Só vim vê como tá o meu minino.*

— Ele está melhorando e agora, vendo você aqui, tenho certeza de que ele vai ficar bem e logo voltará para casa.

Odete, chorando, disse:

— Iracema! Nós a procuramos, mas não a encontramos, você havia se mudado. Quando descobrimos tudo sobre o Arthur, entendemos a grande injustiça que lhe fizemos. Poderá nos perdoar?

— *Dona Odete, isso num tem mais importânça, não. Já se passô muito tempo. Aprendi que tudo tá certu nessa vida! Só o que importa agora é o Leandro. Ele vai ficá bom, num vai?*

— Vai, sim! Claro que vai. O médico disse que às três horas poderemos, um de cada vez, entrar no quarto e ficar com ele alguns minutos, mas não pode ser muito tempo.

— *Sei que num sô da família, mais vô ficá cuntente só di vê ele de longe.*

Odete a abraçou, chorando. Disse:

— Claro que você vai entrar e falar com ele! Garanto-lhe que ele ficará muito feliz, foi ele quem mais insistiu para que fôssemos procurá-la, pois nunca acreditou na sua culpa. Ele gosta muito de você...

Iracema também a abraçou com carinho:

— *Se a senhora dexá, craro que quero vê ele.*

— Vai ver, sim.

Iracema olhou para Álvaro, dizendo:

— *Como vai, dotô?*

Álvaro, emocionado e envergonhado, não dissera nada até aquele momento, mas diante da pergunta de Iracema, não pôde deixar de falar. Respondeu:

— Desculpe, mas estou muito emocionado por encontrar você. Não sei o que fazer para que me perdoe, nem a você, Jarbas. Fui injusto e cruel.

Iracema olhou para o filho, que disse:

— Doutor, eu já senti muita raiva do senhor. Com a sua injustiça, não permitiu que eu realizasse o meu sonho de ser um advogado assim como o senhor, mas, de qualquer maneira, a minha vida mudou. Hoje sou policial e me orgulho muito disso.

— Se quiser, pode voltar ao escritório e à faculdade. Será o mínimo que poderei fazer para me redimir.

— Obrigado, doutor, mas não precisa fazer nada disso nem ficar com remorso. Estamos bem, e só queremos o bem do Leandro.

— Estou desesperado, não sei o que fazer. Já perdi o meu filho para a droga e agora o Leandro.

— Tenha fé que ele vai ficar bem. Quanto ao Arthur, também sempre existe uma chance de ele se recuperar.

— Acredita mesmo nisso?

— Sim, já lhe disse que sou policial, vi muitos serem recuperados. Acredite na proteção divina. Agora que conversamos, preciso ir embora. Já percebi que não vou conseguir tirar a minha mãe daqui antes que ela veja o Leandro. Será que o senhor poderia colocá-la em um táxi quando ela quiser ir embora?

— Não se preocupe, eu mesmo a levarei para casa.

Jarbas despediu-se de todos e foi embora. Havia deixado Arthur na rua. Não sabia se o encontraria, estava preocupado. Assim que desceu, olhou para o lugar onde o havia deixado, mas ele não estava lá. Decepcionado, pensou:

Ele fugiu... eu sabia que isso poderia acontecer, mas precisava arriscar. É uma pena...

Estava indo embora, quando ouviu:

— Jarbas!

Voltou-se e viu Arthur, que vinha correndo. Sorriu aliviado e disse:

— Que bom que você está aí!

— Por que está dizendo isso?

— Pensei que tivesse fugido!

— Não! Só fui até o estacionamento ver se o carro do meu pai estava lá! Viu o Leandro? Como ele está?

— Está na UTI, mas parece que vai ficar bem. Minha mãe ficou lá com os seus pais e sua avó.

— Vai ficar bem mesmo?

— Vai, sim, precisamos acreditar nisso.

— Cumpriu sua promessa? Não disse aos meus pais que eu estava aqui e que estou indo para a clínica?

— Não disse nada, já que você não quer.

— Não, não quero. Quando eles me virem novamente, eu estarei curado, mas tenho medo de não conseguir me livrar da droga.

— Terá uma oportunidade. A clínica para onde o estou levando é muito boa, só dependerá de você. Estarei sempre ao seu lado. Mesmo não sabendo o porquê, tornei-me seu amigo e quero ajudá-lo. Agora, está pronto? Vamos para a clínica?

— Vamos, ao menos neste momento estou disposto a me livrar disso. Quero ser um homem livre e poder abraçar novamente os meus pais e, principalmente, Leandro.

— Continue pensando assim e conseguirá. Vamos indo?

Arthur concordou com a cabeça e, juntos, seguiram.

Na clínica, foi informado de que teria de ficar três meses sem receber visitas. Ele concordou.

Esses três meses foram muito difíceis, sofreu muito com a abstinência, algumas vezes até tentou fugir e ir em busca da droga. Nessas horas, sempre teve alguém ao seu lado: os médicos, os enfermeiros e os viciados como ele, mas que já estavam ali há mais tempo. Letícia, André e Hélio também não se afastaram dele.

Jarbas não podia vê-lo, mas sempre ia lá para saber como ele estava e lhe levava livros para que lesse.

No primeiro dia depois dos três meses, Iracema e toda a sua família foram visitá-lo. Assim que os viu, ele não coube em si de tanta felicidade. Jarbas veio acompanhado de uma moça muito bonita. Ficou feliz ao ver que Arthur estava bem. Abraçando-o, disse:

— É, meu amigo, parece que conseguiu vencer.

— Ainda não, estou tentando, para isso nunca posso me esquecer de que sou um doente e que, por isso, preciso tomar cuidado.

— Quero apresentar-lhe a minha esposa. O nome dela é Marisa.

— Você se casou? Quando?

— Faz um mês, sabe como é. Aconteceu e nós estamos esperando um filho.

— Um filho?! Meus parabéns, Marisa, você teve uma sorte grande. O Jarbas é o melhor homem do mundo! Por mais que eu faça, nunca conseguirei agradecer por quanto ele me ajudou.

Olhou para Iracema e a abraçou, dizendo:

— A você também, Iracema, nunca poderei agradecê-la por tudo o que fez e, principalmente, por ter me perdoado.

— *Dexa isso pra lá, meu fio. Tô feliz por te vê bonito como era antes.*

— Estou bem mesmo, mas, durante esse tempo todo, não tive notícias do Leandro. Como ele está?

— *Tá bem, minino! Muito bem! Ocê num sabe o qui cunteceu naquele dia que a gente foi lá!*

— Que aconteceu?

— *Na hora da visita, a sua mãe, aquela santa, dexô eu entrar pra vê o meu minino. Ele, coitadinho, num cunseguia nem falá de tão fraquinho que tava, mais ocê num vai creditá na cara que ele feiz quando me viu. Abriu uma risada grande na cara e disse: "Iracema! Você está aqui? Papai, mamãe! Conseguiram encontrá-la?". "Não, meu filho, ela nos encontrou, tudo para poder vê-lo." Eu chorava tanto que num consegui dizê nada. Só beijei ele, nada mais. Dispois desse dia, eu fui no hospitá todos us dia, até que ele foi pra casa. Teve qui tomá remédio, mas eu tava lá pra isso.*

— Você voltou a trabalhar lá em casa?

— *Vortei sim, us teu pais pediram, eu aceitei. Meus fios nun queria, mais eu gostu muito de oceis. Inda mais sabendo qui o Leandro tava percisando.*

— Estou muito feliz por isso, mas você não contou pra eles que estou aqui, contou?

— *Quando via elis triste, muitas veiz tive vontade di contá, mas tinha prometido pra ocê, num pudia te trai.*

— Mesmo eu tendo traído você um dia?

— *Esqueci issu minino, só procura si curá. Tudu issu já passô.*

— Obrigado, Iracema.

— *Quem sabi u que eu fiz na outra incarnação? Num é memo?*

— Você não deve ter feito nada errado.

— *Num sei não... num sei não.*

Ficaram ali o tempo todo que durou a visita.

Após um ano de tratamento, sem que Iracema e sua família nunca deixassem de visitá-lo, Arthur, finalmente, teve alta. Em um sábado pela manhã, Jarbas foi lá para buscá-lo. Estava radiante, pois, pelos olhos de Arthur, percebeu que ele estava livre das drogas, mas, como policial, disse:

— Parece que está bem, agora veremos como se comportará lá fora...

Arthur sorriu:

— Sei o que está pensando, mas nunca mais chegarei perto da droga outra vez. Nesse tempo todo em que estive aqui, pude pensar muito em tudo o que aconteceu. Vi que não só quase destruí a minha vida, mas também a daqueles que amo. Quase perdi o meu irmão. Perdi muito tempo da minha vida envolvido nesse mundo de sonhos e ilusão. Mas ainda tenho tempo para recuperar o que perdi.

Jarbas o abraçou, enquanto dizia:

— É isso aí, meu amigo, nunca é tarde para recomeçar. Espero que não esqueça o que está dizendo hoje.

— Não esquecerei. Além do mais, aprendi muito com os livros que você me trouxe. Hoje, tenho muitas respostas para as minhas dúvidas. Sei que nunca estou só, por isso quero estudar a fundo essa doutrina.

— Fico feliz por isso. Agora, vamos? Quer ir para sua casa?

— Não, ainda não. Só voltarei para lá quando estiver realmente curado.

— Sabe muito bem que essa sua doença é incurável, terá que ficar longe das drogas para sempre. Vamos para minha casa. Minha mãe me disse que, se você quiser, poderá ficar lá para sempre.

— A Iracema é uma mulher maravilhosa!

— É, sim, eu me orgulho muito dela.

André e Hélio estavam lá. André sorriu e disse:

— Viu, Hélio, desde que você se afastou dele, ele ficou livre para decidir a sua vida.

Hélio sorriu:

— Ainda bem que, naquela noite, você nos reuniu e eu pude saber como tudo havia acontecido. Sabendo de tudo, não só me afastei do Miguel, como eu mesmo encontrei o meu caminho e a minha paz.

— Foi uma tentativa que deu certo.

— E se não tivesse dado certo?

— Haveria outra e mais outra, até chegar àquela que daria certo. Agora, vamos acompanhá-los. Quero estar presente quando Arthur encontrar a Iracema novamente.

Quando chegaram à casa de Iracema, a alegria foi geral. Um almoço estava preparado, pois Iracema tinha quase certeza de que Arthur iria para a casa dela. Marisa, esposa de Jarbas, aproximou-se trazendo uma criança em seus braços. Após abraçar Arthur, disse:

— Esta é a nossa filhinha, seu nome é Renata. Ela não é linda?

Arthur, um pouco sem jeito, pegou a criança no colo. Assim que isso aconteceu, ela abriu os olhos, e todos podiam jurar que ela sorriu. Arthur ficou emocionado. Disse:

— Ela é linda mesmo! Esses olhos, parece que já os vi antes...

Iracema, dando uma gargalhada, disse:

— *Vai vê qui já viu mesmo! Quem sabi, né? A gente num sabi nada dessa vida! Quem sabe ocê num cunheceu ela di otra incarnação, num é mesmo?*

Todos riram. A felicidade ali era completa. Com a convivência de todo aquele ano, a amizade entre todos cresceu. Narinha estava encantada com a figura de Arthur, mas ele olhava sem parar para os olhos da criança e pensava:

Já vi esses olhos antes! Ela é linda!

Plano de vida

Arthur continuou morando com eles. Com a ajuda de alguns amigos, Jarbas conseguiu um emprego para ele em uma oficina que consertava computadores. Ele começou a estudar sem parar, pois precisava recuperar o tempo perdido.

Leandro ficou completamente curado. Estava estudando para prestar o vestibular, queria ser médico, para tristeza de Álvaro, que queria que ele fosse advogado. Quando reclamava, Odete dizia:

— Não reclame com o menino, deixe-o ser o que quiser.

— Sei disso, mas para quem vou deixar o meu escritório?

— Não se preocupe com isso.

Iracema continuava trabalhando ali. Ela já não precisava, mas não queria deixá-los. Sempre que via Odete ou Álvaro triste pelos cantos, sentia vontade de dizer que Arthur estava bem e na casa dela, mas havia prometido que não faria isso e não trairia a sua confiança. Ainda mais agora que ele estava tão bem.

Um ano e meio mais tarde, Iracema chegou trazendo em suas mãos um papel, no qual havia um endereço. Entregou-o para Odete e Álvaro, que almoçavam. Disse para Álvaro.

— O meu filho pediu pra eu entregá esse papel, disse que sabe que o dotô tá preocupado cum as droga nu mundo. Ele pediu pro dotô i amanhã, que vai tê uma palestra ou sei lá o que. A senhora também dona Odete, é bom ir.

Álvaro pegou o papel, leu o endereço. Passou para Odete que, após ler, passou para Leandro, que disse:

— Também quero ir. Vamos, papai! Sei que não gosta de falar sobre o Arthur, mas, desde que tudo aquilo aconteceu, o senhor está interessado no assunto e tem ajudado várias clínicas que recuperam viciados.

Álvaro pensou um pouco e disse:

— Está bem, Iracema. Pode dizer ao Jarbas que iremos. Já que perdi meu filho para as drogas, quem sabe não poderei ajudar outros a sair delas.

— Isso mesmo, dotô, quem sabi. O Jarbas vai ficá contente, vai sim.

No dia seguinte, na hora marcada, Álvaro estacionou o carro no endereço marcado. Era uma escola. Nas paredes, havia faixas e cartazes contra as drogas. Jarbas estava ansioso no portão, andando de um lado para outro. Assim que os viu descendo do carro, correu até eles, dizendo:

— Ainda bem que chegaram! Daqui a dez minutos vai começar.

Eles entraram, perceberam que muitos jovens estavam acompanhados por seus pais, sentaram em uma poltrona que Jarbas lhes mostrou. Ela ficava na quarta fileira do auditório, que era bem grande. No palco, havia uma mesa com uma tolha branca e enfeitada com flores. Algumas pessoas entraram e sentaram nas cadeiras que estavam em volta dela.

Quando todos estavam sentados, um senhor começou a falar:

— Hoje, estamos aqui reunidos para discutirmos a droga, que está tomando conta de muitas pessoas, mas, principalmente, dos nossos jovens. Sei que muitos são pais ou parentes de dependentes químicos. Sabemos o mal que isso representa para a família e para o país. Eu, como pai de um ex-dependente, sei quanto a família sofre, mas posso lhes dizer que o dependente sofre muito mais e precisa de toda ajuda que possamos lhe dar, pois sempre há uma esperança. Para provar o que estou dizendo, chamo neste momento ao palco o senhor Arthur. Ele nos contará a sua história.

Ao ouvir aquilo, Álvaro, Odete e Leandro levantaram-se sem perceber. Os três não sabiam se riam ou choravam. A emoção era tanta que eles não conseguiram dizer nada. Lágrimas caíam por seus rostos. As pessoas que estavam sentadas atrás deles pediram que eles sentassem. Ainda chorando e de mãos dadas, eles sentaram. Arthur entrou no palco. O auditório estava lotado. Olhou para todos, viu muitas pessoas com o mesmo olhar que um dia viu no rosto de seus pais. Não viu que eles estavam no auditório. Já não era mais aquele garoto alto e magro, com o rosto cheio de espinhas. Havia tomado corpo, seus cabelos, bem penteados, seus olhos, com um brilho imenso de felicidade e lucidez. Começou a falar:

— Meu nome é Arthur, sou um dependente químico, mas estou, dia a dia, lutando contra isso. Sei que muitos dos que estão aqui são pais, esposas, esposos ou simplesmente amigos de outros como eu. Sei quanto estão sofrendo, mas como o nosso dirigente disse: existe sempre uma esperança, e estou aqui para provar isso. Vou lhes contar a minha história.

Começou a contar desde o início. Muitas vezes teve que parar, pois a emoção tomava conta dele e dos ouvintes. Enquanto falava, atrás dele, André sorria.

Quando terminou de contar tudo o que havia acontecido e como conseguira se libertar, disse:

— Gostaria muito que meus pais e meu irmão estivessem aqui. Durante esse tempo todo estive afastado deles e morro de saudades, mas prometi a mim mesmo que só voltaria a encontrá-los no dia em que estivesse certo de que realmente eu havia conseguido e, graças a Deus, esse dia chegou. Assim que sair daqui, irei para casa, pois preciso lhes contar que terminei o segundo grau, e prestei o vestibular. Quero abraçá-los e voltar a dizer: agora, sim, eu vou ser o rei dos computadores.

A plateia começou a aplaudir. Todos estavam emocionados e, como ele previra, muitos deles choravam, pois agora havia uma esperança de dias melhores.

Álvaro, Odete e Leandro não se contiveram. Saíram de onde estavam e se dirigiram para o palco. Arthur, ao vê-los, ficou paralisado. O coração deles batia sem controle. Jarbas se aproximou de Álvaro, dizendo:

— Venham, vou levá-los até o palco.

Enquanto subiam, Álvaro perguntou-lhe:

— Por que não nos contou?

— Precisava ter a certeza de que ele havia mesmo se libertado, e além do mais, ele me proibiu.

Finalmente, chegaram. Arthur não sabia se ria ou chorava. Lágrimas caíam de seus olhos, mas desta vez eram de felicidade. Estava diante das pessoas que mais amava. Correu para recebê-los. Assim que se encontraram, não disseram nada, apenas se abraçaram, beijaram e choraram muito. O auditório estava todo em pé aplaudindo. Eles também estavam emocionados e felizes por ver aquela família reunida novamente. Ninguém havia dito que aquelas pessoas que subiram ao palco eram da família de Arthur, mas não foi necessário, todos entenderam.

Sem que a plateia visse, muitos amigos espirituais estavam presentes, luzes brilhantes caíam sobre eles. Entre todos, André era o que parecia estar mais feliz.

Assim que terminaram de se abraçar, Jarbas os conduziu para que descessem do palco. Foi o que fizeram, sob muitos aplausos. Ao pé da escada, estavam Iracema e sua família que também queriam abraçar a todos, principalmente a Arthur.

Ao vê-la, Odete não se conteve e se abraçou a ela, dizendo:

— Obrigada, Iracema, por tudo o que fez para ajudar o meu filho! Nunca poderei pagar a sua bondade, mas também nunca poderei lhe perdoar por ter escondido de nós que ele estava em sua casa.

Iracema, também chorando, disse:

— *Num pudia, dona Dete... num pudia. Ele pidiu... sabi sempre fiz tudo que ele pidiu...*

— Isso agora não tem mais importância, hoje é o dia mais feliz da minha vida!

— *Da nossa, dona Dete! Da nossa!*

Todos juntos saíram dali. Já na rua, Leandro, abraçado ao irmão, disse:

— Poxa, cara! Precisei quase morrer para você sarar da sua doença!

Arthur, chorando, respondeu:

— Foi isso mesmo, cara! Mas você está bem e bonito para caramba! Está quase da minha altura!

— Agora eu vou ganhar a briga! E você nunca mais vai me roubar batatas!

— Isso vamos ver! Pode ter certeza de que continuarei tentando.

Álvaro, que escutava os dois conversando, disse:

— Já sabem que não gosto de brigas durante as refeições...

Arthur voltou-se para ele, então os olhos se encontraram, um caroço se formou na garganta. Queriam falar, mas não conseguiam, apenas abriram os braços e se abraçaram com muita emoção. Álvaro disse:

— Seja bem-vindo, meu filho, de volta à família... esperei com ansiedade por este dia, mas preciso lhe confessar que, algumas vezes, pensei que nunca chegaria...

— Obrigado, papai, por tudo o que tentou fazer para me ajudar. Sei que lhe causei muitos desgostos, mas prometo que, de hoje em diante, farei o possível para compensar.

— Não se preocupe com isso... só quero que seja feliz e conquiste a sua felicidade. Desculpe se, algumas vezes, mesmo sem saber, exigi muito de você...

— Não se culpe de nada, o senhor foi, é e será sempre um pai maravilhoso, e eu o amo muito...

Odete, que estava conversando com Iracema, ao ver o marido e o filho abraçados, disse:

— Iracema, finalmente este dia chegou. Preciso agradecer a Deus por tudo o que nos está acontecendo.

— *Isso mesmo, dona Dete... isso mesmo...*

Álvaro levou todos para um restaurante. Precisavam comemorar aquele dia tão importante. Odete pediu licença e voltou para dentro da escola. Pediu para usar o telefone e ligou para sua mãe. Noélia lia um livro quando o telefone tocou. Assim que ouviu a voz de Odete, percebeu que algo havia acontecido. Disse:

— O que aconteceu, minha filha?

— Mamãe, a senhora não vai acreditar! O Arthur voltou! Está lindo e curado!

Noélia sentou-se, dizendo:

— Louvado seja Deus! Onde ele está?

— Aqui, mamãe! Estamos todos juntos e indo para o restaurante do Gino! A senhora pode ir até lá?

— Claro que sim! Estou indo agora mesmo!

— Venha, mamãe! O Arthur ficará muito feliz!

Desligaram o telefone. Noélia levantou os olhos para o alto, dizendo:

— Obrigada, meu Pai, por este momento, por ter trazido o meu neto para junto de nós. Obrigada...

Vestiu-se e saiu rapidamente.

Todos, no restaurante, enquanto comiam, conversavam. A felicidade naquele momento era completa. Odete viu nos braços de Jarbas a pequena Renata. Aproximou-se dizendo:

— Ela é muito bonita! Vai se tornar uma linda moça!

Arthur, rindo, disse:

— É, meu amigo, ela vai lhe dar muito trabalho. Você precisará ter cuidado com os gaviões!

Jarbas, sorrindo, disse:

— Pode deixar, eu mato aquele que se aproximar!

Foi preciso juntar muitas mesas no restaurante para que coubessem todos. Iracema olhou para Álvaro e disse:

— *Dotô, quando o sinhô imaginô que um dia tudos nois taria sentado numa mesma mesa?*

— Preciso lhe confessar que nunca! Mas estou muito feliz!

— *Eu tumem! Vai vê nois tudo já foi amigo em outra incarnação! Num é mesmo?*

— Quem sabe... quem sabe...

Terminaram de comer e saíram. Lá fora, enquanto se despedia de Jarbas, Álvaro disse:

— Sei que cometi uma enorme injustiça com você, e você me devolveu o meu filho. Preciso, de alguma forma, compensá-lo.

— Deixe disso, doutor. A minha vida tomou outro rumo. Estou contente com a profissão que tenho, e mais feliz que o senhor por ver o Arthur bem. Gosto muito dele.

— Sei disso e agradecerei a você pelo resto da minha vida, mas, como sabe, meu escritório é grande, já viu que não terei para quem deixar. O Leandro diz que vai ser médico, o Arthur, engenheiro da computação. De todos, o único que sei que quer ser advogado é você. Queria lhe pagar a faculdade, e, assim, quando eu me for desta Terra, saberei que o meu escritório continuará.

Jarbas respirou fundo, não sabia o que responder. Arthur, que ouviu o pai dizer aquilo, começou a rir:

— É, Jarbas, se você não aceitar, vai ter que ouvi-lo pedir para o resto da vida! Ele adora aquele escritório! Se disse que é para você que ele quer deixar como herança, com certeza vai conseguir convencê-lo. Para evitar trabalho, é melhor aceitar logo! Conheço o pai que tenho.

Jarbas disse:

— Não sei, doutor. Não quero receber pagamento por algo que fiz por amizade.

— Quem está dizendo que quero pagar? Quero apenas lhe dar uma oportunidade, como alguém um dia me deu! Sei que você será um ótimo advogado!

— Vou pensar e conversar com a minha mãe e a minha esposa. Depois lhe darei uma resposta.

Despediram-se. Voltaram para suas casas. Arthur acompanhou os pais. Assim que entrou em seu quarto, pôde perceber que tudo estava igual. Deitou na cama, olhou para o teto, pensando:

Obrigado, meu Deus, por mais esta oportunidade. Depois de tudo que aprendi sobre a sua Lei, sei que alguém está aqui neste momento, sei também que recebi muito ajuda. Seja você quem for, obrigado, muito obrigado...

André, que realmente estava ali, sorriu e disse:

— Meu filho, seja bem-vindo de volta ao seu caminho. Deus o abençoe.

Jogou muita luz sobre ele, tanta que o quarto ficou todo iluminado.

Epílogo

Daquele dia em diante, tudo se modificou e voltou ao normal. Arthur dedicou-se intensamente aos estudos. Jarbas concordou em estudar, pois era o que ele mais queria na vida. Continuou como policial, conseguiu organizar a sua vida para que pudesse estudar e trabalhar. Nas horas de folga, ia para o escritório de Álvaro e o ajudava, ao mesmo tempo que aprendia na prática. Em toda oportunidade que podia, Álvaro dizia alto e em bom tom, para que todos pudessem ouvir:

— Sabe, com o Jarbas, eu ganhei mais um filho. Esse moço vale ouro.

Álvaro e Odete respiravam tranquilos. Renata ia completar cinco anos. Jarbas teve outro menino, dois anos mais novo que ela. Para seu aniversário, foi organizada uma festinha simples, só para a família.

No dia da festa, as duas famílias estavam reunidas. Iracema brincava com Renata, quando Arthur chegou e lhe entregou uma caixa grande. Assim que Renata pegou a caixa na mão, quase a deixou cair. Arthur abaixou-se para ajudá-la, os olhos se encontraram. Ele sentiu algo estranho, mas não deu atenção. Disse:

— Deixe-me ajudá-la, é muito pesada.
— Já sei, é uma boneca!
— Isso mesmo! Será que vai gostar?
— Claro que vou! Foi você quem me deu!
— Por que está dizendo isso?
— Porque quando eu crescer vou me casar com você!

Iracema e Arthur riram. Ele disse:

— Isso é impossível, sou muito mais velho, poderia até ser o seu pai.

Ela fez um beicinho, disse, quase, chorando:

— Mas não é! Eu vou me casar com você!

Iracema, rindo, disse:

— *Essa menina é muito esperta! Quem sabe ocês num se casam mesmo!*

Arthur, rindo mais ainda, disse:

— Você deve estar louca!

— *Num sei não, vai que ocês já foram namorados em outra incarnação! Quem sabe, num é mesmo?*

O tempo passou. Arthur e Jarbas formaram-se na faculdade. Jarbas deixou a polícia e foi trabalhar com Álvaro. Precisava aprender muito e sabia que o escritório seria o melhor lugar para isso. Leandro estava na Faculdade de Medicina. Arthur começou a trabalhar em uma grande empresa de medicamentos. Trabalhava com computador e ajudava na área de pesquisas. Ele não tinha ainda trinta anos, quando, um dia, acordou com um programa todo pronto em sua cabeça. Foi para a empresa, trabalhou muito até concluí-lo. Surgiu um programa que ajudaria os cientistas a conseguir a cura de muitas doenças. Ele foi muito premiado e elogiado, além de receber um aumento de salário.

Álvaro e sua família e a família de Iracema compareceram à festa em que ele seria homenageado. Ao ver o neto recebendo aquela homenagem, Noélia não conseguiu evitar as lágrimas e, mais uma vez, agradeceu a Deus por tanta felicidade.

Arthur viajou muito pelo mundo a trabalho. Nunca se interessou por moça alguma, dizendo sempre que não tinha tempo para o casamento. Em uma das vezes em que estava em casa, ia acontecer novamente o aniversário de Renata. Ela ia fazer dezesseis anos. Novamente, a família foi convidada. Assim que chegou à casa de Jarbas, viu Renata, que veio correndo para recebê-los. Ele ficou parado e pensando:

Como ela está linda! Transformou-se! Não é mais aquela menina!

Ela se aproximou, olhou bem em seus olhos e disse:

— Está quase chegando a hora de a gente se casar.

Álvaro olhou para Odete, que olhou para Leandro, que olhou para Iracema, mas ninguém disse nada. Depois de alguns segundos, Iracema disse:

— *Essa menina só diz bestagem! O pior é que sempre falou isso desde que era piquininha!*

Dessa vez, Arthur não disse que não, estava encantado com aquela moça que lhe sorria, só pensava:

Já conheço esses olhos!

A festa começou. Todos se divertiram muito. Havia paz no ar. Leandro, agora, já era médico e estava acompanhado de sua esposa e de um bebê recém-nascido.

Álvaro conduziu Odete para o jardim. Lá fora, disse:

— Nossa família está feliz. Finalmente, encontramos a paz, mas fico pensando: será que no final não foi bom tudo aquilo ter nos acontecido?

— Por que está dizendo uma coisa como essa?

— Porque aprendemos muito. Eu, pelo menos, aprendi. Deixei de lado os meus preconceitos e a minha superioridade. Entendi que não somos nada nesta vida e que não temos nada sob controle. Além do mais, com tudo aquilo que aconteceu, pudemos descobrir que o nosso amor é realmente verdadeiro. Eu a amo muito!

— Não mais que eu. Só posso agradecer a Deus por este momento e por ter me dado um marido como você e dois filhos maravilhosos que só me causam orgulho.

Arthur estava em um canto da sala, quando Renata se aproximou, dizendo:

— Vamos dançar?

Ele, um pouco sem jeito, aceitou. Começaram a dançar calados, apenas os olhos se encontravam de vez em quando.

André e Hélio acompanhavam tudo. Também estavam felizes, pois o filho e o amigo de outros tempos havia conseguido vencer suas fraquezas e estava ali, vitorioso. André disse:

— Finalmente, estão juntos. A Letícia conseguiu, com o seu amor e a sua esperança.

Hélio o interrompeu, nervoso;

— André! Não vai dar certo! A diferença de idade é muito grande! As famílias não irão concordar!

— Ora, Hélio! Para o amor não existe idade! Vai haver alguma confusão, mas no final dará tudo certo. O amor entre eles é imenso, nada nem ninguém poderá impedi-los de ficarem juntos para sempre...

— Tem certeza disso?

— Claro que sim! E você, meu amigo, vá se preparando, que logo fará parte dessa família que está nascendo...

Hélio arregalou os olhos:

— Que está dizendo? Serei filho deles?

— Só se não quiser...

— Claro que quero! Vou ser o melhor filho do mundo! Você vai ver!

— Espero que seja mesmo!

Hélio, rindo muito, começou a volitar por toda sala, e da ponta dos dedos jogava luz prateada sobre todos os presentes. Parecia uma criança que acabava de ganhar uma bala.

André ria da felicidade dele e dizia baixinho:

— Espero que seja mesmo um bom filho e que todos sejam felizes para sempre...

Fim

Livros de Elisa Masselli

É preciso algo mais

A violência se faz presente no mundo todo e, geralmente, está relacionada às drogas. Mas, se tudo está sempre certo e a Lei é justa, por que as drogas existem? Por que Deus permite isso? Por que um jovem, vindo de uma boa família com condições financeiras, usa drogas?
A história de Arthur, um adolescente inexperiente, mostra o que pode acontecer a quem se deixar levar pelas drogas: um longo caminho de dor e sofrimento para chegar à regeneração. Este livro pretende consolar todos que, direta ou indiretamente, estejam envolvidos com drogas.

Deus estava com ele

Walther é um jovem que mora no exterior, tem uma boa profissão e uma vida tranquila. Após a morte de sua mãe, descobre segredos que o fazem tomar uma atitude que muda completamente sua vida, levando-o a repensar conceitos, preconceitos e a conhecer a espiritualidade. Uma história emocionante e repleta de ensinamentos.

As chances que a vida dá

Selma leva uma vida tranquila em uma pequena cidade do interior. O reencontro inesperado com uma amiga de infância traz à tona todo o peso de um passado que ela não queria recordar, e toda a segurança de seu mundo começar a ruir de um dia para o outro. Que terrível segredo Selma carrega em seu coração? Neste livro, vamos descobrir que o caminho da redenção depende apenas de nós mesmos e que sempre é tempo de recomeçar uma nova jornada.

Apenas começando

Ao passarmos por momentos difíceis, sentimos que tudo terminou e que não há mais esperança nem um caminho para seguir. Quantas vezes sentimos que precisamos fazer uma escolha, porém, sem sabermos qual seria a melhor opção? Júlia, após manter um relacionamento com um homem comprometido, sentiu que tudo havia terminado e teve de fazer uma escolha, contando, para isso, com o carinho de amigos espirituais.

Não olhe para trás

Olavo é um empresário de sucesso e respeitado por seus funcionários. Entretanto, ninguém pode imaginar que em casa ele espanca sua mulher, Helena, e a mantém afastada do convívio social. O que motiva esse comportamento? A resposta para tal questão surge quando os personagens descobrem que erros do passado não podem ser repetidos, mas devem servir como reflexão para a construção de um futuro melhor.

Romances do espírito Alexandre Villas
Psicografia de Fátima Arnolde

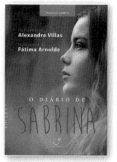

O diário de Sabrina
Leandro e Sabrina se amam desde a época da escola, mas enfrentam uma série de dificuldades para viver esse amor, incluindo a mãe possessiva do rapaz e a irmã invejosa da moça. Uma história emocionante, repleta de desencontros e reencontros e que mostra a verdadeira força do amor.

Raio Azul
O renomado pintor Raul nasceu no Brasil mas foi ainda pequeno para a Espanha. Ao se tornar adulto, algo inexplicável o impulsiona a voltar à sua terra natal. Aqui chegando, reconhece em um quadro uma mulher misteriosa que o persegue em suas inspirações. Uma história arrebatadora!

Quando setembro chegar
Silvana sai da Bahia rumo a São Paulo para crescer na vida. Ela e Sidney se tornam grandes amigos e fazem um pacto por toda a eternidade. Um belo romance, que nos ensina que somos os roteiristas da nossa própria história e evolução.

Por toda a minha vida
A família D'Moselisée é respeitada pela sociedade francesa por seus famosos vinhos. Contudo, não podem desfrutar desse conforto porque o pai acha desperdício receber amigos. Este romance nos traz uma linda história de reencontros de almas afins em constante busca de aprendizado.

Enquanto houver amor
O médico Santiago e Melânia formam um casal feliz de classe média alta. Mas Melânia desencarna em um acidente, e a família começa a viver momentos tormentosos. Um romance que nos ensina que o verdadeiro amor supera todas as dificuldades.

Uma longa espera
Laura, moça humilde, envolve-se com um rapaz de classe alta. Como sabia que os pais dele jamais aceitariam, ao engravidar, decide terminar o romance. Devido a complicações durante a gestação, ela desencarna assim que os gêmeos nascem. Antes de partir, ela pede que sua grande amiga Isabel cuide das crianças. Assim começam suas aflições.

Memórias de uma paixão
Mariana é uma jovem de 18 anos que cursa Publicidade. Por intermédio da amiga Júlia, conhece Gustavo, e nasce uma intensa paixão. Até Gustavo ser apresentado para Maria Alice, mãe de Mariana, mulher sedutora, fútil e egoísta. Inicia-se uma estranha competição: mãe e filha apaixonadas pelo mesmo homem.

Envolventes romances do espírito Margarida da Cunha com psicografia de Sulamita Santos

Pronto para recomeçar
João Pedro é um menino calado e estudioso e que sonha ter uma banda de rock. Vivendo em um lar sem harmonia com a mãe carinhosa e o pai violento, ao entrar na adolescência, começa a se envolver com drogas. Uma história com ensinamentos valiosos sobre a vida após a morte e sobre nossas batalhas cotidianas.

Um milagre chamado perdão
Ambientado na época do coronelismo, este romance convida-nos a uma reflexão profunda acerca do valor do perdão por intermédio de uma emocionante narrativa, na qual o destino de pessoas muito diferentes em uma sociedade preconceituosa revela a necessidade dos reencontros reencarnatórios como sagradas oportunidades de harmonização entre espíritos em processo infinito de evolução.

O passado me condena
Osmar Dias, viúvo, é um rico empresário que tem dois filhos – João Vitor e Lucas. Por uma fatalidade, Osmar sofre um AVC e João Vitor tenta abreviar a vida dele. Contudo, se dá conta de que não há dinheiro que possa desculpar uma consciência ferida.

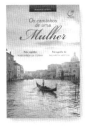

Os caminhos de uma mulher
Lucinda, uma moça simples, conhece Alberto, jovem rico e solteiro. Eles se apaixonam, mas, para serem felizes, terão de enfrentar Jacira, a mãe do rapaz. Um romance envolvente e cheio de emoções.

Doce entardecer
Paulo e Renato eram como irmãos. Amigos sinceros e verdadeiros. O primeiro, pobre e o segundo, filho do coronel Donato. Graças a Paulo, Renato conhece Elvira, dando início a um romance quase impossível.

À procura de um culpado
Uma mansão, uma festa à beira da piscina, e, de madrugada, um tiro. O empresário João Albuquerque de Lima estava morto. Quem o teria matado? Os espíritos vão ajudar a desvendar o mistério.

Desejo de vingança
O jovem Manoel apaixona-se por Isabel. Depois de insistir, casam-se mesmo ela não o amando. Mas Isabel era ardilosa e orgulhosa. Mais tarde, envolve-se em um caso de traição conjugal com desdobramentos inimagináveis para Manoel e os dois filhos.

Laços que não se rompem
Margarida, filha de fazendeiro, conhece Rosalina, filha de escravos, e ambas passam a nutrir grande amizade. Um dia, a moça se apaixona por um escravo. E aí começam suas maiores aflições.

Obras da médium Maria Nazareth Dória

CONFISSÕES DE UM SUICIDA
A trajetória de um homem que perdeu o amor de sua vida. José Carlos, inconformado com a morte de Maria, começa a beber e deixa de cumprir suas funções de pai e provedor. Um dia, angustiado pela saudade, e sob influência de espíritos sofredores, José Carlos faz um laço em uma árvore e se enforca, pois tinha esperança de encontrar seu grande amor do outro lado da vida.

AMAS
– as mães negras e os filhos brancos
(espírito Luís Fernando – Pai Miguel de Angola)
Livro emocionante que nos permite acompanhar de perto o sofrimento das mulheres negras e brancas que, muitas vezes, viviam dramas semelhantes e se uniam fraternalmente.

A SAGA DE UMA SINHÁ
(espírito Luís Fernando – Pai Miguel de Angola)
Sinhá Margareth tem um filho proibido com o negro Antônio. A criança escapa da morte ao nascer. Começa a saga de uma mãe em busca de seu menino.

LIÇÕES DA SENZALA
(espírito Luís Fernando – Pai Miguel de Angola)
O negro Miguel viveu a dura experiência do trabalho escravo. O sangue derramado em terras brasileiras virou luz.

MINHA VIDA EM TUAS MÃOS
(espírito Luiz Fernando – Pai Miguel de Angola)
O negro velho Tibúrcio guardou um segredo por toda a vida. Agora, antes de sua morte, tudo seria esclarecido, para a comoção geral de uma família inteira.

AMOR E AMBIÇÃO
(espírito Helena)
Loretta era uma jovem da corte de um grande reino europeu entre os séculos XVII e XVIII. Determinada e romântica, desde a adolescência guardava uma paixão por seu primo Raul.

A ESPIRITUALIDADE E OS BEBÊS
(espírito Irmã Maria)
Livro que acaricia o coração de todos os bebês, papais e mamães, sejam eles de primeira viagem ou não.

SOB O OLHAR DE DEUS
(espírito Helena)
Gilberto é um maestro de renome internacional. Casado com Maria Luiza, é pai de Angélica e Hortência. Contudo, um segredo vem modificar a vida de todos.

HERDEIRO DO CÁLICE SAGRADO
(espírito Helena)
Carlos seguiu a vida religiosa e guardou consigo a força espiritual do Cálice Sagrado. Quem seria o herdeiro daquela peça especial?

UM NOVO DESPERTAR
(espírito Helena)
Simone é uma moça simples de uma pequena cidade. Lutadora incansável, ela trabalha em uma casa de família para sustentar a mãe e os irmãos, e sempre manteve acesa a esperança de conseguir um futuro melhor.

VOZES DO CATIVEIRO
(espírito Luís Fernando – Pai Miguel de Angola)
O período da escravidão no Brasil marcou nossa História com sangue, mas também com humildade e religiosidade.

JÓIA RARA
(espírito Helena)
Leitura edificante, uma página por dia. Um roteiro diário para nossas reflexões e para a conquista de um padrão vibratório elevado, com bom ânimo e vontade de progredir.

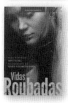

VIDAS ROUBADAS
(espírito Irmã Maria)
Maria do Socorro, jovem do interior, é levada ao Rio de Janeiro pela tia, Teodora, para trabalhar. O que ela não sabe é qual tipo de ofício terá de exercer!

Leia os romances de Schellida
Psicografia de Eliana Machado Coelho

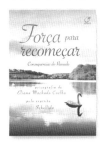   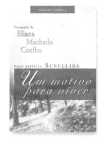

PELO ESPÍRITO JOÃO PEDRO

GRÁFICA PAYM
Tel. [11] 4392-3344
paym@graficapaym.com.br